es 1782
edition suhrkamp
Neue Folge Band 782

»Der Ausdruck Zensur, Herrschaften, ist besetzt; belesenen Leuten muß das nicht erläutert werden. Wer die staatliche Lenkung und Planung auch des Verlagswesens Zensur nennt, macht sich nicht Sorgen um unsere Kulturpolitik – er will sie nicht« – so Hermann Kant, der Präsident des DDR-Schriftstellerverbandes, im Jahr 1979.

Nicht Zensur also, sondern »staatliche Lenkung und Planung« zum Zwecke der Literaturförderung wurde in der DDR betrieben – von einer staatlichen Institution namens Hauptverwaltung IV (HV), geleitet vom Stellvertretenden Kulturminister Klaus Höpcke. Hier wurde jedes Manuskript, das in einem DDR-Verlag erscheinen sollte, begutachtet, hier wurden Druckgenehmigungen verweigert, erteilt oder auch wieder zurückgenommen.

Bekannt waren die Akten staatlicher Literaturbehinderung den Autoren nur in Ausnahmefällen: Um so wichtiger sind Erinnerungen, Erfahrungsberichte von Schriftstellern sowie historische Analysen von Kritikern und Literaturwissenschaftlern, die der Sammelband *»Literaturentwicklungsprozesse«* von Ernest Wichner und Herbert Wiesner nun vorstellt. Die Beiträge stammen von Adolf Endler, Konrad Franke, Manfred Jäger, Bernd Neumann, Gert Neumann, Richard Pietraß, Uwe Schoor und von den Herausgebern selbst. Das Buch ist im Zusammenhang mit einer von den Herausgebern konzipierten Ausstellung über »Zensur in der DDR« entstanden.

Ernest Wichner, geboren 1952 in Guttenbrunn/Rumänien; Übersetzer, Autor des Gedichtbandes *Steinsuppe* (es 1493) und Herausgeber der Anthologie *Ein Pronomen ist verhaftet worden* (es 1671).

Herbert Wiesner, geboren 1937, ist Leiter des Literaturhauses Berlin, Kritiker, Autor literarischer Fernsehdokumentationen und u. a. Herausgeber des *Lexikons deutschsprachiger Gegenwartsliteratur.*

»Literaturentwicklungsprozesse«
Die Zensur der Literatur in der DDR

Herausgegeben von Ernest Wichner und Herbert Wiesner

Suhrkamp

edition suhrkamp 1782
Neue Folge Band 782
Erste Auflage 1993

Erstausgabe

Satz: Hümmer, Waldbüttelbrunn
Druck: Nomos Verlagsgesellschaft, Baden-Baden
Umschlagentwurf: Willy Fleckhaus
Printed in Germany

1 2 3 4 5 6 – 98 97 96 95 94 93

Inhalt

Herbert Wiesner
Zensiert – gefördert – verhindert – genehmigt
Oder wie legt man Literatur auf Eis?

Auf dem Markte zu Granada habe der »furchtbare Ximenes« den Koran »in eines Scheiterhaufens Flamme« werfen lassen, so steht es in Heinrich Heines Tragödie ›Almansor‹ von 1820/21. Bücherverbrennungen sind spektakuläre Akte, folgenreich und barbarisch, selbst wenn sie sich gegen fremd erscheinende Fundamentalisten wenden; und in Heines Stück heißt es dann ja auch: »Das war ein Vorspiel nur, dort wo man Bücher verbrennt, verbrennt man auch am Ende Menschen.« Noch ein Jahr nach der Revolution von 1848 benennt Nestroy den gleichen Zusammenhang: »Die Zensur ist die jüngere von zwei schändlichen Schwestern, die ältere heißt Inquisition.« Vernachlässigt man, was kaum mehr möglich ist, für einen Augenblick nur Nestroys historische Reminiszenz und Heines prophetische Wahrheit, so bleibt eine relativ harmlose Form des Literaturverbots übrig: die Nachzensur. Sie ist eine zumeist polizeiliche Maßnahme zur Verhinderung wiederholter Täterschaft und Rezeption, jedoch kaum geeignet, die einmal geäußerte Meinung gänzlich zu unterdrücken. Selbst die Bücherverbrennungen vom Mai 1933 konnten nicht ganze Auflagen vernichten.

Ein erstickter Schreckensruf, ein Bild nur, verrät, daß Heinrich Heine seinen Almansor auch die schlimmere Form, die Vorzensur, immerhin ahnen läßt: »Mir starrt die Zung im Munde.« In Heines Dialog ist dies nur ein rhetorischer Einschub; er deutet jedoch hin auf das, was präventive Zensur, der ändernde, abschreckende und bedrohende Eingriff des Zensors in den noch nicht publizierten Text bewirken kann: die unbewußte oder ängstlich bewußte Erstickung des Gedankens in statu nascendi bis hin zu zähneknirschendem Arrangement, zu höherer (in Wirklichkeit niederer) Einsicht, zu Strategien der ›Sklavensprache‹ unterwürfigen Aufbegehrens. Das sind die Formen der Selbstzensur.

Denk- und Sprachtabus gibt es wahrscheinlich seit Menschen denken und sprechen, und sie haben sich formalisiert seit es Mächtigere und weniger Mächtige, seit es Regularien des Glaubens und seiner Propaganda gibt, und erst recht seit die zu verbreitenden Ideologien sich des Buchdrucks zu bedienen vermochten oder mit seiner Hilfe bekämpft wurden. In Deutschland sind gesetzliche Regelungen seit dem Ende des 15. Jahrhunderts bekannt. Später werden die Geheimpolizeien und die Spitzel geboren. Zensoren und Spitzel arbeiten sich nervös in die Hände. Ihr Zusammenwirken gilt als Charakteristikum von Polizeistaaten und Diktaturen. Deshalb haben sich freiheitliche Verfassungen immer bemüht zu bekunden, eine Zensur finde nicht statt, und man hat häufig nach anderen Rechtswegen gesucht (zum Beispiel dem Gesetz zur Bekämpfung von Schund- und Schmutzschriften und der Theaterzensur der Weimarer Republik), sie dann doch stattfinden zu lassen.

Die Praxis der Zensur gilt als peinlich und unappetitlich, weshalb ihre ›Organe‹ es zu schätzen wissen, wenn sich Bürger finden, deren sittliches oder politisches Gewissen angeblich ihrer bedarf. Nichts befriedigt den Zensor mehr als ein in den gesunden Menschenverstand gehülltes Denunziantentum. Das honorierte Engagement fürs Gute-Große-Ganze konnte sogar immer wieder auch Schriftsteller zur Ergreifung eines Zensuramtes bewegen. Als Joseph von Eichendorff, der liebenswürdige Dichter und katholische Liberale, sich 1832 um eine Anstellung im Berliner Oberzensurkollegium bewarb, empfahl er sich durch seine persönliche Erfahrung »mit dem Gange der schönen Literatur«. Obwohl ihm sein – im Sinne einer ständischen Verfassung – oppositioneller Freund Theodor von Schön einiges »Bauchgrimmen« prophezeite, hätte er die Stelle wohl angenommen, wenn das Schmerzensgeld höher dotiert gewesen wäre. Ein modernes Beispiel ist der ebenfalls rechtskundige spanische Schriftsteller Camilo José Cela oder Gerhard Dahne, Autor u. a. des Romans ›Die ganz merkwürdigen Sichten und Gesichte des Hans Greifer‹ (1975), der Abteilungsleiter in Klaus Höpckes ›Literaturministerium‹ war und 1979 allerdings aufgrund seiner literarischen Tätigkeit und »im Interesse einer strafferen politischen Führung des Literaturentwicklungsprozesses«[1] aus dem Amt entlassen wurde.

Gerhard Dahne wurde zum Fall des zensierten Zensors, nachdem er etwas gewagt hatte, was selbst zu Napoleons und (nach den Karlsbader Beschlüssen) Metternichs Zeiten noch durchaus üblich gewesen war. Er hatte sich in fingierten Briefen an den Verleger polemisch und ironisch gegen Zensur geäußert und war damit zum Störenfried einer Übereinkunft geworden. Sein Roman hat die Parteigruppe der Hauptverwaltung Verlage und Buchhandel veranlaßt, intern über das Phänomen Zensur zu verhandeln, das es offiziell in der DDR nicht gegeben hat. Zensor nannte man sich in dieser Behörde sonst nur im vertraulich schulterklopfenden Scherz, in den zahlreichen Briefchen und Notizzetteln, die über die Schreibtische wanderten und dann doch mit peinlicher Sorgfalt in den Dossiers der Druckgenehmigungsakten zwischen Gutachten, Verlagsbriefen, Protokollen und der Korrespondenz mit dem ZK der SED abgeheftet wurden. Jene, die glaubten, Literatur prozeßhaft entwickeln und lenken zu können, schämten sich als Überzeugungstäter mit zunehmend brüchiger gewordener Überzeugung zwar nicht ihres Tuns, versuchten aber nach den

Erfahrungen dieses Jahrhunderts und im Besitz eines hohl klingenden Antifaschismus, die Tatsache literarischer Zensur als Literaturförderung zu verschleiern. Wie mit Hilfe eines kaiserlichen Zwickelerlasses haben sie ihre Verkehrsformen verborgen und unter dem Schamtuch daran gewerkelt, die Literatur über ihren Leisten zu schlagen.

Im deutschen Kaiserreich hat es Zensur ganz selbstverständlich und für jeden erkennbar gegeben. Zahlreiche Erstveröffentlichungen deutscher Expressionisten, die während des ersten Weltkriegs erschienen sind, tragen den Freigabestempel der Zensur. In der gerühmten Weimarer Republik ließ eine kaisertreu gebliebene Justizverwaltung Bücher beschlagnahmen und Schriftsteller verhaften. Johannes R. Becher, später Kulturminister der DDR und ein Meister der Selbstzensur, war eines der Opfer. Der Nationalsozialismus löste das Problem auf seine besondere Weise: er vertrieb oder ermordete die Schriftsteller, enteignete die Verlage, schürte Angst und Denunziantentum und führte so den Restbestand an Literatur der Hagiographie oder einer schönschreiberischen Belanglosigkeit in die Arme: zwischen den Zeilen wollen einige viel gelesen haben, aber in den Zeilen war fast nichts mehr zu finden.

Als Thomas Mann 1945 von falschen Freunden und mit falscher Zunge aufgefordert wurde, aus dem Exil nach Deutschland zurückzukehren, begründete er seinen Unwillen unter anderem damit, daß in seinen Augen »Bücher, die von 1933 bis 1945 in Deutschland überhaupt gedruckt werden konnten, weniger als wertlos« seien. »Ein Geruch von Blut und Schande haftet ihnen an. Sie sollten alle eingestampft werden.« Dies ist nicht geschehen, und man hätte dann ja auch die ersten zwei Bände seiner »Josephs«-Tetralogie einstampfen müssen; aber die Titel und Autorennamen der meisten Bücher jener Zeit sind in der Tat heute nur noch wenigen bekannt.

Nun stelle man sich einen alten, langsam erblindenden jüdischen Schriftsteller vor, der – anders als Thomas Mann und nicht nur besuchsweise – 1948 aus Palästina nach Deutschland zurückkehrte und auf dem zerbombten, regennassen Anhalter Bahnhof, nahe der späteren Berliner Mauer von Johannes R. Becher offiziell begrüßt wurde. Er war befreundet mit Sigmund Freud, ein Pazifist, ein West-Emigrant, aber er setzte seine Hoffnungen auf einen Neuanfang der Kultur im sowjetisch besetzten Teil Deutschlands. Ein erstrangiger Stilist ist er nicht, aber ein schätzenswerter Schriftsteller. Die literarische Welt kannte seinen Namen spätestens seit seinem 1927 erschienenen Hauptwerk »Der Streit um den Sergeanten Grischa«. Arnold Zweig, dessen Bücher im Mai 1933 öffentlich verbrannt worden waren, saß seit 1950 an einem Ostberliner Schreibtisch und paßte seine in der Weimarer Republik und im Exil geschriebenen Bücher den vermeintlichen Bedürfnissen des jungen sozialistischen Staates an, der Zensur auch in offiziellen Lexika als arbeiterfeindliche Machenschaft des kapitalistischen Auslandes deklarierte. Arnold Zweigs Schere im Kopf klapperte im Gleichtakt mit einem Kulturellen Beirat und einem gewissen Herrn Kraushaar des Amtes für Literatur und Verlagswesen; er tilgte nicht nur den Namen von Trotzki und die Psychoanalyse, er trocknete auch die Tränen, die amerikanische Soldaten beim Anblick hungernder KZ-Häftlinge vergossen, weil Kapitalisten solcher Emotionen nicht fähig sind, und er freute sich gegenüber seinen Zensoren, »daß in allen wesentlichen Punkten Ihre Argumentation mir eingeleuchtet hat«.

Arnold Zweig war 1950 an die Stelle Heinrich Manns getreten, der in der »Dépêche de Toulouse« ein bedeutender politischer Journalist, in Paris der Doyen des deutschen Exils geworden war und die Fremdheit der Emigration erst bei der Flucht über die Pyrenäen und in Los Angeles erfuhr.

Statt seiner wurde Arnold Zweig 1950 Präsident der Ostberliner Akademie und erhielt im gleichen Jahr den Nationalpreis der DDR. Auch wurde er Ehrenpräsident des Schutzverbandes deutscher Schriftsteller. Aber er hat sich klein gemacht und seine Position nicht genutzt. War Unterwerfung eine Tugend, hat er das wirklich geglaubt? Wir wissen heute, daß er Lion Feuchtwanger vor einer Rückkehr nach Deutschland gewarnt hat – eben wegen der Zensur, die es nicht gab.

Ein anderes Beispiel, diesmal aus der Spätzeit der DDR. Volker Braun war zur Zeit der Gründung seines Staates zehn Jahre alt. Er war Arbeiter, bevor er studierte, dann Dramaturg am Berliner Ensemble. Er ist ein Schriftsteller ohne bürgerliche Vergangenheit, ganz und gar ein Schriftsteller der DDR, und zwar unzweifelhaft einer ihrer begabtesten. Er war SED-Genosse und trotzdem ein Kritiker des Staates; für seine Ironie und seine Bitterkeiten wünschte er sich mündige Leser, Kinder der DDR wie er. Seinen Zensoren gegenüber bezeichnete er sich selbst als geduldig und kooperativ, und diese verlangten das auch von ihm, von ihm, dem Genossen, erst recht. Klaus Höpcke, der hauptberufliche Zensor im Ministerrang, ist Volker Brauns Duzfreund, auch der Verlagsdirektor. Man kennt sich privat, man ist sich nähergekommen. Es scheint eine Art Lieblingsgegnerschaft zu bestehen, und für das Erscheinen des »Hinze-Kunze-Romans« hatte Klaus Höpcke beinahe seine Stellung riskiert. Die Präventivzensur hatte versagt oder die Lage falsch eingeschätzt. Am 10. September 1985 mußte die Auslieferung gestoppt werden; die Direktion des staatlichen Buchhandels wurde angewiesen, den Verkauf zu unterbinden. »Die Auslieferung ruht auf allen Strecken«, so hieß die Vollzugsmeldung, aber Volker Braun konnte vierzehn Tage später im Brecht-Zentrum in Ostberlin noch 250 verkaufte Exemplare signieren.

Jetzt galt es, einen Gedichtband zu verhindern. Sein Titel spricht für sich: »Langsamer knirschender Morgen«. Die Verhandlungen zwischen Autor und Verlag hatten wohl 1983 begonnen, die Texte gingen auf das Jahr 1978 zurück. Nun, im November 1985, bestätigte die Behörde des Duzfreundes Höpcke, von den 30 Gedichten seien »wegen falscher oder mißverständlicher Positionen und Wertungen etwa die Hälfte inakzeptabel, acht bis zehn wären (teils mit Detailveränderungen) in einem anderen Kontext denkbar«. Im Herbst 1987 ist das Buch erschienen; der Autor war störrisch geworden und hatte doch in einige Streichungen und Änderungen eingewilligt; in der Zeile »geht mir aus der Sonne, ihr Mächtigen« wurde das letzte Wort eliminiert. Ein Gespräch zwischen Volker Braun und dem Chefideologen des Politbüros, Professor Kurt Hager, war der Publikation vorausgegangen. Jüngere Autoren aus Ostberlin, die unter dem begründeten Verdacht stehen, Stasi-Spitzel gewesen zu sein, erzählen, daß Volker Braun oft im Vorzimmer von Hager zu sehen war. Wieso eigentlich und bei welcher Gelegenheit haben sie das beobachtet? Es muß ein reger Verkehr im Vorzimmer der Macht geherrscht haben.

Im März 1991, zwei Tage vor der Eröffnung der Zensur-Ausstellung im Literaturhaus Berlin hat Volker Braun mich besucht, um die ihn betreffenden Exponate zu genehmigen. Ich war irritiert über seinen Wortgebrauch; er sagte wirklich »genehmigen«, und er fügte noch hinzu, daß viele Bücher so verspätet herausgekommen seien, weil die Schriftsteller ihre Texte immer wieder geändert hätten. Bloß, weil die Wartezeiten so lang waren? Sie, oder einige jedenfalls, haben 1987 noch immer getan, was Arnold Zweig 1950 gemacht hatte. Aber niemand hat damit seine Manuskripte verbessert. Daß der Druck der Zensur die Mittel des poetischen Ausdrucks verfeinert habe, ist eine schamhafte Lüge. Volker Braun und andere haben in nach der Wende erschienenen Auflagen alle

Eingriffe der Zensur sofort rückgängig gemacht und den ursprünglichen Text wiederhergestellt.

Die Notwendigkeit der Zensur war auch in den späten Jahren der DDR noch als leidvolle Erfahrung grundsätzlich akzeptiert. Man war daran gewöhnt; der Glaube an die gemeinsame gute Sache schien weitgehend erloschen. Zensiert wurden vor allem die, die noch bereit waren, sich kritisch mit dem System auseinanderzusetzen, das sie prinzipiell, wenn auch in der Hoffnung auf einen besseren Sozialismus, zu bejahen gelernt hatten. Die Jungen, die längst überhaupt keine Staatskultur mehr wollten, hatten Wege gefunden, sich dem kulturpolitischen System zu entziehen; sie wurden Opfer der Stasi oder kauften sich ein Stückchen Freiheit, indem sie Täter wurden. Zweifel an der Lenkbarkeit von Literatur zeigten sich vor allem bei denen, die nur noch in der Bundesrepublik veröffentlichten und schließlich bei den Literaturverwaltern selbst. So fragte sich der Kulturminister Hoffmann im Sommer 1987, ob die bereits bekannt gewordenen Bücher Volker Brauns weiterhin auf Eis zu legen seien. »Ich bin mir nicht sicher«, schrieb er Kurt Hager, »ob uns das gelingen wird.«

Doch Hager wußte Rat, sogar noch im November 1989. Am zweiten Tag jenes historischen Monats erinnerte er Hans-Joachim Hoffmann, den Minister für Kultur, daran, daß Bücher wie Stefan Heyms »Schwarzenberg« oder Monika Marons »Flugasche« nicht ohne Beratung und Beschlußfassung im Zentralkomitee der SED in den Editionsplan aufzunehmen seien. Für Klaus Höpcke, der das Erscheinen dieser Bücher angekündigt hatte, gelte offenbar »keine Ordnung mehr«. Wohlgemerkt, es muß der Editionsplan für das Jahr 1990 gemeint gewesen sein. Der Brief ist auf dem Briefpapier des Zentralkomitees geschrieben und zeigt die ordentlichen Eingangsstempel des Ministeriums für Kultur und der Hauptverwaltung Verlage und Buchhandel.

Diese Hauptverwaltung Verlage und Buchhandel, die unter Klaus Höpckes Leitung auch als Literaturministerium bezeichnet wurde, war 1963 zur Bündelung und Straffung der zuvor von mehreren Institutionen wahrgenommenen Zensuraufgaben gegründet worden. Zu Arnold Zweigs Zeiten, in den fünfziger Jahren, ist die Notwendigkeit von Zensur noch öffentlich diskutiert worden, und wenn ein berühmter Schriftsteller wie Arnold Zweig zum Beispiel dem jungen Ralph Giordano beigestanden hätte, der damals noch Student des Johannes-R.-Becher-Instituts in Leipzig war, wäre es immerhin denkbar gewesen, nur pornographische, faschistische und antisowjetische Schriften der Zensur zu unterwerfen. In den frühen fünfziger Jahren wäre dies ein gerade noch vertretbarer Kompromiß gewesen. Freilich hätte auch er darüber hinweggetäuscht, daß schützenswerte Rechte wie das der Persönlichkeit oder des religiösen, sozialen und sittlichen Empfindens zum Beispiel tunlichst durch anfechtbare Gerichtsurteile zu wahren sind und nicht durch staatliche Zensurbehörden, die sich der öffentlichen Kontrolle entziehen. Voraussetzung dafür ist allerdings eine politisch unabhängige Rechtsprechung, die sich der Lächerlichkeit und der Rechtsschelte auszusetzen hat, wie es auch Schriftsteller tun, die sich der Kritik stellen, ohne gleich Komplotte oder Kampagnen zu vermuten.

Dieser Staat, der mit der wirtschaftlichen Entwicklung der Bundesrepublik nicht Schritt halten konnte, hatte Angst vor der Freiheit des Wortes. Er wollte die Produktion von Literatur koordinieren, kontrollieren und lizenzieren, sie zu einem Gegenstand kulturpolitischer Planwirtschaft machen, um so auch die Gedanken der Leser zu steuern. Damit hat die DDR die Literatur zugleich überschätzt und unterschätzt, und daher rührt auch die Legende, nirgendwo sei Literatur so ernst genommen und so geachtet worden wie in der literarischen Planwirtschaft, während der

Westen die Literatur doch nur beschimpft und in die politisch bedeutungslose Narrenfreiheit entlassen habe. Wer kann denn sagen, daß die Späße der Narren nicht ernst gemeint seien?

Die Literaturpolitiker der ehemaligen DDR hatten nicht den Mut zur Narrenfreiheit. Eine Zeitlang haben sie wohl tatsächlich daran geglaubt, auf die Stoffwahl, auf Formen und Inhalte so einwirken zu können, daß sich aus einer genehmigungspflichtigen Literatur ein verordnetes Menschenideal herausbilde. Doch die Ideale zerbröselten wie trocken gewordener Sonntagskuchen. Scheinbar unangefochten von der zunehmenden Sinnlosigkeit ihres Tuns bastelten die Zensoren bis zum bitteren Ende an einem Lenkungssystem, in dem die Zensur einzelner Wörter, Sätze, Kapitel und Strophen oft nur noch den Sinn hatte, die Schriftsteller zu gängeln und ihnen bewußt zu machen, daß ihre durchaus mit Privilegien belohnte kreative Tätigkeit letzten Endes diesem System unterworfen war. Es ging um die Hierarchie der Macht.

Anmerkung

1 Zitate, die Zensurvorgänge in der DDR betreffen, stammen aus den (nach Buch- bzw. Manuskripttiteln geordneten) Akten der Hauptverwaltung Buchhandel und Verlage, Abteilung Belletristik. Große Teile dieser Druckgenehmigungsakten wurden mit Genehmigung des Bundesarchivs und zum Teil noch auf Veranlassung des letzten DDR-Kulturministers Herbert Schirmer sowie des damals noch amtierenden stellvertretenden Abteilungsleiters Hans-Jürgen Wesener erstmals in einer Ausstellung des Literaturhauses Berlin zugänglich gemacht.
Die Ausstellung »Zensur in der DDR. Geschichte, Praxis und ›Ästhetik‹ der Behinderung von Literatur« wurde 1991 in Berlin,

Frankfurt a. M., Leipzig und Bremen gezeigt. Im gleichnamigen ›Ausstellungsbuch‹, erarbeitet von Ernest Wichner und Herbert Wiesner, 1991 (Texte aus dem Literaturhaus Berlin, Band 8), sind die hier und an anderen Stellen des Buches zitierten Akten leicht auffindbar.

Die Originale befinden sich heute in der Potsdamer Außenstelle des Bundesarchivs.

Manfred Jäger
Das Wechselspiel von Selbstzensur und Literaturlenkung in der DDR

I. Die offizielle Abneigung gegen das Wort Zensur

Das Wort *Zensur* gehörte selber zu den Tabus, die von der Zensur in der DDR bewacht wurden. Denn daß eine Zensur existierte, wollten die Machthaber nicht wahrhaben, die Machthaber, die auch nicht hören wollten, daß sie Machthaber waren: »Die die Macht haben, haben eine starke Abneigung dem Terminus ›Machthaber‹ gegenüber. Das Wort ist ihnen wohl zu direkt.«[1] Das notierte der Leipziger Gedankensplitterer Horst Drescher als schlichte Beobachtung unter der Überschrift »Merkwürdige Aversion«. Die Allerobersten bestritten zuweilen unverfroren oder realitätsblind, daß überhaupt eine Zensur existierte. Als 1968 während des Prager Frühlings die Abschaffung der Zensur in der ČSSR gefordert wurde, erklärte Walter Ulbricht auf einer Pressekonferenz in Karlovy Vary, er sei überrascht davon, daß es so etwas im tschechoslowakischen Bruderland gebe – in der DDR jedenfalls bestehe keine Zensur. Ganz ähnlich äußerte sich Erich Honecker in einem Interview mit Reinhold Andert und Wolfgang Herzberg nach dem Umsturz: »Wir hatten ja keine Zensur. Zensur bedeutet, man muß die Druckfahnen bringen, und dann werden sie durchgeschaut. Von diesem Gesichtspunkt aus gesehen hatten wir, im Unterschied zu anderen sozialistischen Ländern, keine Zensur... Bei uns gab es sie nur kraft des Bewußtseins. Und wenn einer mal Mist gebaut hatte, dann ist er kritisiert worden, oder man glaubte, er hat Mist gebaut – dann ist er auch kritisiert worden.« Honecker meinte die Kontrolle der Presse, bei der man in aller Regel ohne die Technik der Vorzensur auskam. Die von den Landeskirchen herausgegebenen Blätter mußten freilich vor der Auslieferung dem Presseamt beim Ministerpräsidenten vorgelegt werden. Es wurden einzelne Artikel oder auch ganze Ausgaben verboten, durchaus im Sinne der klassischen Vorzensur.

Noch unklarer gab Honecker Auskunft zur Literaturzensur, die keine Rücksicht auf tagesaktuelle Bedürfnisse nehmen mußte: »Was die Sache mit den Buchverlagen betrifft, die sich nach oben so zu verhalten hatten, ergab sich das wahrscheinlich kraft des Kulturministeriums, das das exerziert hat. Das wäre für mich egal gewesen. Ich habe den Stefan Heym vollkommen drucken lassen, ohne Beschluß.«[2]

Merkwürdige Sätze, aber keineswegs ohne Informationswert. Honecker ergeht sich in der Vermutung, ein Kulturministerium habe etwas praktiziert, was andere Zensur nennen. Das hat auch nach seiner Ansicht existiert, aber das treffende Wort dafür, eben *Zensur,* will ihm nicht über die Lippen. Ja, der einst mächtige Generalsekretär geht sogar auf eine gewisse Distanz zu »diesem Kulturministerium«. Ihm sei Literaturzensur egal gewesen. Dunkel erinnert er sich, daß er irgendwann einmal dafür sorgte, daß das eine oder andere lästige Buch Stefan Heyms erscheinen konnte, nur auf seine Anweisung hin, ohne daß es dafür einen Beschluß parteioffizieller Gremien oder staatlicher Instanzen gab. Jürgen Kuczynski hat davon berichtet, daß sein Buch »Dialog mit dem Urenkel« nur durch Honeckers Entscheidung – nach einem langen persönlichen Gespräch – zugelassen wurde. Stephan Hermlin und andere Auserwählte, die das Ohr des Hochgestellten erreichten, suchten ihn in diesem oder jenem Einzelfall zu literaturfreundlichen Entscheidungen zu überreden. Mittlerweile scheint Honecker sich nur noch an diese nach fürstlicher Manier erteilten Gnadenerweise zu erinnern. Wieviel kräftiger wären Literatur und Künste erblüht, hätte es nur dieses verfluchte Kulturministerium nicht gegeben! Dies scheint die verwirrende Quintessenz eines verwirrten alten Mannes zu sein, der sich auch in Sachen Zensur zu rechtfertigen und von Schuld freizusprechen sucht.

Damit werden offenkundige Sachverhalte vertuscht. Selbst in den internen Stasi-Akten blieb die Buchzensur eine böswillige Erfindung. So vermerkt ein Dossier der Hauptabteilung XX des Ministeriums für Staatssicherheit vom 29. April 1975 über »negative Aktivitäten« Stefan Heyms: »Heym trat Ende 1974 mit massiven Angriffen gegen die Kulturpolitik unserer Partei auf. Er forderte die Abschaffung einer angeblich in der DDR existierenden Zensur und eigene Verlage und Massenmedien für Künstler, um dieser angeblichen Zensur ausweichen zu können.«[3] Die öffentliche Selbstdarstellung wurde dadurch belastet, daß die SED-Führung sich ähnlich verhielt wie reaktionäre Regime der Vergangenheit es im Umgang mit progressiven Autoren vorgemacht hatten. Franz Fühmann ist es gelungen, schon Anfang der achtziger Jahre, versteckt in einem Band der Werkausgabe, grundsätzlich und in einem historischen Kontext die Zensur anzuprangern und sogar das eigentlich unzulässige Wort dabei zu benutzen: »Wir preisen zum Beispiel Heine als einen furchtlosen Satiriker. Wir fühlen uns in seiner Tradition, wenn wir ihm Ruhm und Ehre darin, aber auch nur darin zollen, was er zeitbezogen geleistet hat. Also: Er war ein leidenschaftlicher Kämpfer gegen die Zensur, und wir verengen sofort in der Konkretisierung: gegen die Zensur Metternichs. Die ist verwerflich, da sind wir großartig; und darin ehren wir dann Heine. Aber damit verfehlen wir ihn, da machen wir aus ihm ein Denkmal. Wir sollten ihn darin ehren, daß wir uns anschicken, Zensur abzubauen... Will man Satire, so muß man wollen, oder zumindest ertragen können, oder zumindest dulden lernen: das Salz in der Wunde, das Skandalon, das Empörende, das Schlechterzogene – oder man soll sagen, daß man Satire nicht will. Dann aber soll man sich auch nicht auf Heine berufen. Dann ist Heine nicht unser Ahne, dann ist Lichtenberg nicht unser Ahne, dann ist Tucholsky nicht unser Gefährte, dann gehören Aristophanes und Lukian und Swift nicht in unsere Tradition.«[4]

Vielleicht wurde das schlechte Gewissen derer, die sich nicht offen zu ihrer Zensurpraxis bekennen wollten, auch von dem Zwiespalt geprägt, den Fühmann benannte. Die Repressionsmechanismen blieben hinter bürokratischen Formulierungen versteckt, hinter Floskeln wie »Lenkung und Leitung und Planung des Literaturprozesses«. Die Sprache bringt jedoch vieles an den Tag, was ins gnädige Dunkel gehüllt werden soll: Das Wort Prozeß verriet mehr als gewollt war, denn leicht läßt sich eine Anklagebank hinzudenken. Sie mußte ja nicht immer gleich im Gerichtssaal aufgestellt werden. Das Sitzmöbel paßte auch in Sitzungszimmer, Arbeitsräume und Verbandssäle. Darauf mußten Autoren Platz nehmen, die bestimmte für notwendig erachtete Eigenschaften vermissen ließen, Verantwortungsbewußtsein, parteiliches Denken oder auch taktisches Gespür für das jeweils praktisch Machbare. Wer der SED angehörte, konnte kurz und knapp auf die Parteidisziplin im Sinne der jeweils gültigen Linie verwiesen werden.

II. Die Zensur als gefährlichste Kontrollstufe

Das brutale Wort für Disziplin aus taktischen Erwägungen wurde freilich auch nicht gerne gehört. Es heißt »Selbstzensur«. Noch in den Zeiten, als darüber nicht mehr nur intern geklagt werden konnte, redeten viele weiter um den Sachverhalt herum. So umschrieb eine Kritikerin 1988 die Verschweigetechnik mit deren Mitteln: »Eine Unkultur der Unterstellungen, gewisse Erfahrungen mit ›Organen‹ spielen bei der Rückhaltung von Wissen zweifellos mit.«[5] Mit den Organen war nicht gemeint, daß die Galle vor Ärger überlief oder die Magenschmerzen sich ins Unerträgliche steigerten, obwohl es nicht völlig abwegig ist, auch an solche Beschwerden zu denken. Es ging um Erfahrungen mit Presseorganen und wohl auch mit sogenannten Machtorganen.

Das Wort von der Selbstzensur markiert die unterste Stufe des Kontrollvorgangs und wohl auch die gefährlichste. Pauschal haben das viele Schriftsteller eingeräumt. Kaum je sind sie ins einzelne gegangen. Denk- und Schreibverbote, die jemand über sich selbst verhängt, gehören sicher zu den besonders lästigen, unbequemen Themen. Es ist leicht, im allgemeinen einzuräumen, daß man zu früh haltmachte. Es ist schwer, im Detail darzustellen, an welcher Stelle man selber feige war und wieso andere früher zu besseren Einsichten kamen. Die Furcht vor dem, was zutage tritt, wenn man sich ernstlich auf die eigenen Verstrickungen einläßt, wirkt auch heute weiter. Von Christa Wolf gibt es viele Äußerungen zu diesem Problemkreis. In einem 1984 vor Medizinern gehaltenen Vortrag zum Thema »Krankheit und Liebesentzug« sagte sie zum Beispiel: »Immer, wenn mich ein besonders starker, besonders hartnäckiger und zugleich diffuser Widerstand daran hindert, zu einem bestimmten Thema ›etwas zu Papier zu bringen‹ – immer dann ist Angst am Werke, meist die Angst vor zu weitgehenden Einsichten oder/und die Angst vor der Verletzung von Tabus.«[6] Übrigens wirkte auch Selbstzensur bei der Abfassung ihres Vortragsmanuskripts mit: Sie nennt die angstbesetzten Themen nicht, und sie läßt auch aus, an welchem

Maßstab gemessen werden könnte, wann Einsichten zu weit gehen.

Selbstzensur – im engeren politischen Sinne – war keineswegs immer bewußt kalkulierte Konfliktvermeidungsstrategie. In Erinnerung bleiben die freiwillige Zustimmung, die Bereitschaft, sich der »guten Sache« zu beugen, übergeordnete Gesichtspunkte zu beachten, sich das richtige Bewußtsein zu erarbeiten und dem Subjektivismus zu entsagen. Vermutlich hat mindestens in den ersten anderthalb Jahrzehnten nach 1945 eine Mehrheit der Kulturschaffenden diese Position verinnerlicht. Die aus der Emigration zurückgekehrten Klassiker der sozialistischen Literatur arbeiteten sogar ihre alten Bücher im Lichte ihrer neuen Erkenntnisse um. Willi Bredel, Bodo Uhse, Ludwig Renn, Hans Marchwitza und andere brachten manchen Roman in Übereinstimmung mit der nach 1945 gültigen Parteigeschichte. Gewiß hat das Beispiel solcher Väter- und Mütterfiguren manchen Nachgeborenen in der Überzeugung bestärkt, auf der richtigen Seite zu stehen. Die Einladung, als Erzieher und Umerzieher des Volkes tätig werden zu dürfen, schmeichelte und gab zugleich das Gefühl, gebraucht zu werden. Dafür wollten viele auch Opfer bringen.

Die junge Christa Wolf schrieb 1958, also vor mehr als 30 Jahren, den Aufsatz »Kann man eigentlich über alles schreiben?« Sie war damals Redakteurin der Monatsschrift des Schriftstellerverbands, »Neue deutsche Literatur«. Ihr Schreibtisch wurde damals – wie der anderer Lektoren auch – von, wie sie schreibt, pessimistischen Geschichten überschwemmt, die sogar auf authentischen Fällen beruhten. Nachdem sie sich von den Lektoren distanziert hatte, die die Autoren für solche Geschichten lobten und zugleich mitteilten, der Abdruck sei nicht möglich, erklärte sie unumwunden parteilich, warum sie dieses Verhalten nicht billigen konnte: »Dadurch trägt man nur dazu bei, die Legende am Leben zu halten, wonach die Wahrheit zu schreiben verboten sei. Es ist ja nicht die Wahrheit, was sie schreiben. Sie halten es nur dafür. Und man druckt sie nicht, weil es in manchen Situationen gefährlich ist, die Unwahrheit oder auch nur die halbe Wahrheit zu verbreiten. Zu dieser Einsicht muß man ihnen verhelfen.«[7]

Der letzte Satz klingt drohend. Die Drohung lag in der Logik einer Argumentation, die nur eine Wahrheit zuließ und die Entscheidung, ob die gefunden oder verfehlt wurde, den Hütern der Ideologie vorbehielt. Es führte zu weit, jetzt nachzuweisen, daß Christa Wolf diese autoritäre Mahnung auch gegen sich selbst richtete. Sie konnte solchen Dogmatismus nicht durchhalten, auch nicht in modifizierter, abgeschwächter Form, und spätestens mit »Nachdenken über Christa T.« legte sie ein Jahrzehnt danach ein literarisches Gegenmodell von Bedeutung vor, das der Zensur höchst bedenklich vorkam, eine Verlagskrise erzeugte und ihr die Mahnung eintrug: »Besinn dich, Christa, auf dein Herkommen.«[8] Damit war nicht die soziale Herkunft gemeint, sondern die politische, die sie in der ersten Hälfte der sechziger Jahre für kurze Zeit zu einer Kandidatin des SED-Zentralkomitees hatte werden lassen. Die Mahnung aus dem Munde des Kollegen Max Walter Schulz, der einer der Vizepräsidenten des Schriftstellerverbandes war, klang grotesk und arrogant. Aber sie pochte auch darauf, daß eine Gemeinschaft der Gleichgesinnten nicht einfach verlassen werden dürfe.

Selbst wer sich aufgrund bitterer Erfahrungen loslösen wollte, blieb doch an alte Grundüberlegungen gebunden, die er nicht preisgeben mochte. Denn die politische Sozialisation einer ganzen Generation hatte ein so kräftiges Gefühl der Zugehörigkeit entstehen lassen, daß viele vor dem radikalen und definitiven Nein zurückschreckten. Es erhielt sich der Glaube an die Reformierbarkeit des Systems und damit auch der Glaube an die Belehrbarkeit der tonangebenden Funktionärsschicht. Immer wieder beteuerten viele Autorinnen und Autoren, daß sie mißverstanden würden, daß ihre Vorschläge und Ratschläge der großen gemeinsamen Sache nur nutzen würden.[9] Solche Treuebedürfnisse und Zugehörigkeitswünsche konnten Widerstandskräfte auch lähmen. Christa Wolf hat in »Kassandra« gezeigt, wie die Macht diese Disposition ausnutzte. Als Eumelos, der Mann der Sicherheit, Sonderbefugnisse für die Kontrollorgane verlangt und erhält, will Kassandra ihm diese harte Politik ausreden, weil man sich selbst damit mehr schade als dem Gegner: »›Aber glaub mir doch! Ich will doch das gleiche wie ihr.‹... Er zog die Lippen hart zusammen. Den konnte ich nicht gewinnen. Er sagte förmlich: Ausgezeichnet. So wirst du unsere Maßnahmen unterstützen. Er ließ mich stehen wie ein dummes Ding.«[10]

So sah die vielbeschworene Einheit von Geist und Macht aus. Die Autorin hatte ein Abhängigkeitsverhältnis durchschaut und gezeigt, wenn auch in historisierender und mythischer Verkleidung. Auf diese Weise konnte sie das Schiff, das die Konterbande mit sich führte, gleichsam ohne Lichter und ohne Flagge an den Klippen der Zensur vorbeisteuern. Auf ihre seriös elegische Art drehte auch sie den Aufpassern die Nase. Aber selbst solche Erfolge blieben Pyrrhussiege in einem ungleichen Kampf. Die Künstler hatten in dem letztlich unwürdigen Spiel deswegen die schlechteren Karten, weil sie sich auf Partnerschaft einließen und wahrscheinlich einlassen mußten, solange sie im Sinne einer Fürstenaufklärung auf die Einsichtsfähigkeit der Mächtigen hofften. In den guten alten Zeiten der Zensur, im 19. Jahrhundert etwa, gab es dagegen klare Frontstellungen. Der Autor konnte sich lustig machen über die Dummheiten und Frechheiten des Zensors, der in der Regel die von ihm bekämpfte reaktionäre Richtung vertrat.

In der DDR hingegen wurden die Zensurmaßnahmen auf der Basis des prinzipiellen Jas zur sozialistischen Sache als Diskussion unter den Beteiligten getarnt. Beliebt war die Rede von der Übereinstimmung zwischen innerem und äußerem Auftrag. Die fatalen Folgen müssen unter der gegebenen Konstellation als unvermeidlich gelten. Die Zensur verlangte nämlich die Zustimmung des Autors zu ihren Eingriffen, also zu den geforderten Auslassungen, Streichungen und Umformulierungen. Am Ende lief alles auf Selbstzensur hinaus, denn der Urheber des Textes mußte billigen oder billigend in Kauf nehmen, was ihm mit sanftem oder kräftigem Druck vorgeschlagen wurde. Auch in der konkreten Auseinandersetzung um ein Manuskript, ja um ein einzelnes Wort, setzte sich formell Selbstzensur fort. Die Auseinandersetzung konnte freilich erst beginnen, wenn ein Gedanke oder ein Sprachbild Schrift geworden war. Was gar nicht erst formuliert wird, steht auf einem anderen Blatt. Was keinem mehr einfällt, kann auch keinen anderen mehr heiß machen. Über die Denkverbote, die gar nicht ins Bewußtsein treten, läßt sich nicht einmal im verborgenen, in der Nische reden.

Erst allmählich kommen daher jetzt verdrängte Fragen auf: Warum wurde das Recht auf antisozialistische Gesinnung nicht eingefordert? Warum blieben die Abtrünnigen oft Objekte der Berührungsfurcht? Warum wurden die Gemeinsamkeiten zwischen der Ordnung, in der man lebte, und faschistischen Staaten nicht oder nur ganz selten zum Thema?[11] Nur weil es gesetzlich verboten und somit Schlimmes zu gewärtigen war? Oder auch deswegen, weil wenigstens die antifaschistische Grundlage, die humanistische Staatsräson vom Friedensstaat DDR heil bleiben sollte? Erst nach dem entschiedenen Bruch, aber noch in der DDR, schrieb Reiner Kunze das Titelgedicht seiner epigrammatischen Sammlung »Zimmerlautstärke«:

»Dann die
zwölf jahre
durfte ich nicht publizieren sagt
der mann im radio

Ich denke an X
und beginne zu zählen.«[12]

Es gab unter Schriftstellern der DDR, vor allem unter SED-Mitgliedern, aber nicht nur unter ihnen, eine tiefe Abneigung gegen die radikale Abkehr. Sie wurde als Renegatentum verteufelt oder wenigstens als eine Art Fahnenflucht mißbilligt. Die Treuegefühle zu »der Sache«, der man selbst in jungen Jahren enthusiastische Hoffnungen entgegengebracht hatte, wuchsen sich zum Treuekomplex aus. Dazu kam ein berechtigtes Interesse daran, sich nicht aus dem Lande zwingen oder ekeln zu lassen, auch weil viele davon überzeugt waren, daß das Widerstandspotential trotz aller gelebten Kompromisse durch Weggehen geschwächt würde. Es wurde auch geschwächt durchs Bleiben und Bleibenwollen, weil auch dafür mit Nachgiebigkeit gezahlt werden mußte. Aber wer wollte hier messen? Wie so oft im Leben vermischen sich gute und weniger gute Gründe. Sicher ist, daß die offizielle Politik diese prekäre Lage bei ihrem Umgang mit Künstlern und Schriftstellern ausnutzte. Die Aufpasser entwickelten konkrete Psychogramme für den individuellen Umgang mit den schwer lenkbaren Verfassern. Auch nach allerlei Änderungen blieb manches Buch mißliebig. Nur aus »autorenpolitischen Gründen« wurde es zugelassen. Vorschläge, an einem bestimmten Punkt die Auseinandersetzung mit einem Autor abzubrechen, wurden gelegentlich vom Amte damit begründet, daß der Betroffene bei einem weiteren Änderungsgespräch durchdrehen könnte.

III. Versuche, der Verführung zur Selbstzensur zu widerstehen

Ein Autor war genötigt, sich auch vorzustellen, was in den Köpfen der Kontrolleure vorgehen mochte, studierten sie sein Manuskript. Der sehnlichste Wunsch eines Schreibers ist, daß sein Werk erscheinen möge. Er kam also nicht um die taktische Frage herum, wieviel er in einer bestimmten Situation den Instanzen zumuten könne, damit es publiziert werde. Immer konnte er so der Verführung erliegen, sich selbst gleichsam ins Wort zu fallen und das allzu Kecke wegzunehmen, weil es doch nur Ärger bringe und am Ende im fertigen Buch doch nicht drinstehe. Schriftsteller von unterschiedlichem Lebensalter und mit höchst unterschiedlichen Biographien haben allerlei Gegenmittel und Tricks benutzt, um sich vor Versuchungen, so gut es ging, zu schützen. Ich gebe dafür drei Beispiele.

Widerstandskraft gegen vorauseilende Selbstgenügsamkeit konnte gewinnen, wer die Erfahrung der opportunistischen Anpassung durchlebt und durchlitten hatte. Die überschüssige Bahn, auf der das eigene Talent nur zugrunde gerichtet werden konnte, durfte nicht wieder betreten werden, obwohl andere meinten, da habe einer das erwünschte Ziel erreicht. Siegerehrung und Preisverleihung durften die Selbsterkenntnis nicht paralysieren. Die Rede ist von Günter de Bruyn und seinem ersten Roman »Der Hohlweg«. Das 1963 erschienene Werk stellte den Weg der Kriegsgeneration in die fortschrittliche Aufbauzeit gemäß den Erwartungen dar. Verfaßt nach den Klischees des sozialistisch-realistischen Entwicklungsromans, erhielt es den angesehenen Heinrich-Mann-Preis. In seinem schon 1974 erschienenen Essay »Der Holzweg« zeigte de Bruyn, schonungslos mit sich selbst umgehend, wie er das Thema ans Schema verraten und das in seinen Tagebüchern dokumentierte Lebensgefühl absichtsvoll unterdrückt habe:

»Noch fehlte mir die Erfahrung, daß nur gut werden kann, was man, sich selbst gehorchend, schreiben muß, nicht was man will oder soll. Demoralisierend wirkte der Verlagsvertrag: ein Stück Selbst wurde zum Objekt eines Geschäfts. Geld, Termine, gute und schlechte Ratschläge verfremdeten Eigenes. Das Bewußtsein des Sich-verkauft-Habens machte die Arbeit zur Fron. Unmerklich trat an die Stelle der Frage ›Ist das die Wahrheit?‹ die: ›Nimmt man mir das ab?‹ Da man sich zum Teil eines Apparates gemacht hatte, dessen Arbeit ganz auf Veröffentlichung gerichtet ist, wurde diese einem selbst zum höchsten Ziel – bis es erreicht war. Als das Buch gedruckt war, war es für mich tot.«[13]

Alles habe er einem Ziel untergeordnet, sagt de Bruyn, er wollte gedruckt werden, und er nennt diesen Grund zugleich »verständlich und verächtlich«. Kräftige Willensstärke wurde verlangt, wenn man dem aus dieser Erfahrung herrührenden Anspruch an sich selbst künftig genügen wollte. Mit seinen Prosaarbeiten »Märkische Forschungen« und »Neue Herrlichkeit« ist de Bruyn seinen Einsichten durchaus gefolgt. Der Verbotsskandal um das letztgenannte Buch lieferte dafür auch eine offizielle Bestätigung. 1983 wurde die Druckgenehmigung für das Manuskript erteilt. Freilich hatte der Autor notgedrungen zuvor einigen Änderungswünschen nachgegeben. Der Vater der Hauptfigur wurde von der höchsten Funktionärsebene heruntergenommen, um die Nomenklatura nicht zu sehr zu reizen. In dem besonders heiklen Kapitel, das im Altersheim spielt, entfernte de Bruyn den Halbsatz »Tabletten verkürzen das Leben«, an einer anderen Stelle wurde eine Bemerkung übers »Eingesperrtsein« gestrichen. Das System ließ nicht zu, ein Manuskript ohne jeden Eingriff zum Druck zu befördern. Jedenfalls hat sich bisher noch kein Autor mit kritischem Anspruch gemeldet, der von sich behaupten könnte, ihm sei eben dies gelungen. Die Kunst – eine Kunstfertigkeit jedenfalls – bestand ja längst darin, ein Manuskript anzubieten, das durch Wegnahme eines Tabuworts oder eines Halbsatzes nicht wirklich zu domestizieren war. Öfter findet sich in den Hausmitteilungen der Hauptverwaltung Verlage und Buchhandel die Klage darüber, daß Herausnahme oder Weglassung »höchstens die Grundtendenz schwächen, sie doch nicht beseitigen kann«.[14]

Nachdem die Lizenzausgabe des Romans »Neue Herrlichkeit« im Westen früher vorlag als die Edition in der DDR, was nur an der geringen Druckkapazität lag, widerrief die Hauptverwaltung die bereits erteilte Druckgenehmigung, weil die bundesdeutschen Rezensenten den kritischen Wagemut des Verfassers hervorgehoben hatten. Am 20. Juni 1984 begründete die Hauptverwaltung ihr Verbot u. a. so: »Nach gründlichem Abwägen wurde entschieden, von einer Herausgabe des Buches ›Neue Herrlichkeit‹ von Günter de Bruyn in der DDR abzusehen. Die Gründe für diese Entscheidung liegen in der ungenügenden politisch-ideologischen Qualität des Romans, der über weite Strekken ein einseitiges Bild unserer Wirklichkeit vermittelt und subjektivistisch zugespitzte Wertungen enthält, die die entwickelte sozialistische Gesellschaft der DDR in einem pessimistischen Lichte erscheinen lassen. Unsere kritischen Einwände richten sich vor allem gegen die folgenden gravierenden politisch-ideologischen Mängel, die einer Veröffentlichung des Buches im Wege stehen: 1. Die negativ verzeichnete Darstellung des Schicksals alter Menschen und der Verhältnisse im Pflegeheim ... 2. Viele handelnde Personen, besonders die Angehörigen der jungen Generation, sind durch unsozialistische Haltungen geprägt.«[15] Alt und jung sind also verzeichnet, aber das Wort »Verbot« wird ebenso vermieden wie das Wort Zensur. Das Amt verbietet nicht, es sieht nur von einer Herausgabe ab. Ein Jahr später, 1985, steht einer Herausgabe nichts mehr im Wege, ohne daß der Autor an der im S. Fischer Verlag längst vorliegenden ursprünglichen Druckfassung etwas geändert hätte. Das Beispiel Günter de Bruyn zeigt: Freie, radikale Selbstkritik gegenüber eigenen einst begangenen literarischen Irrwegen stärkte die Widerstandskraft gegen die immerwährende Versuchung, den latenten und offenen Angeboten zur Selbstzensur anheimzufallen.

Erich Loest versuchte die eigene Standfestigkeit gegenüber dem inneren Wächter dadurch zu stärken, daß er sein brisantes Romanmanuskript »Es geht seinen Gang oder Mühen in unserer Ebene« nicht selber wie eine verdächtige Geheimsache behandelte. Er gab es möglichst vielen Leuten zum Lesen, ehe er es seinem Verlag vorlegte. Er weihte Freunde und Bekannte ein und bat sie um Kommentar und Kritik, aber eins ließ er nicht zu: »Niemand darf zu mir sagen: Was Du da geschrieben hast, *druckt sowieso keiner*! Ich kann jetzt keinen inneren Zensor gebrauchen.« Er wollte nicht, daß das »kleine grüne Männchen im inneren Ohr« am Trommelfell kratzte und ein schmerzhaftes »So nicht!« verlauten ließ. Trotz seiner Mahnung wurde ihm die allgemeine Ansicht der bevorzugten Erstleser zugetragen: »Ist ja gut und schön, was der Erich da macht, aber ein Buch wird das nie!«[16] Diese skeptisch-realistische Einschätzung der Kollegen hat den Autor seinerzeit wohl kaum überrascht. Er mußte während des Jahres 1976 in manchem Gespräch zähneknirschend vielen Streichungen zustimmen, ehe – immerhin! – ein Buch daraus wurde. Aber er hatte den Romanplan publik gemacht, weil die Mitwisser ihm einen gewissen Schutz boten. Sie halfen ihm indirekt, bei der Stange zu bleiben und den Kampf um die Veröffentlichung offensiv zu führen.

Ein drittes Beispiel für den Kampf mit der Selbstzensur

liefert der alte Erwin Strittmatter. In seinen nach der Wende, im Jahre 1990, ausschnittweise veröffentlichten Tagebüchern, »Die Lage in den Lüften«, beschreibt er die Entstehung des abschließenden Bandes seiner »Wundertäter«-Trilogie. Er wollte, wie er am 8. März 1975 notierte, »eine literarische Bombe mit Langzeitzündung« drehen. Er suggerierte sich die Freiheit des Schreibens, indem er die Veröffentlichung zu seinen Lebzeiten selbst nicht für möglich hielt. Weil er in ein Morgen hineinschrieb, auf das er Hoffnungen setzte, traute er sich, Respektlosigkeiten zu formulieren und auch stehenzulassen. Am 11. September 1974 notierte er: »Man weiß, daß das, was man niederschreibt, weil man es für die Wahrheit hält, nicht heute und nicht morgen vor den Zensoren liegen wird.«[17]

Im Sommer 1975 radikalisiert er diese Position noch. Immer, wenn die Schreibanstrengung lähmen könnte, setzt Strittmatter auf Zeitgewinn: »Manchmal fange ich an, mich zu ängstigen, wenn ich dran denke, wieviel Zeit ich noch brauchen werde. Dann beruhigt mich der Gedanke, daß ich den Roman nicht hier und jetzt werde drucken lassen können. Für den Roman ist das Zeitvergehen nur günstig, und auch bei mir wird es kein Bangen um Zeit mehr geben, sobald ich gestorben bin. Es gilt, sich das Bangen bei Lebzeiten abzuerziehen. Wenn der Roman *Wundertäter III* fertig sein wird, werde ich ihn nicht herausgeben. Weshalb soll ich die Kraft, die es kosten würde, ihn durchzusetzen, meiner Arbeitskraft entziehen?«[18]

War das eine produktive Selbsttäuschung? Vermutlich ja, denn die Arbeitshypothese, auf absehbare oder sogar auf unabsehbare Zeit nur für die Schublade zu arbeiten, verschaffte Freiräume. Es ist bedauerlich, daß Strittmatters Werkstattbericht in der öffentlichen Diskussion kaum eine Rolle spielt. Offenbar passen weder seine Offenheit noch seine Eingeständnisse in eine Zeit, in der viele prominente

Autoren schweigen oder sich in die Schmollecke zurückziehen, um blauäugig die getäuschten oder gutgläubigen Idealisten zu spielen. Wo bleiben die Schriftstellerkollegen, die sich und uns das »Bangen bei Lebzeiten«, also die Folgen des angstbesetzten Schreibens, zum Problem machen? Strittmatter mochte in seiner ländlichen Zurückgezogenheit leichter zur Selbstbeobachtung fähig sein als andere. Aber warum sollte nur er schmerzlich erfahren haben, wie sehr »Sklavendenken und Gehorsam« behindern konnten? Der vom Kulturbetrieb der SED doch auch lange Zeit hochgeehrte Mann quält sich damit herum, daß es ihm schwerfällt, nach siebenundzwanzigjähriger Parteizugehörigkeit aus dem »Gedanken-Zoo« auszubrechen.

Nicht einmal dem Tagebuch glaubt er seine Ansichten in aller Schärfe anvertrauen zu können – er hat längst keine Illusionen mehr über die Praktiken des Staatssicherheitsdienstes, aber er scheut dennoch nicht davor zurück, die Linksdiktatur mit der Rechtsdiktatur auf eine Ebene zu stellen, ohne Furcht davor, einer reaktionären »Totalitarismus-Doktrin« zu verfallen. Am 13. September 1980 notiert er: »Meine Reife- und Schreibjahre fallen in die Zeit von zwei Diktaturen, die einander ablösten. Die zweite der Diktaturen war eine, die ich nach anfänglichem Zögern für einige Jahre bejahte, bis ich erkannte, daß sie nicht die Diktatur einer Klasse, sondern wie die vorhergehende Diktatur, die Diktatur einer Clique war. Sie zwang mich, nach dem Schema: Eins hin – zwei im Sinn – zu schreiben, und die *Zwei im Sinn* konnte ich noch nicht einmal mit voller Schärfe ins ganz und gar persönliche Tagebuch schreiben. Ich mußte an Haussuchungen und heimliche Schnüffler denken. Auch jetzt natürlich, da ich das hinschreibe.«[19]

Es versteht sich, daß Strittmatter den Gedanken an die Nachwelt ganz schnell vergißt, nachdem er die Arbeit an dem Roman abgeschlossen hat. Publikationsgierig, wie

Schriftsteller nun einmal sind und sein müssen, drängt er auf rasche Veröffentlichung. Er wird ungeduldig, als die Behörden ihn hinhalten und vertrösten. Sie zeigen ohne Vorbehalt, wie wenig ihnen der Text schmeckt. Strittmatter findet nichts dabei, direkt beim obersten Kulturchef, bei Kurt Hager, vorzusprechen und wartet nach der Audienz auf die versprochene Auflistung der Änderungswünsche. Beim Schreiben mochte die Hypothese genutzt haben, man müsse nicht Rücksicht nehmen, weil man zunächst nur für die Schublade schreibe, am Ende überlieferte man sich doch wieder den Regeln und nutzte aus, daß ein Strittmatter immerhin prominent genug war, um von Hager vorgelassen zu werden. Es gab im Teufelskreis der Literaturkontrolle letztlich doch kein Entrinnen. Ein gestandener Mann wie Erwin Strittmatter, kein Anfänger, sondern im Rentenalter, fühlt sich klein und verloren, abhängig und mies, nachdem sein Manuskript aus dem Haus gelangt ist. Er kommt sich vor wie ein Grundschüler, dessen Aufsatzheft eingesandt wurde und der nun wartet, was der Lehrer ihm alles anstreichen werde. Am 8. April 1978 notiert er: »Der Roman ist abgegeben, aber ich gehe umher wie ein Mörder, der bangt, daß man seine Tat bald entdecken wird.«[20]

IV. Über Gutachten und Lesehilfen

Wer dem »Leseland DDR« nachtrauert und die vermeintliche »Literaturgesellschaft« nostalgisch zu feiern gedenkt, sollte solche Wertungen nicht leichthin wegschieben. Auch für Strittmatter begann nun das lange Warten. Gutachten mußten eingeholt werden. Strittmatter hatte in Heinz Plavius einen verständnisvollen Fürsprecher. Aber es gab auch bösartige Verhinderer wie Werner Neubert oder Mathilde Dau, die im Hinterhalt lauerten und als dogmatische Märtyrer auf Anonymität pochten. Denn die Gerechtigkeit gebietet anzuerkennen, daß es eine Vielzahl von Experten gab, die als Fürsprecher der Bücher auftraten. Hatte ein Verlag sich entschlossen, ein Buch auch gegen Widerstände durchzusetzen, bat er Gutachter um Mitarbeit, die sich aller Voraussicht nach für das Buch einsetzen würden. Die fachliche Autorität und der bekannte Name waren dabei wichtiger als die Argumentation in der Sache. Die Gutachten dienten der Absicherung. Im besten Falle verharmlosten sie die Texte, übersahen sie absichtsvoll die ihnen innewohnende Sprengkraft, betonten sie die angebliche Übereinstimmung mit kulturpolitischen Zielsetzungen.[21]

Im Fall historischer Romane wurde zum Beispiel die Exaktheit der Darstellung, also der korrekte Umgang mit den Quellen herausgestellt. Die Verlagerung der Handlung in die Vergangenheit war aber oft nur ein Trick, um im anachronistischen Gewande, sozusagen historisch bemäntelt, in Wahrheit von der DDR zu erzählen. Bekannte Beispiele dafür sind Stefan Heyms »Die Schmähschrift« und sein »König David Bericht«, Christa Wolfs schon zitierte Erzählung »Kassandra« oder auch Joachim Walthers Roman »Bewerbung bei Hofe« über das Leben des Barockdichters Johann Christian Günther. Von den Parallelen zur Gegenwart war in den Gutachten, die der Publikation voranhelfen wollten, natürlich nicht die Rede. Nicht weil der zur Vorkritik aufgeforderte Spezialist den Text mißverstanden hatte, sondern weil er – der Sache wegen – taktisch argumentierte. Wer nicht einer Legendenbildung Vorschub leisten will, sollte einräumen, daß hier ein Nährboden für Heuchelei und Zynismus, für Doppelgleisigkeit und Intrigen bestellt und gepflegt wurde. Das Gutachter-Unwesen war insgesamt eine absurd-bürokratische Ausgeburt der Bevormundung von Autoren und – nicht zuletzt – auch von Lesern.

Dieter Schlenstedt ironisierte und kritisierte seine eigene Rolle als sogenannter Erstgutachter in einer Textmontage, die Volker Brauns »Hinze-Kunze-Roman« 1985 beigegeben wurde, als Anhang unter der Bezeichnung »schöngeistige Lesehilfe«. Der Germanist stellte dabei den grotesken Vorgang heraus, daß auch bei einem so bekannten Autor wieder und wieder geprüft werden sollte, ob er eigentlich schreiben könne, ob überhaupt ein literarischer Wert vorliege. Er, Schlenstedt, beharre unverdrossen auf der Überzeugung, die Leute, die Leser, seien für solche Urteile zuständig. Mit Wortspielen wie Bös-Achten und Schlecht-Achten lästerte Brauns Freund über den papierlastigen Wirrwarr, in dessen Netzen und Haken Zeit und Energie verlorengingen.[22]

Je nach Sujet konnte auch im Landwirtschaftsministerium, bei der Reichsbahn oder beim Turn- und Sportbund eine Stellungnahme eingefordert werden. Bei Krimis mischten sich das Ministerium des Innern oder die Generalstaatsanwaltschaft ein. Das Außenministerium mochte in Reisebüchern nichts Kritisches über die Sowjetunion, über die osteuropäischen Nachbarn oder über die Staaten der Dritten Welt lesen. Mit der Floskel von der unzulässigen »Einmischung in die inneren Angelegenheiten« wurden die eigenen Einmischungen in die literarischen Expeditionen begründet. Ärger mit der Volksrepublik China wurde Fritz Rudolf Fries prophezeit, wenn er auf seinem Romantitel »Verlegung des Reichs der Mitte« bestehe. Mit »Verlegung eines mittleren Reiches« konnten die Bedenkenträger sich abfinden. Nicht jeder vermochte so spielerisch-distanziert auf die Zumutungen zu reagieren wie Fries, der sich manchmal den Spaß machte, Einwände von Zensoren eigenen Figuren in den Mund zu legen.

V. Vom Mitspielzwang und von kleinen Siegen im ungleichen Kampf

In aller Regel war der Zwang zum Mitspielen keineswegs komisch. Die Frontlinien blieben nämlich undeutlich. Sie waren im ohnehin unübersichtlichen kulturpolitischen Gelände nicht markiert. Die Veränderungen im Text wurden den Autoren zwar abgerungen, aber sie waren doch ihrer Zustimmung bedürftig. Formal wurde das Urheberrecht gewahrt. Der Zensurvorgang war eine abartige Abart der »Arbeit mit den Menschen«. Nur wer sich dem Kulturbetrieb prinzipiell verweigerte, konnte der Überzeugungsprozedur unter Ungleichen entgehen. »Auf einen Vertreter der Macht oder Gespräch über das Gedichteschreiben« heißt ein Epigramm von Reiner Kunze:

»Sie vergessen, sagte er, wir haben
den längeren arm

Dabei ging es
um den kopf.«[23]

Entwürdigend und demütigend mußte der Zwang zur Zustimmung wirken. Wider besseres Wissen mußte Ja gesagt werden zur Verstümmelung des eigenen Textes. Auch wessen Körper nicht mit Magengeschwüren und Nervenzusammenbrüchen reagierte, hatte Mühe damit, die Belastungen zu verdrängen. Kleine Siege im zähen Kleinkrieg wurden so von den Betroffenen gern überschätzt. Das verletzte Selbstbewußtsein brauchte Trost.

Im Jahre 1973 – Reiner Kunze lebte noch im thüringischen Greiz – erschien unter mühsamen Geburtswehen sein Gedichtband »brief mit blauem siegel«. Welch ein Sieg, daß darin die Überschrift stehen durfte: *»Aus* ›Variationen über die Post‹« und nicht bloß »Variationen über die Post«. Das kleine Wörtchen »Aus« signalisierte dem eingeweihten Leser, daß mehr zu dem Gedichtzyklus gehören mußte, daß einiges Heikle entfallen war. 1983 erschien ebenfalls bei Reclam, Leipzig, eine Auswahl von Texten Wolfgang Hilbigs, »stimme stimme« betitelt. Die Abschnitte des Gedichts »das meer in sachsen« hatte der Autor numeriert. Die Leipziger Zählung sprang von Nummer 2 gleich auf Nummer 4 – den Abschnitt 3 hielt die Zensur für unzumutbar. Daß schließlich drei Pünktchen erlaubt wurden, wo gestrichen werden mußte, war das wirklich ein Erfolg auf dem mühsamen Aufstieg zu den Höhen des freien Wortes?

Christa Wolfs Frankfurter Poetik-Vorlesungen über ihre Erzählung »Kassandra« lagen im Westen, bei Luchterhand, längst vollständig vor, während die Ausgabe des Ostberliner Aufbau-Verlags noch immer klemmte. Das Plädoyer für einseitige Abrüstung auf östlicher Seite und weitere sechs Textpassagen waren für die SED-Spitze nicht opportun. Jeweils drei Pünktchen und der Vermerk »Gekürzte Fassung« verweisen auf die Kürzungen in der ersten Auflage der DDR-Edition. War die Kompromißbereitschaft der Autorin berechtigt? Vielleicht ja. Es wurde Neugierde geweckt auf das, was fehlte. Die West-Ausgabe existierte, den zensierten Stellen wuchsen besondere Aufmerksamkeit und Neugierde zu. Es gab in evangelischen Studentengemeinden Seminare zu »Kassandra«, bei denen Pfarrer oder Studienleiter dafür sorgten, daß die Streichungen in Kopien verfügbar waren. Vielleicht war die Nachgiebigkeit der Autorin aber auch falsch. Verlagsdirektor Elmar Faber war gelegentlich so keck zu behaupten, er hätte lieber den ganzen Text gedruckt, die Autorin habe sich jedoch mit der Streichung einverstanden erklärt. Es hätte nur noch gefehlt, daß er ein »leider« eingefügt hätte. Sturheit statt Kompromißbereitschaft – es war jedenfalls eine Alternative. Nicht oft wurde sie von der älteren oder mittleren Generation der Etablierten in Anspruch genommen.

Erst die spätgeborenen Außenseiter vom Prenzlauer Berg und aus verwandten Bezirken, die ihre halblegalen Zeitschriften in kleiner Auflage und ihre illegalen Lesungen in Privatwohnungen organisierten, verweigerten das Mitspielen. Freilich wurde ihnen solche Abstinenz dadurch erleichtert, daß die offiziellen Türhüter ihnen den Zutritt verwehrten. Immer gab es auch innerhalb dieses genau beobachteten Bereichs Versuche der Vereinnahmung. In der Spätphase der DDR soll ein Verantwortlicher zu einem jungen Autor sinngemäß gesagt haben: »Wir werden Ihre letztlich staatsfeindlichen Gedichte drucken, es genügt uns, daß Sie sie überhaupt vorgelegt haben und daß Sie unser Druckgenehmigungsverfahren anerkennen.« Der Staatsfeind von des Staates Gnaden stand am Endpunkt der grotesken Selbstzerstörung. Noch heute – in der Rückschau – setzt sich die einst praktizierte Ungerechtigkeit notgedrungen fort. Die Rede kann nur von jenen Autorinnen und Autoren sein, deren Werke von den Verlagen akzeptiert und dem Literatur-Hauptamt vorgelegt worden sind. Nur der Umgang mit ihnen und ihrem Werk wurde aktenkundig. Wer im Vorfeld verstoßen wurde, mußte damit rechnen, als Hochstapler oder Asozialer behandelt zu werden, dem gar nicht zustand, sich Schriftsteller zu nennen.[24]

Horst Drescher, Jahrgang 1929, als junger Mann gefördert, Student der Arbeiter- und Bauernfakultät, zog sich zurück in die innere Emigration, als er sah, daß seine Wahrheiten nichts gelten durften. Da betrieb er lieber mit seiner Frau eine Blumen- und Kranzbinderei auf dem Leipziger Südfriedhof. Eine solche Entscheidung mußte provokatorisch wirken auf alle, die sich mehr oder weniger arrangierten. »Immer dann, wenn mir ein Künstler allzu lautstark verkündet, daß er völlig ohne Netz arbeite und daß man das ja gehörig mit Bewunderung und Vertrauen honorieren möge, immer dann kommt mir der Verdacht, daß der Künstler an einem feinen Seil hängt, an einem feinen Seil, das hoch oben über Rollen hinter die Kulissen führt.«[25]

Diese Beobachtung findet sich in Dreschers erstem Buch, einer Sammlung mit ausgewählten Notizen aus den Jahren 1969 bis 1986. Es durfte, noch unvollständig genug, 1987 erscheinen, da war der Verfasser 58 Jahre alt. Das feine Seil läßt sich auch vergessen, und die lange Leine drückt erst ins Fleisch, wenn man zu hastig zu weit läuft. So gibt es viele wahre Geschichten und Anekdoten, wie der Zensur allerlei Schnippchen geschlagen werden konnten. Der kleine Schreiber konnte den gewaltigen Apparat auch einmal hereinlegen. Erich Loest berichtet, wie aus seinem mißtrauisch beäugten Knastroman »Schattenboxen« das Reizwort *Bautzen,* der Name der Haftanstalt, entfernt werden sollte. Er überließ die saure Arbeit der befreundeten Lektorin. Beim Lesen der Korrekturfahnen bemerkte er, daß der Ort Bautzen zweimal stehengeblieben war. Versehen oder Absicht, wer konnte es wissen? Loest schrieb den schlimmen Namen nunmehr noch zweimal hinein, und niemand merkte etwas.[26]

Unter Lyrikern war es üblich, ein paar hochprovokative Texte mitzuliefern, die aller Voraussicht nach die Hürden nicht würden nehmen können, damit Aufmerksamkeit absorbiert wurde. Innerhalb von Romanen fügten die Autoren, um Luft zu gewinnen, hier und da zehn Zeilen ein, die zunächst beunruhigen sollten, die aber in einem späteren Arbeitsgang dann leise wieder gestrichen werden konnten, als letztlich doch angeklebt und unpassend wirkende, entbehrliche Zusätze. Ob die Tricks nun als Provokation oder zur zeitweiligen Ruhigstellung der Aufpasser gedacht waren, sie erinnern an das Modell »kleines weißes Hündchen«, das der kommunistische türkische Dichter Nazim Hikmet schon Anfang der fünfziger Jahre erfand. Bevor die Kommission zur Begutachtung kam, malte der Künstler ein weißes Hündchen zusätzlich auf die Leinwand. »Dann kommt die Jury. Ohne weißes Hündchen würde es nun sofort losgehen: ›Aber, aber, Kollege Künstler! Solche Menschen gibt es nicht! Wo bleibt die Perspektive, die Lebensfreude, überhaupt das Schöne? ... So aber stolpern alle nur über das weiße Hündchen. Was soll denn nur dieses weiße Hündchen auf dem Schornstein da bedeuten? ... Nach einer Stunde erbitterten Ringens sage ich: ›Ich gebe zu, das weiße Hündchen ist – na, also, ich werde es etwas kleiner malen!‹ Nach zwei Stunden: ›Mir scheint jetzt auch, das weiße Hündchen ist ein Fehler. Ich werde ein ganz kleines Hündchen in Grau daraus machen!‹ Nach drei Stunden schließlich: ›Gut, ihr habt mich überzeugt, ich lasse das Hündchen weg.‹ Daraufhin wird mein Bild ohne weitere Diskussion angenommen.«[27]

VI. Stilbildende Wirkungen von Zensur

Auch die Literaten ließen ihre weißen Hündchen von der Leine. Zur gelenkten Literatur gehört die abgelenkte Zensur. Aber die vielen humoristisch gefärbten Anekdoten darüber wirken heute oft begütigend – harmlos. Sie verkleistern die Sicht auf die eklatanten Schäden, die Zensur angerichtet hat. Zu ihren gefährlichsten Folgen gehört die Lähmung des Autors, der, wie das Kaninchen die Schlange, Zensur beäugte. Günter Kunert hat diese zerstörerische Ablenkung von den ureigenen kreativen Möglichkeiten beschrieben: »Bevor der Autor zu sich selber kommen kann, zu jener notwendigen Selbsterforschung, aus der er die Themen und Masken seiner Texte bezieht, lenkt ihn die Zensur von sich selber ab. Sie hockt als unsichtbares Gespenst auf seiner Schulter, ein dem Schlaf der Vernunft in die Realität entwichenes Ungeheuer, und verlangt von ihm Zuwendung, Auseinandersetzung, den inneren Dialog mit ihr.«[28]

Sowjetische Schriftsteller haben solche Sachverhalte radikaler benannt als die in der DDR verbliebenen Autoren, die sich bisher vor allem in der ausweglosen Mechanik von Anklage und Rechtfertigung verfangen. Was Viktor Jerofejew in seinem Abgesang »Letztes Geleit für die Sowjetliteratur« über die »liberale Literatur« seines Landes schrieb, dürfte auch für den reformsozialistischen Hauptstrom der in der DDR entstandenen Bücher gelten: »Die grundlegende Absicht der liberalen Literatur bestand in dem Wunsch, soviel Wahrheit wie möglich auszusprechen, im Widerstand gegen die Zensur, die diese Wahrheit nicht genehmigte. Auf diese Weise übte die Zensur einen formbildenden Einfluß aus: Durch den Kampf mit ihr pervertierte sie die liberale Literatur und impfte ihr den Hang zu penetranten Anspielungen ein, doch die Zensur pervertierte auch die Leser, die jedesmal in Begeisterung verfielen, wenn sie beim Schriftsteller ein verstecktes ›Nasedrehen‹ vermuteten. Der Schriftsteller begann, sich aufs ›Nasedrehen‹ zu spezialisieren und verlernte das Denken . . .«[29]

Solange der Druck erlebt und erlitten wurde, verschaffte das »Nasedrehen« Entlastung und Erleichterung. Die Leser, immer auf der Suche nach frechen und aufmüpfigen Stellen, beteiligten sich an der Aufdeckung und Entschlüsselung eifrig und enthusiastisch und freuten sich über die Mutproben und Anspielungen, ohne dadurch aus einer passiven Rezeptionshaltung gerissen zu werden. Es wird immer Ansichtssache bleiben und nie objektiv geklärt werden können, ob die kritische Literatur in der DDR insgesamt eine eher stabilisierende Funktion erfüllt hat, im Sinne eines Ventils, das Druck abbaute, oder ob sie eher dazu beitrug, die Ordnung zu schwächen und aufzulösen. Die Wirkungen von Literatur sollten weder in der einen noch in der anderen Richtung überschätzt werden. Sicher ist wohl, daß die Faxenmacherei nach dem Zusammenbruch der Diktatur weniger glanzvoll aussieht als zu ihren Lebzeiten. Auch dies hat der hellsichtige Horst Drescher frühzeitig bemerkt: »Die Faxenmacher in der Kunst haben ihre besten Zeiten, wenn die Faxenmacherei behördlicherseits streng untersagt ist. Wird das Faxenmachen in der Kunst nicht mehr untersagt, wird es gar ausdrücklich erlaubt behördlicherseits, dann gibt's sehr schnell ernste Gesichter. Denn nun sind die Faxenmacher in der Kunst nur noch, was sie sind.«[30]

Günter de Bruyn hat sich in seinem Essay »Unparteiische Gedanken über die Zensur« gegen die nicht totzukriegende Sage gewandt, die Zensur habe einen günstigen Einfluß auf die Schreibweisen. Auch ein künftiger Forscher werde keinen Beweis für eine durch die Zensur bewirkte Hochblüte der Ironie finden, sagt de Bruyn und schiebt dann – wohl doch etwas unsicher – ein merkwürdig pädagogisches Argument nach: »Und wenn er diesen Beweis gegen alle Erwartung noch zu finden glaubte, müßte er ihn aus moralischen Gründen unterschlagen, um der Sinnlosigkeit nicht auf diese Weise Sinn zu unterschieben. Zensur *darf* nicht stilbildend sein.«[31] Wenn sie es nun aber doch wäre? Nicht durch einen Gewinn an Subtilität, sondern durch die Steifheit des Drumherumredens? Oder durch das simple Spiel mit der niedrigen Wirkungsgrenze? Wenn der Dichter nur bim-bim sagt, klingt es unter den Bedingungen der Zensur wie bumbum. Kluge Kabarettisten haben es in der DDR beklagt, daß geistvolle Geschliffenheit gar nicht gefragt war, weil in einem Lande ohne Medienöffentlichkeit die bloße Nennung von Tabuworten ausreichte, um grelle Lacher zu erzeugen.

Auch unter den Zensoren gab es Faxenmacher; die Akten des Kulturministeriums eröffnen dem unvoreingenommenen Betrachter einen Abgrund von Komik. Germanisten werden sich in Ruhe damit beschäftigen, ursprüngliche und mit Hilfe der Zensur aufbereitete Fassungen zu vergleichen. Viele Rätsel werden dabei ungelöst bleiben. Was zum Beispiel hatte die Behörde gewonnen, wenn sie sich – zum Exempel – gegen die Diskriminierung der Beamten im Strafvollzug wandte, wie sie in der Aussage eines Häftlings, »sie waren wie Tiere«, zum Ausdruck kommt, sich aber dann damit zufrieden gab, daß der Autor von »Horns Ende«, Christoph Hein, daraus »sie waren brutal« machte?

Günter de Bruyn hat mit Recht darauf aufmerksam gemacht, daß Dummköpfe im Zensurbüro die gefährliche Konterbande nicht erkennen, die Kenner jedoch als Liebhaber der Literatur womöglich nicht mit der nötigen Härte zuschlagen. Der ideale Zensor sei folglich schwer zu finden. Aber der elitäre Freund der Künste im Aufsichtsamt genießt ja schon die freie Lektüre. Was kann es ihm ausmachen, das gemeine Volk vor Schädlichem zu schützen? Als dem Schriftsteller Boris Djacenko, einem in der DDR lebenden Letten, der zweite Teil seines Romans »Herz und Asche« verboten worden war, lud ihn der Zensor zu einem privaten Gespräch. Heiner Müller nahm den Vorfall zum Anlaß für einen Textmonolog des unterdrückten Autors:

»Und der beamtete Leser zeigte mir stolz das verbotne
Typoskript in kostbares Leder gebunden so
LIEBE ICH DEIN BUCH DAS ICH VERBIETEN MUSSTE
IM INTERESSE DU WEISST ES UNSERER
GEMEINSAMEN SACHE
In der Zukunft sagte Boris Djacenko
werden die verbotnen Bücher gebunden werden
IM INTERESSE DU WEISST ES UNSERER
GEMEINSAMEN SACHE
In Leder gegerbt aus den Häuten der Schreiber

Halten wir unsere Häute intakt sagte Boris Djacenko
Damit unsre Bücher in haltbarem Einband
Überdauern die Zeit der beamteten Leser.«[32]

Das geschah in den harten fünfziger Jahren, und ein Trick, wie ihn sich Uwe Kolbe 1981 ausdachte, um die Zensur hereinzulegen, hätte damals lebensbedrohende Folgen gehabt. (Die gravierenden Unterschiede im jeweiligen Grad der Repression müßte eine differenziert historische Betrachtung immer im Blick behalten. Mir kam es mehr auf die Typologie im Wechselspiel zwischen Zensur und Selbstzensur an.) Kolbe lieferte für eine Anthologie einen in fünf Abschnitte gegliederten und nur aus aneinandergereihten Substantiven bestehenden Text mit dem Titel »Kern meines Romans«. Niemand im Mitteldeutschen Verlag und im Berliner Literaturamt konnte ahnen, daß die Anfangsbuchstaben hintereinander gelesen eine äußerst unangenehme konterrevolutionäre Losung ergaben:

»Eure Maße sind elend.
Euren Forderungen genügen Schleimer.
Eure ehemals blutige Fahne bläht sich träge zum Bauch.
Eurem Heldentum den Opfern widme ich einen
Orgasmus.
Euch mächtige Greise zerfetze die tägliche Revolution.«[33]

Sinn machte die Unternehmung freilich nur, wenn der Autor unter der Hand eine Anleitung zur Auflösung des Rätsels unter die Leute brachte. Der heimliche Triumph in der einsamen Poetenstube konnte nicht genügen. Damit freilich erfuhr auch die Staatsmacht von der unwissend verbreiteten Konterbande.

VII. Zensur war innerhalb des Systems nicht abschaffbar

Die radikale Verfluchung des Politbüros hatte ein knappes Jahrzehnt danach sogar Erfolg; Hexenmeister Kolbe erlebte eine destruktive Langzeitwirkung seines riskanten Scherzes. Mit solcher Unbefangenheit konnte nur ein in die DDR Hineingeborener reden – Kolbe war damals Anfang zwanzig. Die Schriftsteller der älteren und mittleren Generation mühten sich hingegen noch am Ende der achtziger Jahre, die Zensur innerhalb des Systems abzuschaffen oder wenigstens zu reformieren. Das war nötig und verdienstvoll, aber auch halbherzig und aussichtslos. Christoph Heins auf dem Schriftstellerkongreß des Jahres 1987 gehaltene Rede gegen die Zensur, die er überlebt, nutzlos, paradox, menschenfeindlich, volksfeindlich, ungesetzlich und strafbar nannte, bleibt eine unvergeßliche, bravouröse rhetorische und kulturpolitische Tat. Gleichwohl hätten die von ihm idealisierten staatlich eingesetzten und also abhängigen Verlagsleiter die eigentlich gewünschte freie Literaturproduktion nicht gewährleisten können. Noch stärker als vorher wäre die Kontrolle auf die Schreibtische der Lektoren verlagert worden.

Die Überwachung der übrigen Medien von der Presse bis zum Fernsehen erfolgte ja schon vorwiegend über eine straffe Kaderpolitik. Die Interventionen gegen das System der Zensur waren dennoch wichtig und mutig. Diese Vorstöße der Autoren zeigten indirekt, daß der ideologische und machtpolitische Verfall in der DDR und in der »realsozialistischen Staatengemeinschaft« insgesamt in Wahrheit schon viel weiter fortgeschritten war, als viele wußten oder wissen wollten. Auch die Zensur konnte erst verschwinden mit dem Staat, dem sie notwendigerweise zugehörte, der ihrer immer bedurft hatte und der ihrer immer bedurft hätte.

Es versteht sich, daß trotz der geschilderten kulturpolitischen Bedingungen in der DDR bedeutende Werke entstanden sind, die aus der deutschsprachigen Literaturgeschichte nicht wegzudenken sind und auch künftig gelesen werden. Vielleicht läßt sich der Autor aus der DDR mit dem sprichwörtlichen Frosch im Milchfaß vergleichen, der sich durch Strampeln aufs Trockene retten konnte und dabei auch ein brauchbares Produkt herstellte. Zweierlei darf dabei freilich nicht vergessen werden: Mancher, dem die Kräfte dabei erlahmten, ist untergegangen, und es gibt andere, einfachere Methoden, Butter herzustellen.

Anmerkungen

1 Horst Drescher, Aus dem Zirkus Leben. Notizen 1969-1986, Berlin–Weimar 1987, S. 85. Eine um fast 100 Seiten erweiterte Neuausgabe erschien 1990, ebenfalls im Aufbau-Verlag.
2 Reinhold Andert/Wolfgang Herzberg, Der Sturz. Erich Honecker im Kreuzverhör, Berlin-Weimar 1990, S. 324.
3 Ernest Wichner/Herbert Wiesner (Hrsg.), Ausstellungsbuch Zensur in der DDR, Literaturhaus Berlin 1991, S. 112.
4 Franz Fühmann, Essays – Gespräche – Aufsätze, Rostock 1983, S. 489.
5 Marianne Oy, in: Weimarer Beiträge, 34 (1988) 6, S. 1029.
6 Christa Wolf, Die Dimension des Autors II, Berlin-Weimar 1986, S. 271.
7 Dies., Kann man eigentlich über alles schreiben?, in: Neue Deutsche Literatur, 6 (1958) 6, S. 3 ff.
8 Max Walter Schulz, Das Neue und das Bleibende in unserer Literatur, in: VI. Deutscher Schriftstellerkongreß 1969, Protokoll, Berlin–Weimar 1969, S. 56.
9 Vgl. Andrea Jäger, Schriftsteller-Identität und Zensur, in: Text und Kritik, Sonderband Literatur in der DDR, München 1991, S. 137-148.

10 Christa Wolf, Kassandra, Darmstadt-Neuwied 1983, S. 117.
11 Eine solche Ausnahme stellt Christoph Heins Roman »Horns Ende« dar. Im Lektorat des Aufbau-Verlags wurde die Gleichsetzung von Justiz und Strafvollzug der fünfziger Jahre mit der Nazizeit als unhaltbar betrachtet. Vgl. E. Wichner/H. Wiesner (Anm. 3), S. 103.
12 Reiner Kunze, Zimmerlautstärke, Frankfurt a. M. 1972, S. 38.
13 Zit. nach Gerhard Schneider (Hrsg.), Eröffnungen. Schriftsteller über ihr Erstlingswerk, Berlin-Weimar 1974, S. 142f.
14 E. Wichner/H. Wiesner (Anm. 3), S. 182.
15 Ebd., S. 148.
16 Erich Loest, Der vierte Zensor, Köln 1984, S. 9.
17 Erwin Strittmatter, Die Lage in den Lüften. Aus Tagebüchern, Berlin-Weimar 1990, S. 59.
18 Ebd., S. 95
19 Ebd., S. 232.
20 Ebd., S. 155.
21 Subjektiv verstanden sich auch manche Angestellte der Zensurbehörde als Beschützer der Literaten, die sie vor Dummheiten und Bedrohungen aus dem SED-Zentralkomitee bewahren wollten. Vgl. Robert Darnton, Aus der Sicht des Zensors, in: Lettre International, Heft 10, Herbst 1990, S. 6-9.
22 Anhang zu Volker Braun, Hinze-Kunze-Roman, Halle-Leipzig 1985, S. 197-223. In einem Gespräch, das Dieter Schlenstedt mit Frauke Meyer-Gosau unter den Stichworten »Integration – Loyalität – Anpassung« führte, räumt er inzwischen ein, daß in seiner Anrufung des zuständigen, mündigen Lesers Idealisierung, »Projektionen von Erwünschtem«, steckten. Vgl. Text und Kritik (Anm. 9), S. 169-183.
23 R. Kunze (Anm. 12), S. 40.
24 Lutz Rathenow stellte am 19. November 1990 Strafanzeige gegen den seinerzeitigen »Bücherminister« Klaus Höpcke. Vgl. in: Andreas W. Mytze (Hrsg.), Europäische Ideen (1991) 76, S. 19-24.
25 H. Drescher (Anm. 1), S. 57.
26 Vgl. Erich Loest, Der Zorn des Schafes, Künzelsau-Leipzig 1990, S. 60.
27 Nazim Hikmet, Hat es Iwan Iwanowitsch überhaupt gegeben?, Bühnenmanuskript, Berlin o. J., zit. nach: Erich Brehm, Die erfrischende Trompete, Berlin/DDR 1960, S. 100f.
28 Günter Kunert, Das Gespenst auf der Schulter, in: Die Zeit, Nr. 21 vom 17. Mai 1991, S. 53f.

29 Kopfbahnhof Almanach 2: Das falsche Dasein. Sowjetische Kultur im Umbruch, Leipzig 1990, S. 52-65, Zitat S. 62.
30 H. Drescher (Anm. 1), S. 119.
31 Günter de Bruyn, Nachwort zu: Heinrich Hubert Houben, Hier Zensur – wer dort? – Der gefesselte Biedermeier, Leipzig 1990, S. 474.
32 Heiner Müller, Kulturpolitik nach Boris Djacenko, in: Neue Rundschau, 101 (1990) 2, S. 101.
33 Zit. nach Brigitte Böttcher (Hrsg.), Bestandsaufnahme 2, Halle-Leipzig 1981, S. 82f.

Uwe Schoor
Das geheime Journal der Nation
»Sinn und Form« unter der Leitung von Peter Huchel[1]

Als Anfang 1963 die Rubrik »Symposion« der von Hans Bender und Walter Höllerer geleiteten Literaturzeitschrift »Akzente« anderen Zeitschriften Gelegenheit gab, sich vorzustellen, mußte auffallen, daß eine der wichtigsten fehlte. Wohl waren herausragende Publikationen vertreten, so »Der Neue Merkur«, die »Corona«, »Maß und Wert«, die »Neuen Deutschen Hefte«, doch vermerkt die Redaktion: »Der Überblick ist nicht vollständig, da einige Herausgeber und Redakteure unserer Einladung nicht folgen konnten.«[2]

1988 konnte man noch deutsch-deutsche Kulturereignisse feiern, darunter ein gelungenes Gemeinschaftsunternehmen der Verlage Rütten & Loening, Berlin, DDR, und Greno, Nördlingen, BRD: der Reprint »Sinn und Form. Die ersten zehn Jahre«. Die editorische Nachbemerkung wirbt für ein »im umgreifenden Wortsinn grenzüberschreitendes Literatur-Periodikum..., das man zugleich zu den hervorragendsten zählen durfte, die je in Deutschland erschienen waren«.[3] Das Copyright für die Beiträge blieb beim Verlag Rütten & Loening, der die Zeitschrift »Sinn und Form. Beiträge zur Literatur« 1949 erstmals vorgelegt hatte, hier erscheint sie bis heute. Sie war »von Anfang an das Werk ihrer Autoren...«, schreiben Elmar Faber und Franz Greno, »aber auch... das Werk eines feinsinnigen Lyrikers und meisterhaften Mentors und Redakteurs, das Werk Peter Huchels, dessen Qualitätsbewußtsein der Zeitschrift in kurzer Frist internationale Reputation verschaffte«.[4] 1963, als Huchel gebeten war, für die »Akzente«

über »Sinn und Form« Auskunft zu geben, hatte er gerade sein unversöhnliches Schlußwort vorgelegt, das letzte von Huchel redigierte Heft, die Doppelnummer 5+6/62. In einer Erklärung hatte Akademiepräsident Willi Bredel im Namen der Widersacher erleichtert verkünden können: »Der bisherige Chefredakteur Peter Huchel scheidet auf eigenen Wunsch mit Jahresende aus.«[5] Hinter dieser Formel bleiben die schweren Kollisionen verborgen, die zur Geschichte der Zeitschrift gehören, denen der Chefredakteur selten auszuweichen versuchte. »Ich hielt meinen Kurs«[6], war einer der knappen Kommentare, die Huchel später gab, als er die DDR nach jahrelanger Isolation, Überwachung durch die Staatssicherheit und fortwährender Diskriminierung endlich hatte verlassen dürfen. An dieses beschämende Kapitel wird im Nachwort des Reprints nicht erinnert, aber von den 3000 Exemplaren kamen 1000 in die Buchläden der DDR.

Für das, was unter Huchels Leitung entstanden war, die vierzehn Jahrgänge »Sinn und Form« 1949 bis 1962, fand Walter Jens das Wort vom »geheimen Journal der Nation«.[7]

»Trennen wir uns, grenzen wir ab, das ist die einzige Möglichkeit, um vielleicht einmal zusammenzukommen«, entschied Johannes R. Becher 1928 zum Abschluß seiner Kontroverse mit Willy Haas.[8] Zwanzig Jahre später gewinnt Becher für sein Projekt »Maß und Wert«, das dann den Titel »Sinn und Form« erhält, einen der Autoren, die Haas damals an die »Literarische Welt« gebunden und gefördert hatte: den Lyriker Peter Huchel, der eine sichere Stellung beim Rundfunk mit dem Wagnis vertauscht, Chefredakteur einer neuen Literaturzeitschrift zu werden.

Als Hauptbeteiligte sind die Herausgeber Johannes R. Becher und Paul Wiegler anzusehen, Ulrich Riemerschmidt als Leiter der Potsdamer Verlagsgesellschaft und Chefredakteur Peter Huchel. Der kulturelle Wiederaufbau war für sie 1948 kein neues Arbeitsfeld. Becher hatte nach seiner Rückkehr aus dem sowjetischen Exil (er war bereits im Juni 1945 in Berlin eingetroffen) die Gründung des Kulturbundes zur demokratischen Erneuerung Deutschlands initiiert, in dem auch der Literaturhistoriker und Schriftsteller Paul Wiegler mitarbeitete. Huchel war nach seiner Entlassung aus sowjetischer Kriegsgefangenschaft maßgeblich am Aufbau des Rundfunks in der sowjetischen Besatzungszone beteiligt. – Erste Pläne einer literarischen Zeitschrift soll Huchel mit Riemerschmidt erörtert haben. Der hatte 1937 ohne Genehmigung der Reichsschrifttumskammer einen Verlag gegründet, in dem neben anderen Ernst Barlach und Käthe Kollwitz verlegt wurden. Bei Kriegsende hatte er Barlachs »Russisches Tagebuch« und Baudelaires »Kritische Schriften« in Vorbereitung. Mit seinen ständigen Auftragsverbindungen zur Druckerei Eduard Stichnote, Potsdam, brachte Riemerschmidt eine wichtige Beziehung ein, denn hier wurde dann auch die typographische Gestalt von »Sinn und Form« entworfen. Möglicherweise hat auch Huchel Stichnote schon in den späten zwanziger Jahren kennengelernt, als er bei Kiepenheuer in Paul Westheims »Kunstblatt« veröffentlichte.

Am 15. August 1945 stellte Riemerschmidt den Antrag auf Wiederzulassung seines Verlages, der auch eine literarisch-politische Revue mit dem Namen »Rostra« herausgeben sollte, das Projekt wurde aber nie realisiert. – Etwa zur gleichen Zeit dachte man auch im Aufbau-Verlag über neue Zeitschriften nach. Am 24. August 1945 berichtet Paul Wiegler im Präsidialrat des Kulturbundes: »Zu dem Verlagsprogramm gehören dann Zeitschriftenwerke, oder vielmehr Zeitschriftenunternehmungen, und ich darf diesen Plural gebrauchen, da nunmehr der kulturpolitischen Monatsschrift ›Aufbau‹ eine literarische Monatsschrift folgen soll, die für den Oktober vorbereitet wird und die gewidmet sein soll der Literatur im engeren Sinn, der Kritik, der Philosophie, und die ja im gleichen Maße zu berücksichtigen hat Bildende Kunst und Musik...« Johannes R. Becher ergänzte: »Die literarische Zeitschrift ist, wie Herr Wiegler sagte, selbstverständlich im besten Sinne eine nationale und internationale Zeitschrift, denn es kann keine Weiterentwicklung der deutschen Literatur geben, ohne daß sie bekanntgemacht wird mit den wertvollen Erscheinungen im Ausland, Rußland, Frankreich, England und Amerika. Ein Überblick über die neue Literatur im weitesten Maßstab. Das ist auch außerordentlich wichtig für die Wiederherstellung unserer Beziehungen im Ausland. Aber wir sind uns wohl alle bewußt, daß dieser Plan noch sehr ergänzungsbedürftig ist... Vor allem: Wo sind Autoren, die in Deutschland gewesen sind, die hier Manuskripte liegen haben, die an Manuskripten arbeiten oder denen man Mut geben kann, Manuskripte zu beginnen.«[9] Obwohl hier noch kein Titel genannt wird, deuten die Stichworte zu Konturen der geplanten Zeitschrift auf das dann allerdings erst drei Jahre später bei Rütten & Loening realisierte Projekt. Seine eigentlichen Initiatoren waren schließlich weder Huchel noch Riemerschmidt, und Bechers Kommentar legt nahe, daß Wiegler im Kulturbund nicht einen eigenen, sondern einen vorher mit Becher abgestimmten Vorschlag erläutert hatte.

Gefragt, was er mit der Zeitschrift habe erreichen wollen, antwortete Huchel 1972: »Ich wollte eigentlich gar nichts. Ich war damals 1948 Sendeleiter des Berliner Rundfunks, und Becher wollte mich zum Chefredakteur machen. Die sowjetischen Kulturoffiziere legten Wert darauf, einen leitenden Mann zu haben, der nicht in der Partei war. Ich hatte eigentlich gar keine Lust, aber Becher ließ nicht von mir ab:

Er wollte die Zeitschrift zunächst ›Maß und Wert‹ nennen...«[10]

In dieser Absicht Bechers lag ein Programm, und wenn auch Thomas Mann dann den Titel seiner im Exil herausgegebenen Zeitschrift »Maß und Wert« nicht zur Verfügung stellte, fand Becher doch eine Möglichkeit, mit der die Anlehnung deutlich wahrnehmbar blieb: den Titel »Sinn und Form«.

Anregungen gaben außerdem möglicherweise Publikationen wie die »Corona« oder das »Inselschiff«, mit einiger Wahrscheinlichkeit Hugo von Hofmannsthals »Neue deutsche Beiträge«, und, recht offensichtlich, Gottfried Bermann Fischers »Neue Rundschau«. Schaut man sich die erste Nachkriegsausgabe der »Neuen Rundschau« an, im Impressum steht noch der Exilort Stockholm, und das erste Heft »Sinn und Form«, so findet sich auf dem Umschlag die gleiche Antiqua, in der die Titel gesetzt sind, und man findet überdies eine – wenn auch von Becher oder Huchel nie bestätigte – Verwandtschaft, die über optische Details hinausgeht.

In den ersten Reaktionen auf die Zeitschrift überwiegt breite, oft euphorische Zustimmung. Berühmte Beispiele, wie ein Brief Thomas Manns an Becher und einer von Brecht an Huchel, seien hier lediglich erwähnt; es dominierte die positive Resonanz. Eine Ausnahme ist am 24. Januar 1949 im »Berliner Montags-Echo« zu lesen: »Haben Sie schon gehört: es ist wieder mal 'ne Zeitschrift erschienen in Berlin. Ganz auf seriös diesmal. ›Sinn und Form‹ steht drauf. Riecht nach Elfenbeinturm, finden Sie? Soll es auch. Doch hören Sie weiter. Ihre Herausgeber: Johannes R. Becher und Paul Wiegler. Ihr Chefredakteur: Peter Huchel. Der Lizenzerteiler wird schamhaft verschwiegen; dafür ist im Impressum zu lesen, daß sich die Redaktion in Berlin-Charlottenburg, Bayernallee 44, befindet. Für Uneingeweihte: das ist zwar der britische Sektor, aber 44 ist von den Russen für Radio Berlin beschlagnahmt, mit dem ja auch Huchel verheiratet ist.

Um es kurz zu machen: Es handelt sich hier um ein politisch-literarisches Kuckucksei, das man dem ahnungslosen Durchschnittsintellektuellen ins Nest schmuggeln will. Die Tarnung ist perfekt: Romain Rolland, Oskar Loerke, Gerhart Hauptmann – dahinter läßt sich schon etliches verbergen. Von lebenden Autoren haben sich Hans Reisiger und Hermann Kasack – wie nennt man das heute –: zur Verfügung gestellt. Hält man gegen sie die anderen Autoren dieses Heftes, Majakowski etwa oder Vittorini und Niekisch, so ergibt sich hier aus littérature pure und littérature engagée ein gewaltsam zusammengeschweißtes Konglomerat, das den Verdacht, daß sich's hier um so was wie ein sowjetisch-trojanisches Panjepferd handelt, nur vollauf bestätigt.

Erstaunlich bleibt, daß Becher, dessen Rehabilitierungsgelüste ja zu verstehen sind, im Zeitalter der Blockade Berlins zur Betreuung seines kulturpolitisch-sowjetischen Holzgauls so klardenkende Köpfe wie Wiegler, Kasack und Reisiger zu Stallburschen hat gewinnen können.

Nicht wahr, es geht doch nichts über die politische Weitsicht unserer Dichter und Denker.«[11] Auch Julius Bab sah in »Sinn und Form« einen Täuschungsversuch, am ersten Heft hatte ihm vor allem Ernst Niekischs Beitrag »Zum Problem der Elite« mißfallen, ausgerechnet den hatte nun wieder Thomas Mann als »klugen Essay« gewürdigt. »Der Monat« räumte ein: »Kaum eine westdeutsche Zeitschrift druckt heute regelmäßig so interessante Beiträge aus den verschiedensten Gebieten in so prächtiger typographischer Form – für sie zeichnet Meister Eduard Stichnote verantwortlich – auf so herrlichem Papier, und alles zu dem – für westdeutsche Verhältnisse einfach nicht zu unterbietenden – Preis von vier Ostmark.« An die Schriftsteller aus den westlichen Besatzungszonen erging ein deutlicher Hinweis: Wer an »Sinn und Form« mitwirke, befinde sich auch mit »unpolitischen« Beiträgen »heute bereits wieder in einer ähnlichen Lage wie die nicht-nationalsozialistischen Intellektuellen, die einst an einer Zeitschrift wie dem ›Reich‹ mitarbeiteten und ihr dadurch einige politische, intellektuelle oder künstlerische Würde verliehen«.[12]

So hat es Huchel oft schwer gehabt, Autoren aus den Westzonen zur Mitarbeit zu bewegen, und ein Heft wie »Sinn und Form« 2/1953 mit den Gedenkworten für Stalin wird da nichts vereinfacht haben. Hans Henny Jahnn schrieb einmal an Huchel, nachdem er sich wie so oft über das Ausbleiben eines Honorars beklagen mußte: »Das ist schließlich betrüblich, weil die Mitarbeit an Ihrer Zeitschrift ja zu allem Überfluß hier im Westen für den Betreffenden sogar schädigend wirkt.«[13]

Bei allen Schwierigkeiten konnte aber Huchel »seine« Zeitschrift machen, auch dann, als sie Ende 1950 offizielles Organ der Deutschen Akademie der Künste wurde, womit der Verlag den Schwarzen Peter der Subventionen der Akademie und damit dem Staatshaushalt zuschieben konnte. Die finanziellen Nöte regierten in nicht zu unterschätzender Weise die Redaktionsgeschäfte; zu der Frage, inwieweit Finanzprobleme von staatlichen Stellen bewußt verschärft und so als perfider Zensur-Ersatz benutzt wurden, müssen Dokumente befragt werden, die noch nicht alle verfügbar sind. Devisenknappheit verhinderte die Fortsetzung der Zusammenarbeit mit Hermann Kasack und Hans Reisiger, es erschien kein weiterer Beitrag aus dem Gerhart-Hauptmann-Nachlaß; und wenn mancher wichtige Autor in »Sinn und Form« fehlt, kann Mangel an Devisen die Ursache gewesen sein, belegbar ist das z. B. für Heinrich Böll und Ingeborg Bachmann. Papierknappheit und fehlende Honorarmittel drohten, 1957 das zweite Sonderheft Bertolt Brecht scheitern zu lassen, so daß Huchel schließlich die ersten drei regulären Hefte des Jahrgangs einsparen mußte, um das Gedenkheft zu finanzieren. Übrigens in einer Zeit übler Anwürfe gegen Brecht – Heinrich von Brentano hatte dessen Lyrik mit der Horst Wessels verglichen, und die »Deutsche Woche«, München, schrieb in ihrer Rezension des Brecht-Heftes: »Der Redaktion [»Sinn und Form«] sei empfohlen, dem literarisch mit so präzisen Kenntnissen ausgestatteten Außenminister der Bundesrepublik ein Freiexemplar mit freundlicher Empfehlung ins Haus zu schikken.«[14]

Huchel überraschte nach seiner Übersiedelung in die Bundesrepublik vielleicht manchen mit der Auskunft, er habe für »Sinn und Form« »niemals Zensur« erlebt. Dazu ist auf den generellen Unterschied in den Genehmigungsverfahren hinzuweisen; Zeitschriften hatten es hier, war die Lizenz einmal erteilt, wesentlich leichter als Bücher. Außerdem hatte bei der Gründung »Sinn und Form« einen Freiraum bewilligt bekommen, den Huchel allerdings immer wieder zu erstreiten hatte, um ihn behaupten zu können.

Auch in der sowjetischen Besatzungszone, anschließend der DDR, überwiegt die begeisterte Zustimmung im Urteil zu »Sinn und Form«. Wiederum sollen uns die Ausnahmen mehr interessieren. Dabei war Kritik zunächst meist in Empfehlungen verkleidet, doch ist man in Kenntnis der weiteren Geschichte geneigt, hier auch den Groll zur Untätigkeit verurteilter Rotstifte wahrzunehmen, eine Kritik, die, wenn sie schon zum Deleatur keine Gelegenheit hatte, wenigstens dem gedruckten Text ein »Es hätte getilgt werden sollen« hinterherschicken wollte.

Viele Beispiele liefert der ideologisch motivierte »Kampf gegen die Dekadenz«, in dem die Kunst keine Chance hatte. Ein besonders bitteres ist Susanne Kerkhoffs Artikel

»Rausch und Tränen und Särge«, in dem sie der Redaktion vorwirft, »junge, suchende Menschen... an die scheinbaren Schätze des modrigen Kulturpessimismus« heranzuführen: »Kulturpessimismus und Ekstase in der Auflösung geben die Gedichte der von den Nationalsozialisten umgebrachten jüdischen Lyrikerin Gertrud Kolmar, die, von Hermann Kasack einleitend präsentiert, viele Seiten dieses zweiten Heftes füllen. Daß hier eine große Begabung am Werke war, steht außerhalb der Diskussion. Daß aber Gertrud Kolmars im Kerne kranker Symbolismus, die besessene Erotik ihrer Verse nur noch historische Gültigkeit besitzen, das muß man sagen... Das nächste Heft... wird, so hoffen wir, wieder mehr dem fortschrittlichen Sinn als der übersüßen Frucht überlebter Form Raum geben.«[15] Huchel erwähnt die Gedichte Gertrud Kolmars später als einen der Beiträge, die man »böswilliger und unsachlicher Kritik«[16] unterzogen habe. Die in der sowjetischen Besatzungszone erscheinende »Tägliche Rundschau« relativiert ihre begeisterte Zustimmung zum ersten »Sinn-und-Form«-Heft schon nach wenigen Monaten: »Man kann gewiß nicht erwarten, daß eine Zeitschrift, die die Dynamik unserer Epoche spiegeln will, die geistigen Widersprüche, wie sie heute in Deutschland zum Austrag gelangen, ignorieren könnte. Wohl aber möchte man ihren eigenen Standort klarer profiliert sehen. Groethuysens Hölderlin-Essay etwa, Stefan Hermlins Gedichte, Hermann Brochs ›Heimkehr‹ und Langston Hughes' formal raffiniert gekonnte, aber bitter fatalistische Lyrik... zeigen die Zeitschrift ›Form und Sinn‹ [!] auf Pfaden, die bedenklich in die Nachbarschaft formalistischer Tendenzen führen, und wohin wir ihr nicht folgen werden... Herausgeber und Redaktion sollten... nicht übersehen, an welche Leserschichten sie sich wenden wollen. Ein neuer, hochgetürmter Olymp muß unbedingt vermieden werden.«[17] Der »Volksbibliothekar«

4/1949 weiß über die Zeitschrift mitzuteilen: »In ihrer bisherigen Gestalt ist sie nur wenig volkstümlich.«

Drohender wird der Ton in einer Rundfunksendung des Landessenders Potsdam: »Mit dem Heft 5 dieses Jahres [5/50] hat nun die Deutsche Akademie der Künste die Schirmherrschaft über diese Literaturzeitschrift... übernommen... Und dennoch kommen wir nicht umhin, unsere Enttäuschung über diese Nummer zum Ausdruck zu bringen, weil sie neben Gutem, sehr Gutem sogar, auch etwas bringt, was unserer Meinung nach besser weggelassen worden wäre. ... ein literarisches Fragment, ein Drama aus dem Nachlaß Ernst Barlachs, das sich ›Der Graf von Ratzeburg‹ betitelt. Es handelt sich lediglich um das dritte und vierte Bild, und – wie aus einem Nachwort hervorgeht – ist das offenbar alles, was von diesem sogenannten Drama überhaupt vorhanden ist. Dieses Fragment ist literarischer Expressionismus... Aufgabe dieser anspruchsvollen Zeitschrift ›Sinn und Form‹ soll doch letzten Endes sein, auch unter den Werktätigen Literaturfreunde zu gewinnen... Man komme uns nicht mit dem Einwand, die Zeitschrift sei nicht für den Arbeiter, für den Werktätigen; denn wäre dem so, dann hätte sie keine Existenzberechtigung... Wir wollen hoffen, daß dieser Fehlgriff eine Ausnahme war...«[18] Den Anwälten proletarischer Interessen übrigens wurden in der DDR oft die dogmatischen Vorstöße der Kulturpolitik ins Plädoyer geflickt, überdies waren es wohl eher Pflichtverteidiger, denn es gab auch kaum einen Proletarier, der diese Anwälte überhaupt ausdrücklich mit der Wahrnehmung seiner Interessen betraut hatte.

Die Warnung hielt Huchel nicht ab, 1952 Brechts »Notizen zur Barlach-Ausstellung« zu drucken, die das »Neue Deutschland« abgelehnt hatte. Was Wunder, hatte hier doch Girnus einen der Artikel publiziert, in denen Barlach auf unsachlichste Weise diffamiert worden war. In Brechts

»Notizen« sah Huchel die »Stimme der Akademie« repräsentiert, und er hat sich später oft gewünscht, sie wäre auch in anderen Fällen so deutlich vernehmbar gewesen.

Exemplarisch für die Bereitschaft der Zeitschrift, sich in die Diskussionen einzubringen, die in der DDR um eine neue Kunst geführt wurden, exemplarisch aber auch für die Bereitschaft der »Sinn-und-Form«-Gegner, diese unwillkommene Einmischung zu unterbinden, war ein »Fehltritt«, den sich die Redaktion in der Debatte um Hanns Eislers Libretto »Johann Faustus« leistete. Er war für »Sinn und Form« folgenreich.

Hätte Eisler es unternommen, eine musikalische Traverse durch Goethes »Faust« zu legen – man hätte das nicht recht volkstümlich finden können, ihn aber schließlich doch stirnrunzelnd gewähren lassen müssen. Goethes Wort wiegt auf. Gerade das wollte Eisler aber so nicht stehenlassen: »Es schien mir möglich, in einer Oper einen kleinen finsteren Faust zu zeigen, einen, der voll Kummer auf sich weist und bereut. Dagegen, dachte ich, dürfte auch der große Goethe nichts einzuwenden haben, nach allem was passiert ist.« Der aber konnte nicht mehr vernommen werden. An seiner Statt traten, als 1952 im Aufbau-Verlag das Faustus-Libretto erschien, außerordentliche und bevollmächtigte Inhaber der Botschaft Goethes auf, die diesen Pfeiler unbeschädigt erhalten wissen wollten, sollte sich doch um ihn der neue Fortschrittsglaube ranken. Die kulturelle Erbengemeinschaft Klassisch & Gesund e.V. konnte in Eislers Text nur eine bodenlose Leverkühnheit erblicken. – Die Inventarisierung der Sockel gehört zum Geschäft der Sieger. Aber eine Berufung auf Goethe nach Ende des Zweiten Weltkrieges war nicht nur von dieser Art. Sie ist trotz allem dem lauteren Versuch zuzurechnen, Maße und Werte wiederzugewinnen, zu suchen und aufzugreifen, was als Beleg für die Existenz eines »anderen Deutschland« gelten konnte. Der Vorgriff, das »andere« Deutschland in sein Recht als »eigentliches« Deutschland wiedereinzusetzen, konnte den Weg aus der Vergangenheit vereinfachen, bot die Wandlung an. Glaubwürdig, tiefgreifend wirksam und auf Dauer annehmbar konnte eine Berufung auf humanistische Werte in der deutschen Kultur aber nur sein, wenn gleichzeitig die Wahrheit über den Zustand Deutschlands und dessen Ursachen nicht verschwiegen wurde. Und der kam Eisler mit dem »dunklen Zwilling« näher als ein lichter, zu makelloser Vorbildhaftigkeit zurechtgelesener Goethe-Faust.

In »Sinn und Form« 6/1952 erschienen Teile des Librettos, u. a. die »Confessio« zusammen mit Ernst Fischers Essay »Doktor Faustus und der deutsche Bauernkrieg«. Fischers Begeisterungssturm wehte unfreiwillig Alexander Abusch, Wilhelm Girnus und einigen anderen handfeste Beweise zu, daß Eisler die Heroen in der deutschen Geschichte sämtlich übersehen, das Typische noch nicht erkannt und die unaufhaltsame Vorwärts- wie Höherentwicklung nicht richtig begriffen habe. Fischer sah bei Hanns Eisler »in genialer Konzeption das Faust-Thema mit dem Münzer-Thema verbunden«, in der »Gestalt des Faust eine Zentralgestalt der deutschen Misere reproduziert« und lieferte die Formel »Der deutsche Humanist als Renegat«. Diese Interpretation bestimmte den Verlauf der Debatte mehr als Eislers Text. Die Diskussionen brauchen hier nicht nachgezeichnet zu werden, der Germanist Hans Bunge hat sie dokumentiert, 1990 erschien die Textsammlung endlich als Buch. Bunge hat noch kurz vor seinem Tod ein Vorwort geschrieben, in dem er Auskunft darüber gibt, warum er diese Ereignisse festgehalten hat: »Um den Beweis führen zu können – darüber, daß dogmatische Eingriffe in Kunst, Wissenschaft und humanistische Lebensformen... unersetzbare Verluste verursacht und manchmal nie wieder gut zu machende Schäden angerichtet haben.«[19] Brecht, Felsenstein und Duncker hatten versucht, für Eisler und das Libretto zu streiten, sie hatten es nicht leicht gegen Besenbruch, Abusch, Girnus, Rodenberg, Becher und andere. Immer schärfer vorgetragen wurden prinzipielle ideologische Einwände, die den möglichen Gewinn der Debatte ausschlugen. Denn die hätte ja geführt werden können in dem Bemühen, die Kunst ihren besonderen Platz beim Aufbau einer neuen Gesellschaft finden zu lassen. Aber der Platz wurde angewiesen. Vor allem Girnus bot von Marx und Engels, Schdanow und Stalin auf, was ihm ins Konzept paßte, schien von Eisler schließlich eher Geständnisse zu fordern als Antworten zu erwarten. Und als Walter Felsenstein zu bedenken bat, ob die Aggressivität gegen Eisler denn angemessen sei, meldete sich Walter Besenbruch mit der Auskunft zu Wort: »Herrn Felsenstein ist bestimmt bekannt, daß es ein Prinzip des Marxismus-Leninismus ist, Kader höchst pfleglich zu behandeln ... Aber worum geht es hier? Wir müssen hier den richtigen Standpunkt zu der Pflege der Kader und der Entwicklung der Sache für unser ganzes Volk beziehen.«[20] Und die Kontrahenten einte zumindest das übergroße Vertrauen in Wirkungsmöglichkeiten der Kunst, die »der Sache« auf den Weg helfen sollte. Obgleich die Debatte nicht wie andere dieser Jahre nur das Vokabular des Formalismus-Beschlusses bewegte, unterlief ihr theoretisches Niveau immer wieder das Libretto. Da konnte Eisler bedenkenlos einer Verfehlung überführt werden, indem man ihm die Worte einer seiner literarischen Figuren als eigene Auffassung ankreidete – o Planjahrfünft, o Literaturwissenschaft, es muß eine Lust gewesen sein.

Das Nachspiel für »Sinn und Form«: Der Abdruck von Fischers Essay und einiger anderer mißliebiger Beiträge trug Peter Huchel eine Kündigung ein. Er hatte »Fehler« gemacht. Fehler – Fehlerdiskussion – Selbstkritik. Alexander

Twardowski hat sich zu diesem Mechanismus einmal literarisch geäußert:

Ich selbst werde alle meine Fehler erkennen,
Ergründen und tiefer ausloten.
Ich weiß sie aus dem Gedächtnis zu nennen –
Und verzichte mit Dank auf die Noten.

Was sollen mir die? Ich selber bin groß
In der Kunst des Selbstkritisierens.
Nur kniet mir nicht auf der Seele, laßt los,
Und spart euch den Akt des Souffliерens.[21]

Alexander Abusch machte sich nicht die zeitraubende Mühe des Souffliеrens und schrieb die Erklärung, in der Chefredakteur Peter Huchel sich schwerer ideologischer Fehler bezichtigte, gleich selbst. Huchel hielt sich zu dieser Zeit als Mitglied einer Schriftstellerdelegation in Moskau auf, so daß es die Redakteurin Monica Huchel war, der man den Text zur Veröffentlichung in »Sinn und Form« zustellte. Sie konnte freilich Becher mit dem Argument überzeugen, daß niemand ihren Mann für den Autor halten würde, so blieb die Erklärung ungedruckt; Brecht erwirkte die Rücknahme der Kündigung und bewegte Huchel zum Weitermachen. Im nächsten »Sinn-und-Form«-Heft hatte dann, gleich nach Abuschs Aufsatz über den Helden Faust, mit seinen »Thesen zur Faustus-Diskussion« Brecht das letzte Wort. – Gelegenheit zur Abrechnung mit Huchel war später.

Akademie-internes Ergebnis der Kontroverse waren ein Redaktionsbeirat und eine »Kommission zur Ausarbeitung von Vorschlägen zur Umgestaltung von ›Sinn und Form‹«. Das Ganze hätte Huchels Entscheidungsfreiheit erheblich einschränken können – die Gremien haben dann jedoch, von Ausnahmen abgesehen, nur auf dem Papier agiert. Die Kommission hatte übrigens »Sinn und Form« stärker auf den Adressaten in der DDR und agitatorische Arbeit im Umgang mit dem westlichen Leser orientieren wollen. Festzuhalten bleibt aber, daß eine Darstellung der DDR keine von außen an die Redaktion herangetragene Forderung war, sondern schon im November 1951 in der Akademie erhoben worden war – von Brecht, der vorschlug, Reportagen über die DDR aufzunehmen. Im Juli 1953 wiederholt er: »Wir brauchen Beiträge, die die großen Errungenschaften der DDR beschreiben, so daß die Leute in Westdeutschland und in der DDR sie wirklich als sachlich aufnehmen und verstehen können. Die Fakten sind überwältigend.«[22]

Für die ersten Jahrgänge gibt es Beispiele für das Zurückhalten polemischer Äußerungen gegen die Bundesrepublik. 1954 lehnte die Redaktion einen Essay von Franz Leschnitzer über Karl Kraus mit folgender Begründung ab: Das »Redaktionskollegium (Brecht, Ihering, Renn)«[23] habe die Ansicht vertreten, »daß man in der gegenwärtigen Situation unmöglich eine so scharfe Karl-Kraus-Abrechnung publizieren könne, zumal es in Westdeutschland weite Kreise gibt, die Kraus verehren und mit uns Schulter an Schulter gegen das Adenauer-Regime und für eine friedliche Lösung der deutschen Frage kämpfen. Brecht meinte, man könne Ihre Arbeit erst veröffentlichen, wenn man vorher eine positive Analyse über Karl Kraus gebracht habe.«[24] Huchels Brief führt das Verfahren der Zeitschrift vor Augen, nicht unbedingt »Ausgewogenheit« im einzelnen Beitrag anzustreben, sondern dem Leser zu einem Thema handhabbare Widersprüche anzubieten, wobei in diesem Falle aus den dargelegten politischen Gründen die »positive Analyse« den Vortritt haben sollte. Unter Peter Huchel gab es in »Sinn und Form« keine Trennung der deutschen Literatur. Auf dem Gebiet der Kultur konnte partiell noch einmal zusammengeführt werden, was in der politischen Sphäre getrennt war. Dabei wurde die Mitarbeit von in der BRD lebenden Autoren in den Jahren des kalten Krieges immer weniger selbstverständlich. Wenn sie trotzdem zustande kam, ist dies zu einem großen Teil auf Huchels intensive Bemühungen zurückzuführen; er hatte seine Beziehungen zu zahlreichen Schriftstellern und Verlegern gewissermaßen als »Startkapital« in das Unternehmen »Sinn und Form« eingebracht.

Was waren die Erträge solcher Bemühungen? Als ein in allen Belangen gelungener »Zusammenklang deutscher Kultureinheit mit den geistigen Kräften der Welt«[25] wurde zum Beispiel das Heft 5+6/54 angesehen, welches die Autoren Alfred Döblin, Ludwig Renn, Becher, Brecht, Thomas Mann, Jahnn, Hans Mayer, Bloch, Joachim Müller und Leonhard Frank zusammenführte. Ernst Bloch schrieb an Huchel: »Mein Glückwunsch zum letzten Heft [5+6/54]. So eine Komposition ist noch kaum dagewesen; und das in unserer Langeweile, im fast ringsum widrigen Jargon. Ich drücke Dir die Hand.«[25] Die »Deutsche Volkszeitung« Düsseldorf schlug als Reaktion auf dieses Heft vor, »ernsthaft darüber nachzudenken, welche Möglichkeiten dem Geistesleben unserer Nation geboten sein könnten, wenn man dem Beispiel Huchels folgen würde. Denn hier, in ›Sinn und Form‹, ist die Einheit der deutschen Literatur eine Tatsache, schwarz auf weiß.«[27]

Freilich stand »Sinn und Form« nicht bei allen in gutem Ruf. Wer sich den Blick unter keinen Umständen trüben lassen wollte, tat gut daran, gar nicht erst hinzusehen. So erhielt Huchel 1956 die großzügige Zuschrift eines Lyrik-Interessenten: »Daß wir Ihre Gedichte wahrscheinlich mehr als Ihre Leitartikel in ›Sinn und Form‹ schätzen werden, soll uns nicht hindern, von Ihren Gedichten zu sprechen ...«[28] Die Redaktionssekretärin Charlotte Narr übersandte dem Herrn einen Werbeprospekt der Zeitschrift.

Daß Huchel »Sinn und Form« so lange halten konnte,

hatte ganz sicher auch mit seiner Bereitschaft und Fähigkeit zu tun, sich auf das zur jeweiligen Zeit in der DDR Machbare, dabei aber das gerade noch Zumutbare zu beschränken, wobei er oft die kulturpolitischen Grenzen mit feinem Gespür so überschritt, daß sie partiell außer Kraft gesetzt werden konnten. Im Einvernehmen reagierten z. B. Ernst Bloch und Huchel auf die kulturpolitische Situation. Bloch selbst verzichtete in einigen Fällen auf den »Sinn-und-Form«-Vorabdruck seiner Aufsätze aus dem »Prinzip Hoffnung« und »vertagte« seine Wortmeldung auf die Buchausgabe. Zu einer Veränderung am Manuskript »Unterschied des Tagtraums vom Nachttraum« schreibt er 1951 an Huchel: »Die Verkürzung entstand, indem ich – bei dem gegenwärtigen niedrigen Niveau – Probleme des Surrealismus, die hierher gehören und in der Manuskript-Vorlage von ›Hoffnung‹ I standen (auch stehenbleiben werden), weggelassen habe. Sonst hätte ›Sinn und Form‹ Unannehmlichkeiten.«[29] Auf den Abdruck des Kapitels »Bauten, die eine bessere Welt abbilden, architektonische Utopien« (Kap. 38 im »Prinzip Hoffnung«) wurde ganz verzichtet. Bloch hatte es am 15. Dezember 1952 an die Redaktion gesandt, am 17. Mai 1953 erwähnt er, daß er »für ›Sinn und Form‹ wegen Magretz und der Folgen nicht in Betracht kam«.[30] Man gewinnt bei diesen Entscheidungen den Eindruck, daß jeder Verzicht als zeitweilige, unter den gegebenen Umständen vernünftige Selbsteinschränkung angesehen wurde – in zuversichtlicher Erwartung der Veränderungen, die dann nie eingetreten sind.

Bei aller Diplomatie hat Huchel nicht verhindern können, daß sich die Kritik an »Sinn und Form« 1957 zu einer prinzipiellen verschärfte. Auf der Kulturkonferenz der SED begann Kurt Hager seinen Feldzug gegen die Zeitschrift: »[Wir kämpfen] gegen den Neutralismus, die unpolitische Haltung, die Selbstisolierung, die beschauliche Betrachtungsweise. So wünscht man sich als Leser der Zeitschrift ›Sinn und Form‹, die von der Akademie der Künste und angesehenen Schriftstellern herausgegeben wird, daß sie einmal aus ihrer feinen Zurückhaltung, die etwas von der Art englischer Lords an sich hat, ihrer noblen Betrachtungsweise und philosophischen Skurrilität heraustreten möchte und einmal parteilich zu den nahen und wichtigen, so großen und erhabenen Problemen des Schönen in unserem sozialistischen Aufbau, des Heldenhaften im Kampf gegen den deutschen Imperialismus und Militarismus, des Sinns unserer Diskussionen über den sozialistischen Realismus Stellung nehmen möchte...«[31]

Es kam dann zu einer Aussprache zwischen Kurt Hager und Peter Huchel in der Akademie, erhalten ist ein Blatt Notizen, die Huchel sich in Vorbereitung auf dieses Gespräch angelegt hat.[32] Offen bleiben muß freilich, was davon tatsächlich zur Sprache kam. Huchel hatte u. a. notiert:

»Die Redaktion ist sich des Wertes einer gerechten und schöpferischen Kritik durchaus bewußt; sie ist für jeden konstruktiven Vorschlag hinsichtlich der Neugestaltung der Zeitschrift dankbar; sie hält es – seit Jahren! – für ein wünschenswertes Ziel, ihre Arbeit mit der Arbeit der Akademie in ein produktives Verhältnis zu bringen.« Weitere Stichworte sind:

»Rein literarisches Organ, keine kulturpolitische Zeitschrift – dazu eine Zweimonatszeitschrift, die immer, ihrer Struktur nach, den aktuellen Ereignissen nachhinken muß. Ihre Aufgabe ist, eine tiefere Aktualität sichtbar zu machen.« Interessant ist auch, welche Veröffentlichungen Huchel der Kritik Hagers entgegenhält, z. B. die »Programmerklärung zur Verteidigung der deutschen Kultur« und Brechts Aufrufe. Huchel fragt: »Darf man die Vielfalt der positiven Stimmen als die Stimmen von Ignoranten abtun?« Und er kann auf zustimmende Äußerungen von Brecht und

Grotewohl verweisen. Auch das »trojanische Panjepferd« rief Huchel in Erinnerung, er kommentiert: »Selbst die Stimmen unserer Gegner müssen trotz aller Angriffe unser hohes Niveau anerkennen.« Huchel notiert die Frage: »Ist Literatur eine Waffe?« und argumentiert mit dem Hinweis auf »Sinn-und-Form«-Veröffentlichungen von Paul Rilla, Neruda, Laxness, auf Brechts »Erziehung der Hirse«, auf die Veröffentlichung griechischer Widerstandsdichtung, Paul Eluards: »Die Gelegenheitsdichtung« und das Sonderheft zu den Weltjugendfestspielen in Berlin. In den Notizen klingt auch Verbitterung an: Der Chefredakteur vermerkt »Ahnungslosigkeit, welche Möglichkeiten in finanzieller Hinsicht für die Redaktion bestehen«. »Nur durch persönliche Verbindungen« habe sich die Zeitschrift auf dieses Niveau führen lassen. An die extremen Schwierigkeiten mit dem zweiten Brecht-Sonderheft wird erinnert und an die Kündigung von 1953. Die letzten Notizen lauten: »Uniformierung? Wie schwer es ist, eine Zeitschrift von literarischem Rang aufzubauen – wie leicht es ist, eine Zeitschrift zu zerstören.«

Daß die Diskussion dem Chefredakteur sehr zu schaffen machte, läßt ein Brief an Ludvík Kundera vermuten. Am 31. Januar 1958 schreibt Peter Huchel an den Freund: »In der rechten Stimmung grub ich in diesen Wochen die Jugendverse ›Lenz‹ aus...«[33] Das auf Büchners Novelle anspielende Gedicht über den gequälten Jakob Michael Reinhold Lenz erschien in »Sinn und Form« 6/57. Vielleicht hat Huchel seine eigenen Texte für »Sinn und Form« des öfteren so ausgewählt, daß sie sich auch als Kommentare zur Geschichte der Zeitschrift lesen lassen.

»Ich hatte zwar niemals Zensur«, hat Huchel gesagt, aber hinzugefügt: »(a)ußer jener, die ich mir selbst auferlegte.«[34] Ganz sicher hat er nicht versucht, nach 1956 Georg Lukács zu drucken, oder Wolfgang Harich, der in Bautzen einsaß, oder etwa Ernst Bloch, der von Abusch auf der Kulturkonferenz unverkennbar zum geistigen Wegbereiter der Konterrevolution erklärt worden war; nach seiner Zwangsemeritierung erschien nichts mehr von ihm, auch nicht in »Sinn und Form«. Huchel hätte aufgeben können, dann wäre seine Arbeit wirklich mit den ersten zehn Jahren, für die sich der Reprint entschied, zu Ende gewesen. Er zog es vor weiterzumachen: Mit Texten aus dem Nachlaß Brechts, mit Hans Mayer, Ernst Fischer, Konrad Farner, Louis Aragon, mit einem nicht von Kriterien ideologischer Brauchbarkeit verstellten universellen Blick auf die Literatur.

»Wie ist es möglich, daß ›Sinn und Form‹ trotz dieser unmißverständlichen Redaktionspolitik weiterhin von Peter Huchel geleitet wird?« Das war keine Frage von Ulbricht an Hager oder den Akademiepräsidenten, sondern Marcel Reich-Ranicki hat sie am 22. Mai 1960 im »Sonntagsblatt« gestellt.

Ich möchte nicht mißverstanden werden: Huchel ist in der DDR zu Fall gebracht und menschenunwürdig behandelt worden, und wer die Verantwortung dafür trägt, wird nicht aus ihr entlassen.

Aber die westlichen Wortmeldungen zu »Sinn und Form« am Anfang der 60er Jahre haben zweifellos die Zuspitzung des Konflikts mitbetrieben. Immer öfter und nachdrücklicher wurde die Differenz zwischen »Sinn und Form« und den Maßgaben der DDR-Kulturpolitik betont. Man feierte sie sehr laut dafür, daß die Zeitschrift nichts von Hans Marchwitza druckte, den »Bitterfelder Weg« nicht beschritt, eine »stille Enklave des Liberalismus« geblieben sei. – Die Hamburger Studentenzeitschrift »konkret« kommentierte im Oktober 1962: »Die Autoren und Redakteure von ›Sinn und Form‹ sind in der Mehrzahl Kommunisten. Sie haben es dort drüben schwer, gegen Muffigkeit und spießbürgerliche Enge europäische Geistigkeit und urbanes

Niveau durchzusetzen – ein Beifall von scharfen Antikommunisten, von Leuten wie Günter Zehm und Reich-Ranicki [!] muß selbst den dümmsten Funktionär aufhorchen lassen. Das ist ganz offenbar beabsichtigt.«

Auf dem VI. Parteitag der SED, im Januar 1963, konnte dann endlich mit Huchel abgerechnet werden. Sein letztes Heft hatte auf Bredels Erklärung zum Wechsel in der Redaktion einen Text von Brecht folgen lassen, die »Rede über die Widerstandskraft der Vernunft« aus dem Jahre 1936. Huchels abschließende Provokation war 300 Seiten stark, enthielt Sartres Thesen zur »Abrüstung der Kultur«, Aragons »Rede in Prag«, Jewtuschenkos Gedicht »Babij Jar« in der Übertragung Paul Celans, Aufsätze von Hans Mayer, Werner Krauss und Ernst Fischer, Lyrik von Günter Eich und Paul Celan, schließlich Huchels eigene Texte: den »Traum im Tellereisen« und »Garten des Theophrast«. Das war zuviel, und das sollte es auch sein. – Kurt Hager: »Die erhabene, geradezu majestätische Isoliertheit im Elfenbeinturm hinderte weder Peter Huchel noch andere Mitglieder der Akademie der Künste, den Angriff gegen die Politiker der Partei und gegen den sozialistischen Realismus zu führen.«[35]

Das Verbleiben im Streit – in der DDR-Kulturpolitik ist es selten als annehmbar empfunden worden. Dem Zustand produktiver Spannung, es gab ihn zuweilen, wäre die Vorfreude auf Bewegung angemessen gewesen – statt dessen wurde stereotyp das Arsenal von Maßnahmen zu seiner Beseitigung betätigt. Stete Wahrheit höhlt den Kopf. So entstand die lange Reihe von Werken, die in der DDR ein breites Publikum erst erreichten, als die erhofften/befürchteten Wirkungen mit einiger Sicherheit auszuschließen waren, auch die auf Huchels Redaktionszeit folgende Geschichte von »Sinn und Form« hat Beispiele dafür. Die Freiheit des Wortes wird gewährt, wenn es nichts mehr in

Frage stellen kann und gelegentlich garniert mit dem Gefühl, sie sei erstritten worden.

Anmerkungen

1 Der Aufsatz verwendet Material aus der Dissertation des Verfassers, die Buchausgabe erschien unter dem Titel »Das geheime Journal der Nation. Sinn und Form 1949-1962. Chefredakteur: Peter Huchel« im Peter Lang Verlag, Bern.

2 Akzente, München, 10 (1963) 1, S. 34.

3 Faber, Elmar/Greno, Franz, Editorische Nachbemerkung. In: Sinn und Form. Die ersten zehn Jahre. Bd. Sonderhefte/Register, S. 77.

4 Ebd., S. 78.

5 Bredel, Willi, Erklärung des Präsidenten der Akademie der Künste. In: Sinn und Form 14 (1962) 5/6, S. 661.

6 Huchel, Peter, Gesammelte Werke. Hrsg. von Axel Vieregg. Bd. 1: Die Gedichte. Bd. 2: Vermischte Schriften [PHW 2], Frankfurt am Main 1984. PHW 2, S. 374.

7 Jens, Walter, Wo die Dunkelheit endet. Zu den Gedichten von Peter Huchel. In: Die Zeit, Hamburg, 6. Dezember 1963.

8 Vgl. Johannes R. Becher, Antwort eines »Radikalen« auf den Artikel »Wir und die Radikalen« von Willy Haas. In: Die Literarische Welt, 16. November 1928, S. 11, wieder abgedruckt: Becher, Johannes R., Gesammelte Werke. Bd. 1-18. Hrsg. vom Johannes-R.-Becher-Archiv der Akademie der Künste der DDR. Berlin und Weimar 1966-1981. Bd. 15, S. 176-179, Zitat S. 179, im Anmerkungsteil (S. 732-734) auch der Artikel von Willy Haas.

9 Sitzung des Präsidialrates des Kulturbundes, Protokoll vom 24. August 1945. Kulturbundarchiv, Nr. 97/498.

10 PHW 2, S. 374.

11 Schnurre, Wolfdietrich: Das trojanische Panje-Pferd. In: Berliner Montags-Echo, 24. Januar 1949.

12 Boylan, Terence: Form ohne Sinn. In: Der Monat. Berlin 2 (1949) 14, S. 213-215.

13 Huchel, Peter/Jahnn, Hans Henny: Ein Briefwechsel. 1951-1959. Hrsg. von Bernd Goldmann. Mainz 1974, S. 56.

14 Deutsche Woche, München, 29. Mai 1957.
15 Berliner Zeitung, 27. April 1949.
16 PHW 2, S. 326.
17 Tägliche Rundschau, Berlin, 14. Juni 1949.
18 Ausgestrahlt vom Landessender Potsdam, 23. Dezember 1950.
19 Bunge, Hans: Die Debatte um Hanns Eislers »Johann Faustus«. Eine Dokumentation, Hrsg. vom Brecht-Zentrum Berlin. Berlin 1991 (Brecht-Studien 20), S. 19.
20 Ebd., S. 176-177.
21 Twardowski, Alexander: Gedichte dieser Jahre. Berlin: Volk und Welt, 1967, S. 115. Nachdichtung: Jürgen Rennert.
22 Zentralarchiv der Akademie der Künste zu Berlin, Protokolle der Sektionssitzungen.
23 Zu diesem Zeitpunkt gehörten dem Gremium auch Max Schwimmer und Max Butting an.
24 Peter Huchel an Franz Leschnitzer, 16. September 1954, zitiert nach: Krolop, Kurt, Sprachsatire als Zeitsatire bei Karl Kraus. Berlin 1987. S. 360.
25 Wege zueinander, Köln, Januar 1954.
26 Ernst Bloch an Peter Huchel, 11. Januar 1955. In: Bloch, Ernst, Briefe. 1903-1975. Bd. 2, Frankfurt am Main 1985, S. 871, Nr. 24.
27 Deutsche Volkszeitung, Düsseldorf, 25. Februar 1955.
28 Brief im Verlagsarchiv Rütten & Loening, Berlin.
29 Bloch (siehe Nachweis 26), S. 857, Nr. 6.
30 Ebd., S. 868, Nr. 20. Prof. Kurt Magritz war einer der unrühmlichen Wortführer der Formalismus-Diskussion, u. a. beteiligte er sich an der diffamierenden Herabsetzung Barlachs.
31 Hager, Kurt, Diskussionsbeitrag auf der Kulturkonferenz der SED. In: Neues Deutschland, Berlin. 25. Oktober 1957.
32 Das Dokument wurde in der Zensur-Ausstellung des Literaturhauses gezeigt, vgl.: Zensur in der DDR. Geschichte, Praxis und ›Ästhetik‹ der Behinderung von Literatur. Ausstellungsbuch. Hrsg. von Ernest Wichner und Herbert Wiesner. Berlin, Literaturhaus Berlin, 1991, S. 55. Das Original befindet sich im Nachlaß Peter Huchel, Deutsches Literaturarchiv Marbach a. N.
33 PHW 2, S. 340.
34 PHW 2, S. 376.
35 Hager, Kurt, Rede auf dem VI. Parteitag der SED. In: Neues Deutschland, Berlin, 19. Januar 1963.

Bernd Neumann
»Nun ist dies Erbe zuende...«
Über Uwe Johnsons Erfahrungen mit den Kulturverwaltern der DDR

I

Die Überschrift stellt das Zitat eines Zitats im Zitat dar. Doch nicht postmoderne Spieltheorie, sondern moderner Traditionszusammenhang drückt sich darin aus. Bernhard Ziegler, der sich dann Alfred Kurella nannte, traf die im Titel zitierte Feststellung bereits in den dreißiger Jahren in der Exilzeitschrift »Das Wort«. Er zitierte Gottfried Benn, der in seinen Augen ein bürgerlicher Dekadenter war. Ziegler alias Kurella fragte nach der Zukunft der bürgerlichen Moderne in der Literatur, und seine Antwort war von tiefer Schwärze. »›Nun ist dies Erbe zuende (...)‹, das Erbe von vierhundert Jahren nämlich, meinte Benn. So definierte er sein Weltgefühl in Brüssel 1916 (...): es ist der Absud aus den Töpfen, in denen die Bourgeoisie des 20. Jahrhunderts das schon ein halbes Jahrhundert lang zerkaute Erbe ihrer Väter endgültig zu Brei zerkocht.«

Soweit Kurellas Originalton, eine, um im Bild zu bleiben und mit Thomas Mann zu reden, eher »widerstehsame Speise«. So würde er reden, der Sozialismus auf deutschem Boden; ein Georg Lukács der »Theorie des Romans« war sicher noch ein Hegelianer und Schüler Georg Simmels gewesen, aber eben auch ein großer Stilist. Der dann zum Marxisten wurde, schrieb einen ganz anderen, durchgehend holzschnittartigen, ungelenken Stil, den er selbst als »volksverbunden« empfunden haben muß. Über 40 Jahre lang wurde dieser Sozialismus im Land der Dichter und Denker, das zuvor zwölf Jahre lang das der Richter und Henker gewesen war, zwischen Oder und Elbe nach 1945 ausprobiert, mit nun bekanntem ökonomischem und politischem Erfolg; ästhetisch aber wollte diese »neue Gesellschaftsformation«, auf Anordnung ganz von oben, stets das »Erbe« bewahren, aber nur das gute und runde, das klassisch-geglättete, das von Schiller und Goethe hinterlassene. Uwe Johnson parodierte dies bereits 1956 in seinem Erstlingsroman »Ingrid Babendererde«, indem er den Schüler Klaus Niebuhr anstelle des klassischen Originals Brechts Parodie der Schillerschen »Bürgschaft« vortragen läßt, sehr zum Mißfallen der damit konfrontierten Lehrkraft für Deutsch »Das Blonde Gift«. Damit verstieß der dichtende Student gegen die vorgeschriebene Zubereitung des »Erbes«. Kurella wiederum durfte, um wieder zum Eingangsbild zurückzukehren, im Gegensatz zu dem Leipziger Studenten in der Berliner Küche selbst die Rezepte zusammenstellen, ausprobieren und republikweit durchsetzen. Er wurde einer der ersten Garköche dieses Erbvorgangs, wie später dann auch der sattsam bekannte Kurt Hager, mit dem im Amt des obersten Kulturaufpassers die »Demokratische Republik« (so Uwe Johnson in den DDR-Tagen über seinen Staat) an ihr Ende gelangte. Kurellas und Hagers Begriff der »Erbaneignung« stand in diametralem Gegensatz zu den Vorstellungen, die man bei Bertolt Brecht lernen konnte und die unter dem Titel »Die Kunst zu erben« von Ernst Bloch und Hanns Eisler ebenfalls bereits in den dreißiger Jahren entwickelt worden waren. Diese Vorstellungen wurden eigentlich nie rezipiert: so viele verpaßte Chancen! Im Uwe Johnson der Leipziger Tage sehen wir einen der wenigen vor uns, die Brecht, Bloch und Eisler anstatt Kurella, Girnus und Lukács folgten. Allein dies langte dann auch aus, den Mecklenburger nach Abschluß seines Studiums mit Berufsverbot zu belegen.

Nicht nur Bücher haben ihre Schicksale, sondern auch die Zitate, eine Vorstellung, die wenigen so vertraut gewesen ist wie gerade dem literaturtheoretischen Eideshelfer Uwe Johnsons, Walter Benjamin. Benjamin erschien, jedenfalls teil- und zeitweise, auch als ein Marxist, aber im Gegensatz zu den herrschenden Ästhetik-Funktionären der Republik als ein Selbstdenker, als ein Modernist und, last but not least, als ein Stilist. Das, was Kurella damals »den Brei« nannte, eben die von der »bürgerlichen Moderne« entwickelten literarischen Produktivkräfte, die in Brecht und Benjamin ihre marxistischen Verteidiger gefunden hatten, die aber in der DDR nie eine Chance gegen Georg Lukács' famose, quasi-biologische »Dekadenz«-Theorie besaßen, sie zuallererst sind es, die heute, im Werk des Uwe Johnson, den Fortbestand der untergegangenen DDR in der Literatur sichern. Und zwar in den Büchern dieses früh Verstoßenen wesentlich mehr als in der gesamten Literatur, die diesem Staat eigentlich zugehörte. Fruchtlos werden auch die eigenen Anstrengungen dieses Staates bleiben, noch ganz an seinem Ende unternommen, den toten Uwe Johnson nun seinerseits dem »Erbe« zuzuschlagen und an seinem Beispiel sich der eigenen Geschichte »zu versichern«. So ironisch kann Geschichte verlaufen. Ganz zuletzt, die DDR lag bereits in der Agonie, nur wußte man das noch nicht im Aufbau-Verlag, ihrem zentralen schöngeistigen Verlagshaus, da wollte die Sterbende sich auch noch den vormals so rabiat verstoßenen Sohn Uwe Johnson »aneignen«. Galt es womöglich, einen Klassiker zu entdecken? Im November 1989 erschien, im Aufbau-Verlag und wohl als Vorbereitung auf den seit 30 Jahren überfälligen Druck der Romane Johnsons gedacht, eine Anthologie mit Johnson-Texten unter dem Titel »Eine Reise wegwohin«. Das Nachwort schloß der Herausgeber mit den Sätzen: »Uwe Johnson maß die neue Gesellschaft an ihren Versprechen und an ihren Möglichkeiten. Wenn wir seine Vorhaltungen jetzt zur Kenntnis nehmen und ihn zu drucken beginnen, ist das nicht allein ein Zeichen zunehmender Toleranz, vielmehr gehören seine Einwände und Entwürfe dazu, wenn wir uns, zu unserem eigenen Nutzen, unserer eigenen Geschichte in all ihrer Vielfalt und ihrer ganzen Widersprüchlichkeit versichern.« Die hohe Kunst der »Erbaneignung« also, wohin man nur schaut; selbst noch gegenüber einem Autor, den die Leitung des Aufbau-Verlags einst, im Sommer 1956, zur »Gehirnwäsche« ausgeschrieben und der sich selbst dann im »Nachruf zu Lebzeiten« die Figur eines literarischen Günter Guillaume als alter ego in schreckbiographischem Spiel zugeschrieben hatte. Das Ganze ergibt ein widerspruchsvolles Bild, das zudem bewußte Retuschen enthält, die zu entfernen es endlich an der Zeit erscheint, zumal nun auch die Stasi-Akten zugänglich sind.

II

Die »Demokratische Republik«, sie ist nicht mehr. Gilt: »Nun ist dies Erbe zuende...« auch in diesen Zusammenhängen? »Was bleibt« von einer Literatur, die man die DDR-Literatur nannte, und die zeitweilig von ihren offiziellen Vertretern gar als eigene Nationalliteratur betrachtet wurde? Darauf ist natürlich eine sichere Antwort heute noch nicht möglich. Vermuten freilich darf man: Auf dem Gebiet der Prosa, wie sie in der DDR (oder auch: vor ihrem stets miterzählten Hintergrund) entstanden ist, werden sicherlich Namen wie Anna Seghers, Christa Wolf, Christoph Hein, Stefan Heym, Franz Fühmann, Günter de Bruyn und andere bleiben, die Aufzählung tritt an dieser Stelle als eine locker-zufällige und mutmaßende auf. Gewißheit scheint heute möglich allenfalls in einem doppelten und dialektisch zusammengehörigen Fall: nämlich, wenn es um die Namen der Romanciers Hermann Kant und Uwe Johnson geht. Ich glaube nicht, daß die Prosa des Hermann Kant den Untergang seines Staates überleben wird; gewiß dagegen bin ich, daß der Name des Romanciers und Epikers Uwe Johnson die Zeiten überdauern wird, jenes Uwe Johnson, der als Schriftsteller in der DDR begann und ihr, auf vertrackte Weise, immer verbunden geblieben ist. Es erscheint als Gesetz: je näher am Zentrum der Macht die DDR-Literatur geschrieben wurde, desto schneller verblaßt und verfällt sie heute, wird vehement von der Furie des Verschwindens eingeholt. Als Hermann Kant Uwe Johnson 1962 in die DDR einlud, an den Schwielow-See zu einer Veranstaltung des Schriftstellerverbands der DDR, da lehnte der Mecklenburger ab, aus der Befürchtung heraus, ein Rollkommando der Stasi könnte ihn erwarten. So steht es in den »Begleitumständen« aufgeschrieben; daß wiederum die Stasi in Kant einen ergebenen und »ehrlichen« Informanten schätzte, besitzen wir heute schwarz auf weiß auf ihrem amtlichen Papier. Kant war dem Zentrum sehr nahe. Uwe Johnson dagegen hatte die Macht ausgespien, wie der Walfisch des Herrn in Johnsons eigener Parabelerzählung den Propheten Jonas ausspie, auf daß der nach Ninive gehen sollte. Im Angesicht der Stadt und dann schließlich innerhalb ihrer Mauern wartete dieser Prophet auf den vorausgesagten Untergang der Großen Sündigen; wartete lange Jahre hindurch, doch sie wollte nicht vergehen, im Gegenteil. Sie nahm an Stärke zu und am Ende auch noch an Gerechtigkeit. Ja doch: lernten, die in ihr lebten, dann doch noch »rechts und links zu unterscheiden«? Jedenfalls zur Not und akzeptabel für ein Denken, das sich am Ende nicht mehr auf die sozialrevolutionäre, sondern die philosophisch-eschatologische Utopie richtete, dabei immer von Walter Benjamin inspiriert? Es will so scheinen, wenn man

Uwe Johnsons Leben und Werk betrachtet, das von Mecklenburg ausging und in New York endete, auch wenn es physisch in Sheerness zu Ende kam. In »Jonas zum Beispiel« hat einer, in Parabelform, seinen Lebensverlauf im voraus beschrieben; der Text ist bereits 1957 noch in Leipzig entstanden, also in einer Stadt, die in Thomas Manns »Doktor Faustus«, einem Text, den Johnson gut kannte, »Ninive« heißt.

Leipzig konnte Mitte der fünfziger Jahre auch deshalb als Ninive verstanden werden, weil, wer dort studierte, der Moderne in der Literatur und auch in der Philosophie am nächsten stand, näher jedenfalls als im östlichen Hauptstadtteil Berlins. Dieser Tatbestand spielt seine Rolle im Zusammenhang der Frage nach dem, was bleiben wird. Betrachtet man Kants »Impressum« von 1972, so sieht man, daß es heute bereits so hoffnungslos veraltet erscheint, wie umgekehrt Johnsons frühe, 1959 erschienene »Mutmassungen« ihrerseits sich unvermindert aktuell erhalten haben. In diesem Zusammenhang erscheint es symbolisch, daß das »Impressum« in Ostberlin, die »Mutmassungen« aber in Leipzig (und Güstrow) geschrieben wurden. Beider so unterschiedliche Haltbarkeit leitet sich wesentlich daraus ab, daß diese Bücher sich ganz verschiedener literarischer Produktionsmittel bedienen: Wo Kant immer noch wie Gustav Freytag schrieb, mit ein paar aufgesetzten modernistischen Mätzchen, da adaptierte Uwe Johnson in seinem erstveröffentlichten Buch, ein gerade 25jähriger, die Brechtsche Theorie des epischen Theaters für den Roman, indem er sich an William Faulkners, des »spätbürgerlich Modernen«, perspektivisches Erzählen hielt. Kant betrieb eine ästhetische Restauration, durchaus im Wissen, daß der obsolet gewordene auktoriale Erzähler für die Herrschaftstechnik im »real existierenden Sozialismus« sehr brauchbar erschien; Johnson dagegen führte eine riskante Modernisierung durch, die auf Freisetzung der Autonomie des Lesers zielte und am Ende einen Text schuf, der sich im Fortgang der Geschichte mit immer neuer »Jetztzeit« aufladen konnte. Solche Freisetzung des Lesers vermochte der sozialistische Obrigkeitsstaat DDR, kleinbürgerlich-autoritär gebeizt, wie er durchgehend erschien, nicht zu ertragen. Der Stasi-Offizier Rohlfs in Johnsons Roman stellt denn auch das einzige Exempel in der deutschen Literatur nach 1945 dar, das die Stasi bei der Arbeit zeigt: neutral, gerecht und objektiv bei ihrer allwissenden Überwachungsarbeit, dargestellt wie nur Johnson das vermochte. Der Staat als der allwissende Erzähler aller seiner Bürger: »(...) der Einblick erlernte geduldig die Geschäfte und Bewegungen Jakobs in der Stadt, und nicht eigennützig war die Beobachtung, die ihm nachzugehen begann seit der Mitte des Oktober am Abend wie in den fahlen übernächtigen Morgenzeiten der Strassenbahn wie in den langen tauben Gängen seines Diensthauses (...) Der Einblick war bedenkenlos und ergriff begierig jede Einzelheit nur um sie zu wissen (...) So aus Begegnungen und Nachbarschaften und telefonischen Gesprächen und gleichgültigem Blickwechsel in den Fahrzeugen des städtischen Verkehrs ergaben sich Berichte und Vermutungen, nahmen Gestalt an in laufenden Tonbändern und schreibenden Maschinen und in der innigen Atmosphäre des Flüsterns und wurden sortiert und gebündelt und geheftet und in einem fensterlosen Haus in einem unauffällig erblindeten Mietshaus der nördlichen Vorstadt aufbewahrt für einen Mann, der seinen Namen austauschte vor jedem Gegenüber und also schon dem Namen nach keine andere Teilnahme an Jakobs Ergehen verwalten konnte als eine allgemeine und öffentliche. Die Großen des Landes warfen ihr Auge auf Jakob.« So entstand ein einzigartiger Roman; in ihm geriet das fertige Werk eben nicht zur »Totenmaske der Konzeption«, wie Johnson selbst es in Anlehnung an Walter Benjamin formulierte. Und Johnson transzendierte auch noch dieses Werk in der endlichen Fertigstellung des »Jahrestage«-Epos, das als das erste authentische moderne Epos der deutschsprachigen Literatur in der Nachfolge von Döblins »Berlin Alexanderplatz« verstanden werden kann.

Wenig Zweifel kann also daran bestehen, daß Kant und Johnson als Gegensätze par excellence in die Geschichte der DDR-Literatur hineingehören, als die sie übrigens auch Hans Mayer in seiner zuletzt erschienenen größeren Veröffentlichung beschrieben hat (in: »Der Turm von Babel«, Frankfurt 1991). Uwe Johnson seinerseits war der bedeutendste Romancier, den die DDR je hervorgebracht hat, und den sie dann, ganz konsequent, verstoßen und darüber hinaus mit Haß verfolgt hat wie kaum einen anderen, Wolf Biermann einmal ausgenommen. Der in den 50er Jahren entstehende »real existierende Sozialismus«, der in Schule und Studium ideologische Gefolgschaft verlangte, er hat dem selbständig Denkenden nach dem Examen in Leipzig kaum die Luft zum Atmen gelassen und so bewirkt, daß Johnson schließlich, am 10. Juli 1959, das gute Land Mecklenburg ebenso widerstrebend verließ wie es dann, in seiner Literatur, der Schriftsteller Joachim de Catt tun wird (der in der »Skizze eines Verunglückten« Hannah Arendts Lebensdaten zugeschrieben erhält). Das ist einerseits: der ideologisch Abweichende als der Jude des stalinistisch geprägten Sozialismus auf deutschem Boden. In New York wird Johnson mit der Totalitarismus-Theoretikerin Hannah Arendt auch persönlich bekannt werden. Das ist andererseits: Uwe Johnson in seiner Eigenschaft als Epiker der Hauptstadt des 20. Jahrhunderts, von New York; als Nachfolger Walter Benjamins, dieses (jüdischen) Chronisten von Paris, der »Hauptstadt des 19. Jahrhunderts«. Hier tritt uns Uwe Johnson als ein Benjamin redivivus entgegen, als ein Adept der literarischen Moderne und als ein Denker, dessen Utopie am Ende seines Lebens vergleichbar eschatologisch ausfiel wie die Walter Benjamins am Ende von dessen Tagen. Uwe Johnson verkörpert also noch ganz anderes als nur den bedeutendsten Romancier der nun nicht mehr existierenden Deutschen Demokratischen Republik. Er ist, mit »Jahrestage«, und da eben in der Nachfolge von James Joyce und Alfred Döblin, ein Erneuerer des Großstadtepos und hat mit den »Mutmassungen« den überzeugendsten »nicht aristotelischen« Roman der deutschen Literatur geschrieben.

Andererseits besteht kein Zweifel daran: Uwe Johnsons Œuvre ist undenkbar ohne seine besonderen Erfahrungen mit der DDR. Hier war er groß geworden, hier hatte er eine marxistische Ausbildung genossen, noch dazu in Leipzig, der eigentlichen Hauptstadt der »Demokratischen Republik« in jenen Jahren, und dann noch bei Hans Mayer, der damals in Leipzig den »Marxismus auf Weltniveau brachte« (was aber nicht allzulange gut gehen konnte und auch nicht allzulange gut ging). Dies waren frühe und prägende Erfahrungen, sie währten vierzehn Jahre (von 1945 bis 1959). Uwe Johnson hat diese Zeit erst als Schüler, dann als Student und schließlich als Arbeitsloser mit Berufsverbot durchlaufen (hier »blieb« keiner »ohne Anstellung«, wie Johnsons erster und letzter Herausgeber in der DDR formulierte). Hier herrschte Berufsverbot gegen einen jungen Intellektuellen, das noch »Paule« Fröhlich als Leipziger Bezirkssekretär der SED zu seiner persönlichen Sache gemacht hatte, wußte er doch, daß Johnson zum weiteren Kreis des Mannes gehörte, dessen Absetzung er so engagiert betrieb: die des Ernst Bloch. Dabei reichte die bloße ästhetische Opposition fürs Berufsverbot; im Gegensatz zu seinem Studium in Rostock, wo er durch Protest gegen die Verfolgung der »Jungen Gemeinde« auffällig wurde und vorübergehend relegiert, enthielt sich der Leipziger Student aller direkten politischen Opposition: wie wir aus einer – weiter unten zitierten – Spitzelnotiz aus diesen Jahren wissen. Hier mußte einer finanziell recht und schlecht am Rande des Existenzminimums entlangbalancieren. Die Aufzählung der Gutachten, die Johnson für den Aufbau-Verlag und andere erstellte, sie darf nicht verschweigen, was solches ihm finanziell einbrachte. Hier müssen Fakten benannt und die Verhältnisse nicht beschwichtigend umschrieben werden; diese Fakten wiederum sind seit dem Erscheinen von »Uwe Johnson. Wo ist der Erzähler auffindbar?« (Frankfurt 1992, S. 169ff.) nachlesbar. Das letzte halbe Jahr jedenfalls lebte Uwe Johnson steuerfrei in der »Demokratischen Republik«: so blutwenig verdiente der mit Berufsverbot belegte Absolvent eines Germanistikstudiums. Also lagen seinem Weggang tatsächlich materielle Motive zugrunde, und das hatten die Kulturfunktionäre schon im voraus gewußt. Mit dem Hinweis auf diese Fakten ist uns allemal besser gedient als mit beschwichtigender, verschleiernder Beschreibung dessen, was Uwe Johnson zwischen 1956 und 1959 mit der DDR und ihren Verlagen erlebt hat und was nun alles gar nicht so schlimm gewesen sein soll. Johnsons Erfahrungen mit der DDR verdienen es, in scharfen Konturen bewahrt und überliefert zu werden.

III

Wir wären damit noch einmal bei der Johnson-Anthologie des Aufbau-Verlags angelangt. Im Herbst 1989 also sah dann doch noch ein doppelter Johnson aus den Schaufenstern Ostberlins und anderswo in die Welt des nun real vergehenden Sozialismus hinein. Was der doppelte Dichter sah, wird ihn nur in Maßen gefreut haben. Denn Uwe Johnson war, wenn überhaupt, dann lediglich begrenzt in Übereinstimmung gewesen mit den Kräften, denen die altersschwache DDR nun nicht mehr widerstehen konnte. Das macht z. B. seine Darstellung in dem Kapitel der »Jahrestage« deutlich, das schildert, wie es denn ausgesehen hätte, wäre Jerichow an den Westen gefallen: der Geselle des Fleischers hätte irgendwann einen Sportwagen mit Überrollbügel in der Toreinfahrt stehen, und die Menschen stünden in Gefahr, durch rasante Modernisierung einen Teil ihrer Geschichte zu verlieren. So wird es kommen; doch die Anthologie machte in ihrer Zusammenstellung den distanzierten Modernisten Johnson zu einem, der sich sentimental zurücksehnt an die Stätten einer vergangenen Jugend auf den Wassern und in den Wäldern Mecklenburgs. Dabei geht verloren, daß es im Fall des Uwe Johnson mit Distanz zu Deutschland immer schon begonnen hatte: als das nun vereinigte Land noch in zwei Staaten zerfiel, gab es einen, den hieß die Kritik gern den »Dichter der beiden Deutschland«. Er selbst mochte dies Etikett nicht sonderlich; begriff sich selbst schon früh in der Rolle eines, den Deutschland eher verfolgt hatte. Als solcher nannte sich Uwe Johnson dann immer Joachim de Catt, und zwar keineswegs, wie die Anthologie es gern möchte, lediglich als ein Opfer »des Kapitalismus«. Im Gegenteil: Joachim de Catt tritt als Opfer beider totalitärer Systeme, des Nationalsozialismus wie des Stalinismus, ins Bild, und er erfand sich das Pseudonym, um sich gegenüber den Verfolgungen durch den Staat Walter Ulbrichts, den er den »Sachwalter«, und den Wolf Biermann den »kalten Alten« nannte, zu schützen. Denn, eine bislang auch weitgehend unbekannte Tatsache, bis in den Sommer 1959 hinein hatte Johnson vorgehabt, seinen Erstling »Mutmassungen über Jakob« unter einem Pseudonym im Westen zu veröffentlichen. Auf diese Weise hätte er im guten Lande Mecklenburg verbleiben können (die Farben der Baltischen See und des Boddens, vom Fischland aus gesehen; das

Changieren der Rapsfelder unter dem Wind, in einem mecklenburgischen Mai; ein Freundeskreis in Leipzig und eine zierliche Frau, die das gleiche Platt sprach wie »Ossian« selbst!). Das Titelblatt für dieses literarische Täuschungsmanöver war schon gedruckt, für das erste bis fünfte Tausend des Buchs, bei Poeschel & Schulz-Schomburg in Eschwege im Auftrag des Suhrkamp Verlags im Sommer 1959. Auf diesem Titelblatt stand als Autorenname: Joachim de Catt. Johnson hätte bleiben wollen; erst die Leipziger Freunde mußten ihn überzeugen, daß das Pseudonym kein Hindernis für einen Mann wie den Stasi-Offizier Rohlfs gewesen wäre, den wahren Verfasser des Textes »Mutmassungen über Jakob« festzusetzen.

In den letzten beiden Veröffentlichungen unseres Autors, in der »Skizze eines Verunglückten« von 1981 und im Abschlußband der »Jahrestage« von 1983, tritt uns Joachim de Catt erneut entgegen. Ist hier, literarischer Verdienste wegen, geadelt, tritt auf als Jude und als ein Findelkind, einst ausgesetzt vorm Waisenhaus in Gneez. »Gneez«, lernen wir aus den »Jahrestagen«, kommt aus dem Slawischen, wo es »Nest« bedeutet; Uwe Johnson kam wie bekannt aus Güstrow, und Güstrow leitet sich, wie vielleicht weniger bekannt, aus »Gutzrowe«, d. i. »Krähennest« ab. »Gneez hatte seinen Schriftsteller gehabt! . . . Einen Band Gedichte, zwei Romane hatte der zuwege gebracht, bis er vor den Nazis aus dem Lande laufen musste«, so kann man es im Abschlußband der »Jahrestage« lesen. Als Uwe Johnson vor den Stalinisten aus dem guten Lande Mecklenburg laufen mußte, da hatte er (bislang unveröffentlichte) frühe Gedichte und zwei Romane: »Ingrid Babendererde« und eben »Mutmassungen« zustande gebracht. Die »Skizze« trägt, ein Biographiespiel, die Lebensdaten der jüdischen Totalitarismustheoretikerin Hannah Arendt; der Jude de Catt sieht im Buch aus wie der schwedisch-mecklenburgische, hochgewachsene Johnson im Leben: eben »germanisch«, weswegen ihn noch die Nazis in eine ihrer Eliteschulen geholt hatten. Von hier aus, also aus der tiefsten überhaupt nur vorstellbaren Provinz noch agrarisch-mythischen Denkens (das sich freilich durchaus damit vertrug, daß die Nazis seinerzeit über Europas modernste Technologie verfügten), sollte dann Johnson in unsere Moderne aufbrechen, deren äußerste Ausdifferenzierung er in »Jahrestage« als einem modernen Epos in seine literarische Verfügung bringen würde. Dabei durchliefen seine Figuren und Themen vielerlei Metamorphosen; spiegeln sich ineinander und präsentieren sich fast unauflösbar dicht verwoben auf ihrer Reise in die Modernität hinein. Uwe Johnson akzeptierte die »Kälte« der modernen, geldbestimmten Welt am Ende; daß er sich lebenslang nach der »warmen«, weil vormodernen Nischengesellschaft der DDR zurückgesehnt und schließlich daran gestorben sei, macht den Mythos aus, den die besagte Anthologie qua Textauswahl zu erschaffen versucht.

Uwe Johnson erschien gewiß als ein Großmeister im Verweben seiner Texte. Herrschte deshalb in diesem Kopf, einem »Langschädel« wohl, Beziehungswahn? Manchem Zeitgenossen mag es so erschienen sein, und das hing immer mit Johnsons spezifischer DDR-Erfahrung zusammen, die eben keine idyllische war. Wer Johnsons Biographie erforscht, stößt darauf, daß der Mann für sein Leben gern, und mit fortschreitendem Alkoholkonsum intensiver und intensiver, Geheimdienstgeschichten erzählte. Es ist berichtet, daß er Anrufe empfing, bei denen nur die Geräusche eines simulierten Erstickungstodes durch die Leitung drangen. Vielleicht hätte er sich verhalten sollen wie vormals Hans Mayer in solcher Situation, überliefert in »Ein Deutscher auf Widerruf«: »Lassen Sie doch den Quatsch!... Seitdem hörten die nächtlichen Telefonanrufe auf, bei denen sich dann keiner meldet.« Johnson schwieg am Telefon; suchte sich allerdings, der Freund aus damaliger Zeit, Hans Magnus Enzensberger, erinnert dies, seine erste Berliner Wohnung durchaus auch unter dem Aspekt aus, daß hier mehrere Ausgänge vorhanden waren. »Für wenn die Stasi kommt«, könnte man dies johnsonsch kommentieren. Sein Verleger Siegfried Unseld fürchtete in frühen Jahren ernsthaft die Entführung seines aus der DDR illegal ausgereisten Autors, der zudem noch seine künftige Ehefrau mittels einer Fluchthilfeorganisation aus Prag in den Westen geholt hatte. Wie das vor sich ging, kann, wer möchte, in »Zwei Ansichten« nachlesen; Johnson war fasziniert von der kybernetisch-selbstregulierenden Genauigkeit, mit der die Gruppe vorgehen mußte. Deren Geschichte hinwiederum ist beschrieben in der Titelgeschichte des »Spiegel« vom 28. März 1962. Da hatten diese Studenten, sie arbeiteten auf Non-Profit-Basis, mit hoher Verschuldung aufgeben müssen. Uwe Johnsons letzte Liebe, sie fiel in das Jahr vor seinem Tod, kam ihrerseits aus dem Kreis dieser Fluchthilfegemeinschaft. So daß auch hier, im Leben, eine Katze ihren eigenen Schwanz gefangen hatte.

Die Erfahrung der DDR als eines Überwachungsstaates ist für Johnson zentral, der sentimentale Erinnerungsbonus an eine Nischen-Gesellschaft (die sie sicher auch war) findet hier nirgendwo Platz. Solche Unschärfe der Rückerinnerung, Johnson hat sie geradezu gehaßt, wie sich Fritz J. Raddatz aus zahlreichen Gesprächen mit ihm erinnert. Daran kann man sich, womöglich, reiben; man darf aber diese Einsicht nicht durch die Zusammenstellung dessen, was man von Uwe Johnsons Texten zur Lektüre auswählt, verwischen. Im Gegenteil: bis hinein in sein Privatestes erfuhr Johnson die DDR als einen totalitären Überwachungsstaat, dessen Repräsentant bereits in den »Mutmassungen« ein Stasi-Agent ist (allerdings auch: ein gerecht gezeichneter!). Es spricht, wie gesagt, einiges dafür anzunehmen, daß Uwe Johnson die Figur des Rohlfs nach einer Begegnung mit der Stasi in Rostock nach dem großen Protestauftritt des Germanistikstudenten in Sachen »Junge Gemeinde« erfunden hat. Johnson wurde nach seinem Oppositionsauftritt zunächst von der Liste der Studierenden gestrichen, nach der Aussage seiner damaligen Germanistiklehrerin Hildegard Emmel überwacht und mußte zu Verhören und Gesprächen in der örtlichen Dienstbehörde erscheinen. Daß er nicht verhaftet wurde, brachte ihn bei Kommilitonen in den Verdacht, womöglich selbst angeworben worden zu sein. Auch deshalb ging Johnson 1954 in die Großstadt Leipzig. Eine Stasi-Akte zu Johnson ließ sich in Rostock nicht finden; die Berliner Stasi-Akte enthält keinerlei Berichte über die Rostocker Vorkommnisse. Da Johnson aber nach dem Zeugnis mehrerer in seiner Rostocker Zeit nach 1953 das Gehen mit steifem Bein einübte, auf abendlichen Parties und anderswo, Kennzeichen des desertierten Rußlandkämpfers Rohlfs in den »Mutmassungen«, vermute ich, daß er dem »Urbild« seines Rohlfs in der Rostocker Dienstbehörde begegnet sein wird. So entstand der einzige Roman in der deutschen Literatur, der die Tätigkeit und das Personal der Stasi tatsächlich und dabei so eingehend wie sachkundig schildert. Manfred Bierwisch hat unterstrichen, daß man in Jakob ja durchaus einen »Informellen Mitarbeiter« der Stasi erblicken könne; da habe Johnson seiner Figur eine Tätigkeit zugeschrieben, zu der die »Firma« ihn selbst in der Realität Rostocks vergeblich zu pressen versucht habe. Das Bewußtsein von Überwachung jedenfalls steht in Johnsons Werk zentral. Gesine heißt die weibliche Zentralsonne in Uwe Johnsons Lebenswerk. Wer ihr wirklich nahekommt (und wer möchte dies nicht?), begibt sich in die Gefahr abzustürzen, wie im Mythos Ikarus, dem das Wachs in Sonnennähe von den Flügeln schmilzt. Jakob in den »Mutmassungen« gerät unter die Züge; Pius Pagenkopf und vor allem D.E. (d.i. Dietrich Erichson; Johnson war der Sohn eines Erich und hieß mit drittem Vornamen Dietrich), beide sind Flieger, kommen unter eher mysteriösen Umständen zu Tode, jeweils im letzten Band der »Jahrestage«. In den »Begleitumständen« hat Johnson bekanntgemacht, was er als die Untreue seiner Frau ansah, zusammen mit dem Verdacht, das Fortschreiten des Lebensbuches »Jahrestage« könnte vom S.T.B., dem damaligen tschechoslowakischen Geheimdienst, überwacht worden sein. Der Mann, mit dem er sich betrogen wußte, er lebt heute noch unter der nämlichen Adresse und dem gleichen Namen, die Johnson sich notiert hatte, in der »goldenen Stadt«. Ob dieser geschiedene Musikwissenschaftler und intime Freund Elisabeths aus den Jahren 1960ff. nun tatsächlich auch dem tschechoslowakischen Geheimdienst verpflichtet war, wie Elisabeth es Uwe gegenüber 1975 im Rahmen ihrer beider großen ehelichen Auseinandersetzung in Sheerness eingeräumt hat, ist allerdings durch Akten nicht zu belegen. Immerhin hat »Der Spiegel« dies im Januar des Jahres 1992 behaupten können, ohne daß ihm hierin widersprochen wurde. Das Bewußtsein allumfassender Überwachung jedenfalls war für Johnson die Signatur seiner Herkunft aus der »Demokratischen Republik«, in die der Schüler und womöglich noch der junge Student einmal große Hoffnungen investiert hatte. Daß der Stasi-Staat DDR eher Campanellas fürsorglich-totalitärem »Sonnenstaat«, als den frühen emanzipatorischen Vorstellungen Marx' von der Aufrichtung einer endlich menschlichen Gesellschaft entsprochen hat, ist heute unabweisbare Erkenntnis. Auch darin erweist sich gerade Uwe Johnson als ein wahrer Autor der gewesenen »Deutschen Demokratischen Republik«.

Uwe Johnsons Überwachungserfahrung, seit Rostock eingeübt und in Leipzig durch Spitzelnotiz belegbar, sie wurde von ihm im Wortsinn als lebensbestimmend erfahren: in »Vorletzte Worte« von 1970 hat Johnson einen Nachruf zu Lebzeiten veröffentlicht, in seinem avancierten »Export-Englisch« abgefaßt und mit »Dead Author's identity in doubt« überschrieben. Dieser Text scheint einschlägig in unserem Zusammenhang. Es handelt sich um ein Stück Literatur von vexatorischer Dunkelheit. Der tote Johnson wird in Orly (dies war einer der Orte, die der Vielflieger nun wirklich selten frequentierte) aufgefunden. Aus den Aufzeichnungen des Toten geht hervor, daß »Mr. Johnson« keines seiner Bücher selbst geschrieben, sondern sie vom Staatssicherheitsdienst der DDR bezogen habe, um als Agent der »Firma« im Westen leben zu können. Natürlich steht dieser Text (wie später auch die »Skizze«) in der Tradition des Lebensgeschichten-Erfindens, des Biographiespiels, des bewunderten, großen Meisters Max Frisch. Johnson freilich probierte eher Schreck-Biographien an (er kam aus der DDR und nicht aus der Schweiz; obwohl ironisch genug eine der letzten Erfahrungen des großen, alten Zürchers identisch war mit der des jungen Johnson: der Überwachungsstaat in seiner Ubiquität!). Frisch erschrieb sich Alternativbiographien, eben um kein Bildnis von sich zuzulassen und das Leben am Gehen zu halten. Daß Johnson diesen Nachruf auf Englisch schrieb und keines seiner Bücher selbst verfaßt haben wollte, ist einmal programmatische Absichtserklärung für die entstehenden »Jahrestage«: sie sollten etwas völlig Neues werden, und er spielte sogar mit dem Gedanken, sie auf Englisch zu schreiben. Sie sind in der Tat Johnsons Manifest einer radikalen Modernisierung, im Wechselspiel mit ihrer Rückkehr in ein geradezu archaisch geschautes Mecklenburg. Es war ein radikaler Wechsel der literarischen Existenz, der hierin angezeigt wurde, und er war angestoßen worden durch Johnsons Begegnung mit New York und mit Hannah Arendt.

IV

Doch verweilen wir noch einen Augenblick bei dem Ursprung dieses »Nachrufs« (im Sinn des »Ursprungs«-Denkens Walter Benjamins). Dieser Text sagt nämlich viel über die signifikante Anwesenheit mentaler Gewaltbereitschaft in den Ratschlägen zur Verbesserung von Text und Bewußtsein, wie sie Johnson von den Kulturverwaltern der DDR empfangen hatte. Das beginnt mit geographischen Einzelheiten. Der tote Autor des »Nachrufs« lebt in Cobh, Irland. Wer sich Cobh auf der Landkarte anschaut, hat Sheerness in Irland vor sich. Gelegen auf einer Insel, dennoch nicht weit vom nächsten Flughafen und Verkehrsknotenpunkt entfernt, beide, Cobh wie Sheerness, natürlich Teil des englischen Sprachbereichs. Die Insellage sollte Schutz vor Verfolgungen aller Art sein. Im englischen Sheerness, wo Johnson dann abgeschieden von 1974 bis zu seinem Tode 1984 lebte, vertraute er einmal einem Nachbarn an, er glaube hier sein Telefon sicher vor dem Abgehörtwerden. Johnson hatte Erfolg: die Stasi-Akte zu Uwe Johnson, wie sie im Zentralarchiv des MfS in der Berliner Normannenstraße lag, als »Allgemeine Personalablage« von ca. 60 Seiten, sie führte unseren Mann ironisch genug als britischen Staatsbürger (der er nicht war). Cobh ist die Antizipation von Sheerness im Werk dieses Lebensschreibers, niedergeschrieben lange bevor der Mann das reale Sheerness überhaupt zum ersten Mal erblickt hatte. Anders gesagt: Sheerness wurde nach dem Muster von Cobh ausgewählt. Und das, weil der Schutz einer fernen englischsprachigen Insel wünschbar war auch als Remedur gegen die Erinnerung an etwas, was Johnson in der DDR womöglich hätte widerfahren können: der Verlust der eigenen schriftstellerischen Identität, das »Umdrehen« des Uwe Johnson, der dann eben nicht de Catt, sondern eine Art literarischer Günter

Guillaume hätte werden können. So etwas erreicht man, wie bekannt, durch Gehirnwäsche.

Das klingt nun gewiß dramatisch, deshalb soll hier der Reihe nach berichtet werden: zuerst im Frühherbst 1951 wurde der Schüler mit dem MfS, vulgo Stasi, bekannt. Nach einem Weltjugendtreffen in Berlin, die Grenze war damals ja noch offen, hatten Mitschüler politische Flugblätter mit nach Güstrow gebracht. Darauf ereignete sich ein Schulbesuch besonderer Art, der in den »Jahrestagen« aufgeschrieben wurde: »Wir sind vom M. F. S. aus der Geschwister-Scholl-Straße in Schwerin; wir kümmern uns um jene Flugblätter, die heute nacht im Bahnhof Gneez ankamen und ausgehändigt wurden an insgesamt vier Verteiler.« Dies führte zu Verhaftungen, Vernehmungen, Verurteilungen. Johnson war doppelt und kompliziert betroffen, stand zwischen zwei Loyalitäten. Er war einerseits FDJ-Funktionär, und das nicht aus Opportunismus, und er suchte andererseits den Aufenthaltsort der Verhafteten aufzuspüren – die hörten ihn buchstäblich im Nebenraum Erkundigungen einziehen. Denn zugleich war der Schüler in eine der Verhafteten verliebt, die aber liebte eigentlich einen anderen: das war die emotionale Konstellation, keine seltene in diesem Alter, in der Johnson den »Tonio Kröger« für sich entdeckte und an der »Babendererde« zu schreiben begann, die zunächst noch eine (unpolitische) Novelle werden sollte. Die damals Verhaftete hieß Ingrid (und die Gemeinde der Johnson-Philologen muß Abschied nehmen von der Vorstellung, die »Ingrid Babendererde« sei überhaupt erst nach 1953 entstanden). In der Schulleitung seiner Brickman-Schule vermutete Johnson Informanten für die Stasi, das hat er später in einer Art offenem Brief an den aus Güstrow nach Göttingen geflüchteten Lehrer Hoppenrath geschrieben. In Rostock, nach seinem großen Protestauftritt 1953 gegen die Verfolgung der »Jungen Gemeinde«, ein nicht nur politisch, sondern auch produktionspsychologisch hochwichtiger Akt, der den Autor erst freimachte zur konzentrierten Niederschrift der »Babendererde«, wie wir sie heute als einen auch politischen Roman kennen, in Rostock also wurde Johnson, wie bereits erwähnt, überwacht. Er blieb aber FDJ-Mitglied, und Johnsons Streichung von der Liste der Studierenden wurde gleich selbst wieder gestrichen, in Erfüllung des umfassenden Abkommens zwischen Staat und Kirche zur Beilegung dieses Kirchenkampfs im Sommer 1953. Den »Gegenwert« des ersten Romans »Babendererde« hat er immer in Gefängnisjahren beziffert (und hoffte dennoch lange auf eine Veränderung in der »Demokratischen Republik«, die die Drucklegung des Buchs dort ermöglicht hätte). Im Leipziger Universitätsarchiv lag als Spitzelnotiz, daß »der Johnson« abweichend denke, politisch aber nicht auffällig geworden sei. »Der J. hat sich schon während des Studiums schriftstellerisch betätigt. War Einzelgänger und Individualist. Politisch ist er weder positiv noch negativ in Erscheinung getreten. In 1955 oder 1956 hat er nach Staatsexamen das Institut verlassen.« Hier haben wir vor uns die Polizeisprache des 19. Jahrhunderts; man kann meinen, nicht über den Büchnerpreisträger Johnson, sondern über Georg Büchner selbst nachzulesen. Die zentrale Stasi-Akte enthielt übrigens auch diese Notiz nicht, was als Hinweis verstanden werden kann auf deren Begrenztheit (sie beschränkt sich zudem wesentlich auf das Jahr 1976). Dafür enthielt sie aber auch Johnsons Freund Max Frisch als ein Ziel geplanter Überwachung und berichtet relativ breit über ein Geldgeschäft, das die »Berliner und Frankfurter Bank« 1976 mit der Nationalbank Ungarns tätigte. Jede Ähnlichkeit mit den Geschäften, die Gesine in den »Jahrestagen« im Auftrag ihrer New Yorker Bank mit der ČSSR tätigt, erweist sich dabei natürlich als ebenso zufällig wie tief ironisch.

Johnsons Antwort auf das Bewußtsein, aus politischen Gründen überwacht zu werden, war der Versuch, unauffällig seiner Arbeit nachzugehen: ganz wie Jakob in den »Mutmassungen«, der seine Züge als Dispatcher so steuert, wie das der junge Autor tat mit den Gesprächszügen, die durch seinen Kopf gingen, beide an ihren abgeschlossenen Arbeitsstellen beheimatet und strahlend im Selbstgenuß ihrer Tätigkeit. Katzenhaft unauffällig wollte Johnson sich bewegen, als Catt wollte er publizieren, um im Besitz der mecklenburgischen Landschaft bleiben zu können, durch die die Katzen streifen. Er wußte aber sehr wohl, daß seit dem Spätherbst 1956 die Staatsmacht in Form des MfS den exponierten literarischen Geist der Republik zur Durchsicht übernommen hatte und mit ihren Methoden sauber wusch. Dabei gab es sogar Höhensonne, wenn die Behandlung das Menschenmaterial zu sehr ausgebleicht hatte, wie Walter Janka zu berichten weiß. Letzteres wußte Johnson nicht, fröstelte aber auch ohnedies. Existentielle Kälte stellte sich ein, Uwe Johnson hat es in »Begleitumstände« aufgeschrieben, mit »der Verhaftung von Wolfgang Harich am 29. November 1956. Festgenommen waren auch die beiden Chefredakteure des ›Sonntag‹. Zu einer solchen Festnahme gehört das Sichern von Beweismaterial, und dem Verfasser jenes Typoskripts mit dem Untertitel ›Reifeprüfung‹ 1953 war lange Zeit kühl im Rücken gewesen bei der Vorstellung, daß es in seinem Leitz-Ordner – Freunde nannten ihn mittlerweile Leids-Ordner – beim Staatssicherheitsdienst auf eine Prüfung wartete. Diesmal war er erleichtert, es zurückzubekommen.«

Dem langen Blonden hätte es noch viel kühler im Rücken sein müssen. Das »Babendererde«-Skript hatte zuvor dem Aufbau-Verlag vorgelegen. Man hatte Gespräche geführt, die Johnson gegenüber dem Leipziger Freund Manfred

Bierwisch mit »Deine Rede sei ›ja, ja, aber‹« zusammengefaßt hat. Er schrieb einige Passagen des »Babendererde«-Textes um, aber man gelangte zu keiner Einigkeit. Was in Wahrheit von ihm verlangt wurde, war eine Änderung des Bewußtseins und »wäre dem Verfasser an die Substanz dessen gegangen, was er als Wahrheit für vertretbar, für belegbar hielt« (so noch einmal die »Begleitumstände«). Hinzu kam, daß Johnsons Gespräche mit den Aufbau-Lektoren Caspar und Schroeder Ende Juli und im August und mithin zu einem Zeitpunkt stattfanden, als die endgültige Ablehnung bereits feststand. Sie mündeten dennoch in die Aufforderung an unseren Mann, die klassenmäßige Herkunft seiner Schüler nachzureichen durch entsprechende Erweiterung des Manuskripts, was Johnson tat: eine einzige miese Schikane von seiten der Lektoren, den Jungen psychisch möglichst tief zu treffen, und dazu der Versuch einer Legendenbildung. Später hat der Aufbau-Verlag bis hin zur »Wende« stets behauptet, das Manuskript gar nie abgelehnt zu haben. Die Herrschaft noch über die Erinnerung ist laut Hannah Arendt zentrales Kennzeichen totalitärer Herrschaft. Dagegen, u. a., hat Johnson sein Erinnerungs-Epos »Jahrestage« geschrieben. In den »Begleitumständen« faßt Johnson seine Erfahrung mit dieser Art Lektoren zusammen und nennt sie »Literaturbeamte«, »für die die fortdauernde Anwesenheit des Grossen Stalin in Denkmälern und Strassennamen immer noch galt als eine philosophische und ästhetische Kategorie ...«

Das galt aber nicht nur für die Straßennamen und Denkmäler; sondern auch für manche Gutachten, die damals geschrieben wurden und die dann, anläßlich der Verhaftung des Verlagschefs Walter Janka im gleichen kalten Herbst 1956, in die Hände der Staatssicherheit hätten fallen können. Der Cheflektor Max Schroeder und der Schriftsteller Herbert Nachbar hatten begutachtet, durchaus gegensätzlich. Bei den bestehenden Machtverhältnissen war bereits im Juli klar, daß sich Schroeder durchsetzen und die »Babendererde« nie eine Chance mehr besitzen würde. Deshalb mußte es auch zu keinem an die zentrale Zensurstelle gesandten Gutachten mehr kommen. Der Nachbar aus Mecklenburg hatte ein langes, sehr positives Gutachten zur »Babendererde« erstellt, durchaus im Bewußtsein, daß der Druck des Manuskripts kaum durchsetzbar war. Auch Nachbar verlangte freilich die Heimkehr der Flüchtenden in die Republik und mithin eigentlich eine Änderung des Johnsonschen Bewußtseins. Doch andererseits lautete ein Kernsatz: »Von allen eingesandten Manuskripten, die ich in den letzten Jahren gelesen habe, ist dieses mit Abstand das beste. Zwar ist es nicht ganz druckreif, der Verlag wird noch einige Arbeit mit dem Autor haben, aber ich glaube, daß diese Arbeit sich lohnen würde.« Uwe Johnson kannte dieses Gutachten; er hat später einen Brief an Herbert Nachbar geschrieben und in den »Begleitumständen« abgedruckt, freilich ohne Nachbar da als Adressaten zu nennen, einen Brief, der gegen die Verwendung des Namens »Babendererde« in einem von Nachbars späteren Romanen gemäßigt protestierte. Von daher erscheint es möglich, daß Johnson auch von Existenz und Inhalt des Schroederschen Gutachtens etwas wußte.

Das Schicksal der »Babendererde« wurde freilich entschieden durch das – inzwischen auch an anderen Orten abgedruckte – Gutachten des damaligen Cheflektors im Aufbau-Verlag Max Schroeder. Und hier stand der Große Stalin tatsächlich Pate. Schroeder schrieb am 18. 7. 1956 zur »Ingrid«: »Eine Geschichte, die um die ›Junge Gemeinde‹ spielt in einem mecklenburgischen Nest an der Oberschule, offenbar 1952, was aber auch im dunkeln bleibt. Positiv die Bemühung, sprachlich sauber zu schreiben, einen einheitlichen Stil zu finden. Die Bemühung bleibt völlig im Allgemeinen stecken, der Inhalt wird in den ›Stil‹ wie in eine Konservendose verpackt.

Der Inhalt ist dünn und leider auch verlogen. Autor vermag weder die rebellierenden Jungen und Mädchen noch die sturen Parteifunktionäre in ihren Motiven zu erfassen. Die Geschichte läppert so dahin, verkrampft in Avantgardismus à la Weyrauch, steril und durch ihre Sterilität arrogant wirkend. Typischer Fall von ›Westkrankheit‹, als solcher interessant. Autor braucht eine Gehirnwäsche. Als Talentprobe nicht von besonderem Belang.« Damit war das Schicksal des empfindsamen Erstlings in brutaler Weise besiegelt; alle weiteren Verhandlungen, Bestellungen eines zweiten Leseexemplars etc. waren Theater, in Szene gesetzt, um die Legende einer eigentlich gar nie erfolgten Ablehnung in die Welt zu setzen. Man wußte in der damaligen Verlagsleitung nämlich zweierlei: erstens, daß dieses Buch von außerordentlicher Begabung zeugte; und zweitens, daß man es nicht drucken würde, egal, was etwa Herbert Nachbar dazu auch schreiben mochte.

Schroeder litt damals schon unter einer Lungenkrankheit und starb 1958. Ich habe mit Wolfgang Harich, Walter Janka, Gustav Just, Hans Mayer, Georg Piltz (damals Redakteur beim »Sonntag«) und anderen über ihn als Person gesprochen. Nun war Max Schroeder, wie es aussieht, kein Mitarbeiter des MfS, und er muß diese Zeilen aus tiefer Verärgerung über ein Manuskript geschrieben haben, das Schroeders von Lukács geprägten Literaturvorstellungen in der Tat radikal widersprach. Ein alter, enttäuschter, kranker und zuletzt alkoholabhängiger Kommunist hat diese Zeilen verfaßt. Ein gescheiterter Mann, der sich in seinem Sprachstil der alles zermalmenden Macht des stalinistischen Terrors nur allzusehr angepaßt hatte. Noch wenige Jahre zuvor hatte Schroeder zu den Förderern des »Faust«-Projektes von Hanns Eisler gehört. Dessen kritisch-marxistische

Sicht auf die deutsche Geschichte war damals von Ulbricht und seinen Kulturverwaltern brachial untersagt worden. Da hatte Schroeder kennengelernt, wer die Macht innehatte, auch und gerade im kulturellen Sektor. Dem hat er sich angepaßt, ein Vorgang, der psychische Erleichterung bringen kann in der bekannten Identifikation mit dem Aggressor. Auf dem IV. Deutschen Schriftstellerkongreß von 1956, über den Johnson übrigens im »Spiegel« nachgelesen hatte und der ihn zu einer zornigen Leipziger Klausur mit einer Paraphrase der »Babendererde« motivierte, auf diesem Schriftstellertreffen sprach auch Max Schroeder und befand das Gewehr für ein brauchbares Werkzeug im Kulturkampf. Und doch wäre solche Aufrechnung falsch; Brechts Diktum, nach dem nicht freundlich sein kann, wer in finsteren Zeiten lebt, findet in Max Schroeder aktuelle Bestätigung und ganz neue Auslegung. Die Stasi-Akte enthielt das Gutachten nicht; Johnsons Furcht erscheint von daher unbegründet. Max Schroeder war kein Mitarbeiter des MfS.

V

Wenn man so will, steht eine menschliche Tragödie hinter Johnsons opakem »Nachruf zu Lebzeiten«. Man lese einmal nach, wie der, durchaus »ehrenwerte«, Stasi-Mann Rohlfs in den »Mutmassungen« spricht. (Als Autor von Gesprächsromanen war Uwe Johnson Theodor Fontanes Nachfolger, der einzig legitime bislang.) Doch, so wußte schon der Altvater Marx, jede Tragödie besitzt ihr Satyrspiel. Die eine Geschichte zieht die andere nach sich, und diese andere lautet: kurz vor der Wende gelangte Uwe Johnson wie gesagt noch in die Schaufenster des Teils von Berlin, der damals noch die Hauptstadt der DDR darstellte. Hier stellt sich die andere Frage: Was hat die DDR am Ende noch mit Uwe Johnson gemacht, indem sie ihn abdruckte, in Auszügen? Daß Johnsons Texte endlich den Bürgern der »Demokratischen Republik« zugänglich gemacht werden sollten, es war zweifellos verdienstvoll. Doch geschah es meiner Ansicht nach keineswegs unter Verzicht auf das, was die Literaturwissenschaft der DDR immer die – wünschbare! – »lenkende Rezeptionsvorgabe« genannt hat. Der Johnson-Band im Aufbau-Verlag enthielt übrigens auch den »Nachruf zu Lebzeiten«, und er stellte einen einzigen Versuch dar, dem Fernweh der immer noch von Mauern eingekreisten Leser Diät zu verabreichen (ein Polemiker würde formulieren: Gift einzuträufeln). Er erschien konsequent abgestimmt auf das Nischen-Bewußtsein vieler DDR-Bürger und ihre spezifisch deutsche Angst vor der Modernität. In diesem Band war man, im entscheidenden 1. Kapitel »Themen«, am Anfang noch beschwingt im Faltboot auf Mecklenburgs Wassern unterwegs und suchte, in und um Jerichow herum, »Osterwasser«, wobei die Rote Armee deutsche Vergewaltiger abtransportierte. Das Ende gab sich dann so schrecklich wie der Beginn idyllisch war: nämlich Joachim de Catt betrat die Szene. Der DDR-Leser konnte Zeuge werden, wie sich im Neuen Babylon New York ein mecklenburgischer Schriftsteller – die Ehe ist kaputt und das Talent ebenso, nur noch zum Übersetzer taugt der Arme – in kapitalistischer Entfremdung zu Tode lebte. Auf diese Weise sollte es nachgereicht werden, das Scheitern des Propheten Jonas, der sich in Ninive niedergelassen hatte, denn ihn dauerten all die Menschen und auch das Vieh, die nach des alttestamentarisch strengen Gottes Verdikt vertilgt werden sollten. Doch hier irrte dieser Gott; das Neue Testament revidiert das Alte, und Ninive lebt. Und Catt hat sich Uwe Johnson zum erstenmal genannt, als er vor den präsumptiven Nachstellungen des Ulbrichtschen Staates in den

Westen »einging«. Auf schwankender Grundlage steht schließlich auch, was dieser Auswahlband in seinem Nachwort an Fakten benennt: da wird das 1964 veröffentlichte »Osterwasser« einmal auf 1974 verlegt; wird, Gott weiß warum, für die nach 1975 entstandene »Skizze eines Verunglückten« »etwa 1972« angegeben. Der Knabe Johnson soll auf der »Nationalpolitischen Erziehungsanstalt« in »Köslin« gewesen sein; in Köslin war zwar eine große Napola, aber kein Johnson. Der befand sich, seinem Augenfehler sei Dank, nur auf der »Deutschen Heimschule« in Kosten bei Posen. Daß Johnsons Vater in einem russischen Arbeitslager starb, verschweigt der Auswahlband; dessen Herausgeber nannte dann später, da war, nun schon nach der Wende, die Entdeckung des von der sowjetischen Militäradministration weiterbetriebenen Nazi-KZ Neubrandenburg gerade aktuell, Neubrandenburg als Ort des Todes. Erich Johnson aber starb im ukrainischen Kovel; wie das Schicksal der Toten den stets wechselnden aktuellen Erkenntnisinteressen der Lebenden unterworfen ist, ist ein Thema der »Jahrestage«.

Im Sommer 1988 noch hatte der Herausgeber des besagten Johnson-Bandes mich in die Unterlagen des Aufbau-Verlags sehen lassen. Das geschah unter geradezu konspirativen Umständen: in einem mecklenburgischen Weizenfeld zwischen Rostock und Güstrow. Im Weizenfeld waren alle Gutachten noch so vollständig, wie in des Herausgebers Vorankündigung sein Editionsvorhaben kritisch gewesen war. Mit Erstaunen las ich dann erst den Band selbst und weiterhin in den »Weimarer Beiträgen« vom Herbst 1990. Da gab es die DDR schon gar nicht mehr; aber immer noch die Geschichte von »Uwe Johnson bei Aufbau«, über die man berichten konnte. Der Herausgeber erzählte sie, als ob es sich bei Johnsons Beziehung zu Max Schroeder um eine lehrreiche, gar kollegiale Arbeitsgemeinschaft gehandelt habe. »Johnson war einverstanden, mit den Metamorphosen dieses Typoskripts eine Lehrzeit durchgemacht zu haben«, so steht es wörtlich in diesen Läuschen und Rimels, die der Mann seinem Greifswalder Publikum darbot. Was die traute Stimmung hätte stören können, wie etwa die zitierte Aufforderung zur Gehirnwäsche, ließ dieser Herausgeber fort. Das aber philologisch ordentlich, mit drei Punkten und durch Einklammerung ausgewiesen, denn es handelte sich ja um eine deutsche Kulturzeitschrift. Im übrigen konnte der Herausgeber damals womöglich noch darauf vertrauen, daß bestimmte Wahrheiten sich immer noch vor dem unmündigen Publikum würden verbergen lassen: denn im Archiv des Aufbau-Verlags fehlte Schroeders Gutachten auch noch nach der Wende, und es bestritt sein (nun pensionierter) Nachfolger Günter Caspar vehement die Existenz eines solchen verleumderischen Dokuments. Womöglich aber lag dieses Gutachten tatsächlich nur zufällig in einer anderen Schublade; jedenfalls wurde es im Herbst 1990 vom Aufbau-Verlag dem Suhrkamp Verlag übergeben, nachdem in der Verlagsleitung kein Zweifel mehr bestehen konnte, daß der Inhalt des Gutachtens bekannt war und ich ihn öffentlich machen würde.

Konrad Franke
»Deine Darstellung ist uns wesensfremd«
Romane der 60er Jahre in den Mühlen der DDR-Zensur

Der zweite deutsche Staat war ohne Beispiel. Er wollte der bessere deutsche Staat sein.

Stalin hatte den deutschen Kommunisten im Juni 1945 in Moskau auferlegt, sie sollten die bürgerlich-demokratische Revolution vollenden. Man knüpfte also weisungsgemäß an, suchte sich aus wechselnden Teilen eine Vorvergangenheit zusammen, eliminierte Personen und Ereignisse, die störten und umarmte und feierte dafür andere, die passend erschienen.

Nicht der Traum von einer »deutschen Sowjetrepublik« konnte realisiert, und auch Weimar sollte in der »Deutschen Demokratischen Republik« nicht fortgeführt werden, vielmehr wollte man die besten deutschen Traditionen aufnehmen: Ein idealer Staat sollte es werden, mit idealistisch gesonnenen Staatsbürgern.

Die führenden Männer dieses Staates lebten aber zugleich in der ständigen Angst, die ihnen zugefallene Macht könne ihnen wieder entgleiten, die Macht könne ihnen, dic nicht durch eine kriegsentscheidende Widerstandsbewegung legitimiert waren, wieder genommen werden. Idealistisches Streben, Machtanspruch und Angst vor Machtverlust konnten nur ausgeglichen werden, wenn man sich den Bürger dieses Gemeinwesens, Erkenntnisse der Psychologie und der Anthropologie negierend, als ständig zu erziehenden Menschen, als ewiges Kind dachte.

Gütige, aus dem alten bürgerlichen Lager kommende Machtteilhaber der frühen DDR glaubten, sie gäben so einem aufklärerischen Impetus nach. Weniger Gütige vertrauten den Künsten der Manipulation: Bewußt hergestellte, abgestufte Unmündigkeit sollte die Herrschaft in diesem idealen Staat sichern helfen.

Das Ende dieses Experiments ist bekannt, »Ich liebe Euch doch alle«, der Ausspruch des führenden Experimentüberwachers enthält Wahrheit. Man wollte freundlich sein in diesem Staat, die Mächtigen wollten »unseren Menschen« helfen, indem sie sie erzogen. Nach vier Jahrzehnten war Freundlichkeit in der DDR zur privaten Tugend geworden.

Eine Zensur galt in dieser demokratisch-idealistisch manipulierten Republik als unumgänglich, durfte aber, weil ohne rechtliche Grundlage, nicht so genannt werden, wurde also Behörde, wurde also zugleich in die Köpfe und Seelen der einzelnen verlegt, wurde als »Hilfe« deklariert und angesehen. Erich Honecker, 1990 befragt, wußte bestimmt: »Wir hatten ja keine Zensur... Wir waren das einzige sozialistische Land, das die Dinge laufen ließ.«

Wären denn die Eingriffe in die Freiheit der Kunst, der Literatur unwirklich? Das Wort »Zensur« wurde offiziell nicht von den Zensierenden gebraucht. Hier waren Idealisten am Werke, vielleicht die entschlossensten dieses Staates. Der Sprachgebrauch, der nur selten zynisch gemeinte Sprachgebrauch verrät sie als Erzieher des Menschengeschlechts. Hier wird Macht in Form von Hilfe, in pädagogischem Gewand ausgeübt, und man hat ein Ziel vor den Augen: Der Autor, die Autorin möge Platz finden auf »unserer« Seite, sich »einordnen« ins »Ensemble« der sozialistischen deutschen Nationalliteratur. Dazu ist es nötig zu sagen, »wo man steht«, dafür muß ein Standpunkt nicht »eingenommen«, sondern »erarbeitet« werden, und die Zensurausübenden fühlen die »historische Pflicht«, die Autoren auf dem Weg in die noch bessere Zukunft »mitzunehmen«.

Wo Idealismus herrscht, da herrschen schnell auch das große Wort, der große Begriff, das Pathos – Kaufhäuser heißen »Centrum«, »Magnet«, »Konsument«, schlichte Fischgaststätten »Gastmahl des Meeres« – Kunst und Künstler scheinen berufen, die Abstraktion »mit Leben zu erfüllen«.

Daher war sich dann, idealiter, ein leibhaftiges Mitglied des Politbüros, amtierender Sekretär des Zentralkomitees der Staatspartei, nicht zu schade, stundenlang mit einem Schriftsteller über dessen Gedichtband zu diskutieren.

Man brauchte die Literatur, folglich mußte sie brauchbar sein oder brauchbar gemacht werden, und letzteres geschah in bester Absicht, in überzeugender Aufrichtigkeit durch eine Hauptabteilung in einem Ministerium, durch die Lektorate der Verlage, mit Hilfe des Schriftstellerverbandes, des Büros für Urheberrechte, des Staatssicherheitsdienstes. Das edle Ziel kannte keine krummen Wege, keine schmutzigen Mittel, man überzeugte den Irrenden und strafte nur den Uneinsichtigen.

Die Tugend der Geduld im Umgang von Genosse zu Genosse, im Reden mit Autoren, im Briefwechsel mit Schriftstellern wurde vorbildlich geübt. »Bitte teile mir Deinen Ratschlag mit«, fleht da jemand, »Wir bitten um Druckgenehmigung«, lautete die stereotype Formel, und ein stellvertretender Kulturminister gestand: »... wegen der Ungewißheit über die Fortführung des Gesprächs mit ... plagt mich ständig ein Sorgegeist.«

Die Machthaber machten es sich schwer, für »unsere Menschen« Vormundschaft auszuüben: »Veränderungen wurden in langer, zäher Arbeit mit dem Autor durchgesetzt«, notierte jemand aus der Zensurbehörde, die nicht so heißen durfte, und man ahnt, was das heißt: Das Zimmer, klein, schlampig tapeziert, Kunststoffußboden mit typischer Duftmarke, altweiße zugezogene Gardinen, ungelüftet, zu warm, der Kaffee lau, der Kognak deutsch, unbequeme Stühle oder mürbe Sessel, der Nachmittag war lang, und man »rang« miteinander, überlegte also hin und her, wie man mit dieser oder jener Formulierung dies und das »retten«, denen weiter oben »eins auswischen« oder aber Einsicht vorzeigen konnte.

Wollte sich die Einsicht nicht zeigen, auch nach vielen Nachmittagen und Briefen nicht, mußte eingeschritten werden: Das Buch, nunmehr nur noch »Einzelobjekt«, der Papierbedarf wurde stets in Tonnen angegeben, wurde nicht »druckgenehmigt« oder wurde, wenn schon gedruckt, nicht ausgeliefert oder in der Auslieferung angehalten – beim Zustand des DDR-Kommunikationssystems ein aufwendiger Vorgang. Hinter der Meldung »Auslieferung ruht auf allen Strecken« verbarg sich viel Arbeit.

Das Fürchterliche an der Zensurpraxis dieses Staates war, daß sie es gut meinte. Das verhängnisvolle an der Theorie der zensurübenden Behörde war, daß sie einem falschen Menschenbild folgte, daß sie die Gesetze des Entstehens von Kunst nicht kannte und: daß sie offiziell nicht korrigiert werden konnte.

Wiederkehrender Stoßseufzer aus der DDR-Gutachtenindustrie: »Überhaupt: das Menschenbild!« Konkreter: Christa T. von Christa Wolf ist ein »tragischer Prototyp« oder: »Diese Lyrik problematisiert und äußert sich in Metaphern und Bildern, denen ich schwer folgen kann« und grundsätzlich, der Genosse stellvertretender Kulturminister an einen Autor: »Es versteht sich von selbst, daß in unserem Staat Literatur gedruckt wird, die dem Frieden und dem Sozialismus dient.« Dienst wurde immer wieder erwartet und dafür wurde »geglättet«, nach »Ausgewogenheit« gesucht und, wenn erreicht, mit einer Reise nach Rostow oder anderswohin belohnt – so geschehen Günter de Bruyn, als sein Roman »Buridans Esel« endlich die Druckgenehmigung erhalten hatte.

Es gab in der DDR kein Gesetz, das die Arbeit der Hauptverwaltung Verlage und Buchhandel regelte. Das Gesetz ruhte in den Verwaltern selbst, und ein »Arbeitsrichtlinie« genanntes Schriftstück diente nur zur Erinnerung, durfte folglich nicht aus der Hand gegeben oder zitiert werden.

Die Zensoren realisierten die »Linie«, in versuchsweise idealer Form. Ihre Ratlosigkeit – »Was machen wir mit den literarischen Arbeiten dieses begabten Autors?« – war keine Pose. Die Mitarbeiter des Zensurapparates waren: deutsche Menschen. Sie wollten das Beste und wurden dabei von den Schriftstellern und ihren Manuskripten behindert.

DDR-Kulturpolitik in den 60er Jahren: Auf dem VI. Deutschen Schriftstellerkongreß, veranstaltet zwischen dem 28. und 30. Mai 1969 in Berlin, nannte Gerhard Henniger, Erster Sekretär des Deutschen Schriftstellerverbandes, als Ziel der sozialistischen Literatur die »weitere Stärkung der Deutschen Demokratischen Republik«. »Wir wollen«, sagte Henniger, »deshalb darüber beraten, wie die Literatur ihren Beitrag zur vollen Ausprägung des Menschenbildes der sozialistischen Gesellschaft zu leisten vermag, wie sie die für die Weiterentwicklung unserer sozialistischen Menschengemeinschaft unentbehrlichen geistigen und sittlichen Werte zu vermitteln vermag.«

Max Walter Schulz, damals Vizepräsident des Verbandes, blickte auf die Jahre zwischen 1961 und 1969 zurück und stellte bedauernd fest: »Es gibt ein teilweises Nichtübereinstimmen in der Grundfrage, was unsere Literatur soll, will und vermag.«

Schulz erkannte auf den »sensiblen Wegen« eines Gedichtbandes von Reiner Kunze »nackten, vergnatzten, bei aller Sensibilität aktionslüsternen Individualismus« und fand, Christa Wolf habe mit ihrem Roman »Nachdenken über Christa T.« eine Geschichte geschrieben, die angetan sei, »unsere Lebensbewußtheit zu bezweifeln, bewältigte Vergangenheit zu erschüttern, ein gebrochenes Verhältnis zum Hier und Heute und Morgen zu erzeugen.«

Max Walter Schulz rief Christa Wolf zu: »Besinn Dich auf Dein Herkommen, besinn Dich auf unser Fortkommen, wenn Du mit Deiner klugen Feder der deutschen Arbeiterklasse, ihrer Partei und der Sache des Sozialismus dienen willst.«

Die 60er Jahre der DDR waren durch zwei politische Ereignisse gekennzeichnet: durch den Bau der Mauer und durch den Einmarsch der Warschauer-Pakt-Truppen in die ČSSR. Die Folgen des Mauerbaus haben bundesdeutsche Literaturhistoriker mit den Begriffen »Isolation, Konsolidierung und neuer Aufbruch« umschrieben. Der Bremer Literaturwissenschaftler Wolfgang Emmerich (»Kleine Literaturgeschichte der DDR«, Frankfurt 1989[2]) erkennt die DDR in dieser Phase als auf dem Weg zur »sozialistischen Nation« befindlich, sieht Wechselwirkungen zwischen dem NÖSPL, dem »Neuen Ökonomischen System der Planung und Leitung« und der Literatur, liest »Prosa der uneingepaßten Subjektivität«, sieht Theater ohne Brecht, mit Geschichten aus der Produktion, dazu Parabelstücke und registriert den »Aufbruch der jungen Lyrik«.

Einige kulturpolitische Details, kennzeichnende positiv und negativ besetzte Erinnerungen an die kulturpolitische Theorie und Praxis der 60er Jahre: 1962 wurde in der DDR erstmals öffentlich über Kafka diskutiert, Stephan Hermlin stellte in der Akademie der Künste junge Lyriker vor. 1963, auf dem VI. Parteitag der SED, wurden die Autoren Willi Bredel, Peter Hacks, Stephan Hermlin, Peter Huchel, Günter Kunert, der Regisseur Wolfgang Langhoff aus verschiedenen Gründen der »ideologischen Koexistenz« geziehen, diese Angriffe hatten weitreichende Folgen für die Angegriffenen; auf der Kafka-Konferenz in Liblice in der ČSSR teilte die DDR-Delegation mit, dieser Autor sei für ihr Land nicht relevant. 1964 fand, fünf Jahre nach der ersten, die zweite Bitterfelder Konferenz statt; Walter Ulbricht sagte bei dieser Gelegenheit: »Den Bitterfelder Weg zu beschreiten heißt für die Künstler, ihr Leben zu ändern.«

1965 wurde in der DDR die sogenannte »Königsebenen«-Diskussion geführt. Sie sollte die Autoren verpflichten, mehr als bisher Planer und Leiter zu literarischen Helden zu machen. Auf dem elften Plenum des ZK der SED wurden viele Autoren des »Skeptizismus« verdächtigt, der »Bitterfelder Weg« wurde zum »objektiven Gesetz der sozialistischen Kulturrevolution« erklärt, die Angegriffenen bezeichneten sich scherzhaft als »Od 11«, als »Opfer des elften Plenums«. 1966 begann in der FDJ-Studentenzeitschrift »Forum«, der stellvertretende Chefredakteur hieß Rudolf Bahro, eine Diskussion über »Gedichte der zweiten Verarbeitungsstufe«. Der VII. Parteitag der SED (1967) stellte zum ersten Mal an die Schriftsteller keine Forderungen mehr, sondern beschränkte sich auf einige »Hinweise«.

In den 60er Jahren erschienen in der Bundesrepublik Uwe Johnsons »Mutmassungen über Jakob«, Ingeborg Bachmanns Band »Das dreißigste Jahr«, Heinrich Bölls »Ansichten eines Clowns«, Peter Weiss' »Marat«-Stück, Max Frischs »Gantenbein«.

In der DDR erschienen in diesen Jahren Johannes Bobrowskis Romane »Levins Mühle« und »Litauische Claviere«, Erwin Strittmatters »Ole Bienkopp«, Hermann Kants »Die Aula«, Christa Wolfs »Nachdenken über Christa T.«.

Im Jahre 1985 schrieb der Herausgeber der Gedichte von Inge Müller, Richard Pietraß, in seinem Nachwort über die kulturpolitische Situation im Jahre 1961: »Die von vielen genährte Hoffnung, man werde nach Schließung der Westgrenze sogleich offener und produktiver die eigenen Probleme diskutieren, erwies sich als voreilig.«

Vor der letzten Korrektur hatte Pietraß geschrieben, diese Hoffnung »erfüllte sich nicht«. Beide Versionen wurden nicht gedruckt. Noch knapp ein Vierteljahrhundert später durfte nicht deutlich von der Enttäuschung über die ausbleibende Liberalisierung nach dem Bau der Mauer geschrieben werden. Der Lyriker und Theaterregisseur B. K. Tragelehn teilte 1968 in einem Gedichtzyklus »Still leben« mit: »Planquadrat DDR NÖSPL regiert still.«

Im zweiten Jahrzehnt des Bestehens der DDR glaubten die Kulturpolitiker der DDR zuversichtlich, sie könnten ihre Ziele erreichen: Die »Arbeiterklasse« sollte, sagte Walter Ulbricht, die »Höhen der Kultur« stürmen und so den Weg bereiten zum Ideal der »gebildeten Nation«. Parteilichkeit, Volkstümlichkeit und künstlerische Individualität, die Kriterien des »sozialistischen Realismus« galten dabei weiterhin als Maßstab, nur vom »Optimismus« und von der »sozialistischen Perspektive« war in den 60er Jahren seltener die Rede.

Die Zensur in diesen Jahren, bei der Arbeit an sieben Romanen beobachtet: Das Äußerste an Effektivität produzierte die Behörde bei der Ablehnung von Fritz Rudolf Fries' Buch »Oobliadooh«. Der Roman mit dem Dizzy-Gillespie-Titel erzählt von zwei jungen DDR-Bürgern, die sich den Erwartungen des Staates, der Partei entziehen. »Oobliadooh« war vom Autor 1966 abgeschlossen worden.

1982 nahm der Aufbau-Verlag endlich »Oobliadooh« an, am 21. Dezember 1983 schreibt Fries einen mahnenden Brief (»... bitte ich zu einem baldmöglichen Zeitpunkt zu klären, ob ...«). Er weist darauf hin, daß er die Vorgespräche mit Klaus Höpcke, dem stellvertretenden Kulturminister, fortsetzen wolle – und wartet. Wartet bis Ende 1989. Erst 23 Jahre nach dem Erscheinen des Buches in der Bundesrepublik war dieser Roman eines DDR-Autors in den DDR-Buchhandlungen zu haben – der größte Erfolg der DDR-Zensur.

Bei Günter de Bruyn und seinem Roman »Buridans Esel« verlief das Druckgenehmigungsverfahren schneller. Sein Karl Erp, der Bibliothekar, der sich in eine 17 Jahre jüngere Kollegin verliebt, dann aber, als es ernst wird, wieder zu seiner Frau zurückkehrt, wird trotz seiner Spießerhaftigkeit positiver »eingeschätzt« als die Friesschen Helden.

Der Gutachter Heinz Plavius nennt den Roman von de Bruyn »im besten Sinne modern«, er sei »sozialistisch in der Fragestellung und im Lösungsversuch«, der »philosophische Gehalt« sei beträchtlich, eine »parteiliche Haltung« sei zu erkennen.

Fazit des Literaturkritikers Plavius, der hier als Verlagsgutachter fungierte: »Ich halte de Bruyns Roman für eine echte Bereicherung unserer sozialistischen Gegenwartsliteratur und empfehle daher seine Veröffentlichung mit allem Nachdruck.«

Zwei Tage später war auch ein verlagsinternes Gutachten formuliert, auf sechs Seiten. Das Urteil fiel ähnlich günstig für de Bruyn und seinen Roman aus. Es handele sich um einen »Vorstoß in Neuland«, der Autor habe – hier werden Angriffe vorsorglich abgewehrt – »keinen Roman über Verspießerung« geschrieben.

Fazit dieses Gutachtens, das in seiner Wort- und Begriffswahl anschaulich zeigt, was ein Roman in den 60er Jahren der DDR bieten muß, soll er denn gedruckt werden: »Wir meinen, daß dieser Roman moralische Strukturen unserer Gesellschaft mit einem hohen Grad gesellschaftlich-geistiger Bewußtheit erzählerisch konkret und literarisch höchst bedeutsam zur Diskussion stellt und die gewachsenen Möglichkeiten unserer Literatur zeigt, sozialistische Verhältnisse auch in den ganz unmittelbaren Beziehungen der Menschen aufzusuchen und darzustellen.«

Sechs Tage später wurde vom Mitteldeutschen Verlag Halle bei der Hauptverwaltung Verlage und Buchhandel die Druckgenehmigung für Günter de Bruyns Roman »Buridans Esel« beantragt, 15 000 Exemplare sollte die Erstauflage umfassen, 4,2 Tonnen Papier wollte man dafür aufwenden.

Wer nun meint, nach diesen beiden Gutachten werde der Roman zum Thema »Zwei Frauen machen ihren Weg, ein Mann bleibt auf der Strecke« (so hat der Autor selbst einmal seine Geschichte charakterisiert) flugs »druckgenehmigt«, irrt. Am 10. April 1968 schrieb Dr. Kocialek, Abteilungsleiterin in der Hauptabteilung Verlage und Buchhandel, mit sozialistischen Grüßen an den Verlag: »Die von Ihnen in Übereinstimmung mit dem Autor vorgenommenen Änderungen auf folgenden Seiten begrüßen wir und sind damit einverstanden: Seiten 61, 68, 136, 174, 202, 249, 254. Die angeregten Veränderungen auf den Seiten 173 und 214 bitten wir, noch einmal mit dem Autor zu beraten.«

Das Buch erschien 1968. Übrigens will das Formular der Druckgenehmigung damals, unter der Rubrik »Stellungnahme des Verlages zum Objekt«, wissen, wo der Autor tätig ist, ob er Träger von Auszeichnungen ist und ob im Verlag unterschiedliche Meinungen über den Titel geäußert wurden.

Zu den interessanten, wichtigen Romanen der 60er Jahre – die Zensurbehörde scheint eine Vorliebe dafür haben zu müssen – gehört auch Erwin Strittmatters »Ole Bienkopp«, der in eigenwilliger Sprache aufgeschriebene Bericht über einen Mann, der eine landwirtschaftliche Produktionsgenossenschaft gründet, bevor die Partei ihm sagt, daß er sie gründen soll.

Der Gutachter Gert Hillesheim tadelt am 27. April 1963 Erwin Strittmatters Manuskript. Er schreibt: »Die Hauptgestalt des Romans, den Ole Bienkopp, gestaltet er unkritisch.« Der Verlag möge versuchen, den Autor zu Änderungen bei der »Konzeption der Bienkoppfigur« zu bewegen, »Änderungen in einigen Einzelheiten seien ohnedies notwendig, um einen falschen Akzent zu vermeiden«.

Hillesheims Fazit: »Ich kann mir vorstellen, daß bei dieser Art zu erzählen dem Autor manches von dem, was mir fragwürdig erscheint, durch Verselbständigung des Fabulierens unterlaufen ist und daher bei geeigneter Beratung zu vermeiden ist.«

Das Deutsch der Gutachten ist oft von dieser Art – wobei daran zu erinnern ist, daß die Gutachter und die Hauptverwaltungsangestellten in keinem Fall literarisch-künstlerische Wertungen abgaben. Wenn sie tadelten, tadelten sie immer: daß die »Linie« nicht eingehalten worden war.

Den siebeneinhalb Seiten von Gert Hillesheim aus Berlin folgten am 26. Mai 1963 achteinhalb Seiten von Dr. Erhard Geißler aus Schöneiche bei Berlin. Dieser Gutachter ist begeistert vom »Ole Bienkopp«-Manuskript: »Ich empfehle, daß der Verlag den Mut findet, den Roman in kürzester Zeit zu veröffentlichen.«

Wenig später aber warnt derselbe Gutachter den Aufbau-Verlag. Er schreibt: »Dabei bin ich mir bewußt, daß der Roman eine hitzige Diskussion entfachen wird, wahrscheinlich die hitzigste, die es in den letzten Jahren um ein literarisches Produkt gegeben hat.«

Erhard Geißler sollte recht behalten, die Debatte darüber, ob Ole Bienkopp, der sozialistische Einzelgänger, am Ende sterben muß, wollte kein Ende nehmen, dies auch deshalb, weil der Tod in der Literatur der DDR tabuisiert war. Tod erinnerte an Endlichkeit.

Gutachter Geißler ist vor allem mit der Todesursache nicht einverstanden: »Es gibt ›oben‹ nicht nur Esel! Strittmatter müßte das selbst wissen... Strittmatter ist unfair. Ole Bienkopp stirbt nicht an Überarbeitung, an Erschöpfung in gemeinsamem Ringen von ›oben‹ und ›unten‹, als Resultat subjektiver und objektiver Widersprüche, sondern er stirbt als Märtyrer von ›unten‹ – und das ist falsch!«

Dann jedoch nimmt der Gutachter seinen Autor wieder in Schutz: »Hier schreibt ein der Partei ergebener, aber mit den Problemen ringender Genosse Schriftsteller.« Und sich und den Verlag mahnt Geißler: »Wir sollten nicht so empfindlich und so ängstlich sein.«

Damit das »wertvolle Buch« aber nicht ganz ohne Detailkritik, ganz ungeschoren davonkommt, formuliert Erhard Geißler abschließend noch ein entschiedenes Monitum: »Nur in einer einzigen Szene bestehe ich auf Streichung, und zwar betrifft dies die Szene mit dem inhaftierten und danach gestorbenen Volksbuchhändler. Erstens ist dies nicht notwendig... und zweitens ist dies objektiv... für die Bedingungen der DDR falsch.«

Zwei Monate später, am 1. August 1963, schrieb Günter Caspar, damals Cheflektor des Aufbau-Verlags, »einige Bemerkungen« zu Erwin Strittmatters Roman auf. Der Verlag habe beim Autor zwei Bedenken angemeldet: ein politisches (die krasse Stellung Bienkopps gegen Partei- und Staatsapparat, sein Ende als Opfer der Übergangsperiode) und ein künstlerisches (die übergroße poetische Verknappung, die zu hochgestochene Satire..., die zu überspitzten Skurrilitäten, das Falschsprechen und anderes mehr). Der Autor erklärte den Verlag als »gebranntes Kind« und war trotz mehrerer längerer Gespräche nicht bereit, die konkret vorgeschlagenen Änderungen vorzunehmen... Inzwischen hatte das Urteil leitender Funktionäre den Autor von der fixen Idee abgebracht, der Verlag sei zu zurückhaltend. In neuerlichen Gesprächen zwischen Autor und Vertretern des Verlages wurde der neue Schluß ausdiskutiert... Der Verlag konnte nicht erreichen, daß der Autor einige der obengenannten künstlerischen Einwände berücksichtigte, und gab sich mit der vorliegenden Fassung zufrieden.

Wenig später erschien »Ole Bienkopp«, die erste Auflage war schon nach einem Monat vergriffen, bis 1984 wurden in der DDR 442000 Exemplare dieses Romans verkauft.

Im gleichen Jahr, in dem »Ole Bienkopp« gedruckt wurde, empfahl Erwin Strittmatter, damals immerhin auch Vizepräsident des DDR-Schriftstellerverbandes, einen Autor, der bis dahin vor allem für Kinder geschrieben hatte, den »Verdienten Lehrer des Volkes« Alfred Wellm, Jahrgang 1927. Wellm hatte mit »Pause für Wanzka oder Die Reise nach Descansar« einen Schul-, einen Lehrer-, einen Schülerroman geschrieben, der die Praxis der DDR-Pädagogik nachdrücklich in Frage stellte.

Wie ging der Aufbau-Verlag mit der Empfehlung Strittmatters um? Er ließ sie ruhen. Erst im Juli 1965 fand ein Gespräch mit Alfred Wellm statt. Am 6. Juni 1967, abermals zwei Jahre später, wurde mit Alfred Wellm ein Vertrag geschlossen, er erhielt vorab 20000 Mark der DDR.

In einer undatierten Notiz des Verlages heißt es: »Wellm nahm einen großen Teil unserer kritischen Hinweise an.« Diese Hinweise dürften dem Gutachten von Dr. Paul Saupe aus Weimar, geschrieben am 16. September 1967, entnommen worden sein. Saupe sagt knapp, Wellms Held sei »kein politischer Pädagoge... Damit erfüllt das Manuskript seine notwendige Aufgabe nicht. Er füllt keine Lücke, sondern macht eine vorhandene nur noch deutlicher... Die aufgezeigten Mängel halte ich im Rahmen der Vorlage für irreparabel... Ich rate davon ab, das vorliegende Manuskript zu drucken.«

Ganz anders urteilt die Zweitgutachterin Anneliese

Große aus Berlin. Am 17. Oktober 1967 erkennt sie in Wellms »Wanzka« einen »neuen Zug des Menschenbildes unserer Literatur, weil Wellm den Drang nach dem Abenteuer nicht einfach negiert und den Helden ›brav‹ werden läßt, sondern ihn ebenso wie das Ungebärdige in eine produktive Lebenshaltung einmünden läßt.«

Das Resümee dieses Gutachtens: »Als Gesamteinschätzung ist zu sagen, daß Wellm ein wertvolles Buch geschaffen hat, das unsere Literatur bereichern wird.«

Alfred Wellms Roman erschien 1968, Anneliese Große schrieb eine lange, lobende Kritik in der Zeitschrift »Forum«, viele Lehrerinnen und Lehrer aber griffen den Roman an, weil sie sich in seinen Figuren nicht wiedererkennen wollten. Erst 1989 konnte, nach der Überwindung vieler Widerstände, ein Fernsehfilm nach Wellms Buch gedreht werden, mit Kurt Böwe als Lehrer Gustav Wanzka.

Viertes Beispiel einer zensierten Autorin, eines zensierten Romans aus den 60er Jahren: Christa Wolf und ihr Roman »Nachdenken über Christa T.«. Die Autorin erzählt die Geschichte einer jungen Frau, einer DDR-Bürgerin, die keine Kompromisse schließen, die bedingungslos in ihrem Staat leben will – Christa T. stirbt.

Christa Wolf hat in einem Brief, am 8. Februar 1991 an Herbert Wiesner gerichtet, schematisch skizziert, wie die Zensur mit dem Manuskript von »Nachdenken über Christa T.« verfuhr: »Beendigung des Manuskriptes im März 1967, Juni 1967 liegen dem Mitteldeutschen Verlag, Halle, drei Gutachten vor [...] Das eine Gutachten (Günter Caspar) befürwortete rückhaltlos die Veröffentlichung, das zweite war im ganzen wohlwollend, sah aber doch die ›Gefahr einer ideologischen Desorientierung‹ und schlug Änderungen vor, das dritte warnt vor einer Veröffentlichung dieses Manuskripts: ›Die berechtigten Einwände würden sehr leicht zu wenig wünschenswerten Verallgemeinerungen führen, ohne daß man ihnen von gefestigten Positionen aus begegnen könnte. Obwohl die Autorin wahrscheinlich nach dem Scheitern ihres dritten Werkes kaum wieder produktiv sein wird, können wir das Manuskript nicht akzeptieren.‹«

Christa Wolf fährt in ihrem Bericht vom 8. Februar 1991 fort: »Der Leiter des Mitteldeutschen Verlags übergibt das Manuskript *privat* dem Leiter der Hauptabteilung Literatur und bittet ihn um eine private Stellungnahme. Die lautet: Dieses Manuskript könnte er offiziell nicht genehmigen.

– Ich verlange ein Gespräch mit dem Leiter der Hauptabteilung Literatur. Er legt meinem Mann und mir eine längere Liste von Einwänden gegen das Buch vor, die wir nicht akzeptieren. Nach einer scharfen Auseinandersetzung erklärt er sich bereit, das Manuskript noch einmal zu prüfen.

– Ich schreibe noch ein Kapitel – das Kapitel 19 – und füge es dem Manuskript bei. In dieser Form wird es vom Mitteldeutschen Verlag bei der Hauptabteilung Literatur ›eingereicht‹. Inzwischen schreiben wir das Jahr 1968.

– Die Druckgenehmigung wird nun erteilt. Für das Frühjahr 1969 ist die Auslieferung der ersten Auflage von 15 000 Exemplaren vorgesehen. Termin soll der 31. März sein.

– Im Dezember '68 wird der Fertigungsprozeß des Buches unterbrochen, für drei Wochen. Von Personen aus dem Parteiapparat, die sich Kenntnis von dem Buch verschaffen konnten, wird öffentlich und nicht-öffentlich eine Polemik gegen das Buch begonnen, vor Gremien, die es nicht kennen können...

– Am 14. 5. 1969 erscheint im ›Neuen Deutschland‹ ein Artikel vom Leiter des Mitteldeutschen Verlags: ›Verleger sein, heißt ideologisch kämpfen‹, in dem er sich auf Veranlassung übergeordneter Partei- und Ministeriumsstellen von ›Nachdenken über Christa T.‹ distanziert.

– Am 23. Mai 1969, wenige Tage vor Beginn des Schriftstellerkongresses in der DDR, erscheint in der ›Zeit‹ eine Rezension des Buches von Marcel Reich-Ranicki unter der Überschrift: ›Christa Wolfs unruhige Elegie‹.

– Diese Rezension wird mir in der Kulturabteilung des Zentralkomitees der SED vorgehalten. Der Leiter der Abteilung sieht durch die Rezension seine eigenen scharfen Vorbehalte bestätigt und fordert mich auf, meine Kandidatur für den Vorstand des Schriftstellerverbandes zurückzuziehen. Ich lehne ab und verlange, daß über meine Kandidatur im Vorstand abgestimmt wird. Daraufhin wird die Forderung, zurückzutreten, fallengelassen.

Die Auslieferung des inzwischen gedruckten Buches wird untersagt. – Im Luchterhand Verlag erscheint ›Nachdenken über Christa T.‹ vertrags- und fristgemäß.

– Auf dem Schriftstellerkongreß im Juni 1969 werden absurderweise einige hundert Exemplare des Buches verkauft, während ich im Hauptreferat und in einigen Diskussionsbeiträgen scharf kritisiert werde.

– Während des Kongresses gibt der Kulturminister dem Leiter des Mitteldeutschen Verlags die Erlaubnis, das Buch nun auszuliefern. In einigen Bezirken wird die Auslieferung restriktiv gehandhabt [...] Die Auseinandersetzung mit mir ging noch das ganze Jahr 1969 über weiter, zum Beispiel im Vorstand des Schriftstellerverbandes. Aber auch in anderen Institutionen wurden von den Mitarbeitern Stellungnahmen verlangt. Im Germanistischen Institut der Humboldt-Universität Berlin waren zwei Dozentinnen, Dr. Inge Diersen und Sigrid Töpelmann, nicht bereit, ihre eigene positive Einschätzung des Buches aufzugeben. Sie wurden gemaßregelt. Die eine wurde für einige Jahre zur Kulturarbeit an das Kulturhaus Bitterfeld geschickt, die andere verließ die Universität und wurde meine Lektorin im Aufbau-Verlag.

›Nachdenken über Christa T.‹ durfte in der DDR nur in den beiden Literaturzeitschriften ›Sinn und Form‹ und ›Neue Deutsche Literatur‹ besprochen werden.

Dies ist ein Muster für einen möglichen Verlauf. Ähnlich könnte ich über andere meiner Titel schreiben. Allerdings ist die Zensur in der DDR seit Ende der 60er Jahre sich selbst nicht immer gleich geblieben, sie war nicht immer gleich streng, borniert und folgenreich für Autoren, Verlagsmitarbeiter, Kritiker, Germanisten.

›Nachdenken über Christa T.‹ wurde seit 1972 in der DDR immer wieder aufgelegt und erreichte bis heute eine sehr hohe Auflagenziffer.«

Das von Christa Wolf auf Wunsch der Behörde neu geschriebene Kapitel des Buches beginnt so:

»Das Jahr ist um. Das Gesetz tritt in Kraft, das uns nahelegt, es genug sein zu lassen, und das wir anerkennen müssen.«

Hermann Kant sagte rückblickend in einem Interview der Zeitschrift »Nouvelle Critique« im November 1970 über Christa Wolf und »Christa T.«: »Ich weiß nicht, ob wir uns bei dieser Gelegenheit sehr geschickt verhalten haben, und ich bezweifle, ob wir auf der ganzen Linie recht hatten; ich glaube eher, daß wir ein wenig auf eine Provokation hereingefallen sind, die natürlich keineswegs von Christa ausging...«

Hermann Kant spielte auf die »Christa T.«-Kritik von Marcel Reich-Ranicki an. Bruno Haid, der damalige stellvertretende Kulturminister, der Vorgänger Klaus Höpckes, ließ sich das Interview übersetzen.

Werner Bräunig arbeitete in den frühen 60er Jahren an einem Roman mit dem Arbeitstitel »Der eiserne Vorhang«. Er wollte darin realistisch die Arbeit der Kumpels der sowjetisch-deutschen Aktiengesellschaft »Wismut«, die im sächsischen Erzgebirge Uran für die Atombombenproduktion der Sowjetunion suchten und fanden, beschreiben. Ein Vorabdruck aus dem Roman erschien unter dem Titel »Rummelplatz« 1965 im Oktoberheft der Zeitschrift »Neue Deutsche Literatur«, der Zeitschrift des Schriftstellerverbandes der DDR.

Bräunig wurde mit einer besonders tückischen Form der Zensur konfrontiert: Vier Wismut-Kumpel werden aufgefordert, einen »offenen Brief« an ihn zu schreiben. Natürlich leisteten den Kumpels Mitglieder der Partei Formulierungshilfe.

Am 7. Dezember 1965 wurde der Brief im »Neuen Deutschland« abgedruckt. In ihm heißt es: »Deine Darstellung ist uns – vorsichtig formuliert – wesensfremd... Besonders empört sind wir darüber, wie in dem von uns jetzt gelesenen Abschnitt Deines Werkes die Rolle und die Bedeutung unserer sowjetischen Freunde und Genossen dargestellt werden.«

Acht Tage später legte Erich Honecker, damals Mitglied des Politbüros, nach: »In diesem Text gibt es Details, gibt es eine falsche, verzerrte Darstellung des schweren Anfangs in der Wismut.« Das Politbüromitglied Paul Fröhlich nannte Bräunings Text »antisozialistisch«. Christa Wolf, Fritz Erpenbeck und Fritz Selbmann verteidigten »Rummelplatz«, vergebens.

Die obszönen Details, die Erich Honecker erlesen hatte: Über einem Bett hängen Fotos von nackten Frauen, ein Mann sagt, er brauche jetzt eine Frau, einmal zeigen Mädchen auf der Luftschaukel ihre Schenkel, ein Mädchen erzählt, daß es vergewaltigt worden sei, einmal wird von einem Mädchen berichtet, das vergewaltigt und erwürgt aufgefunden worden ist.

Und »antisozialistisch«? Die Bahnpolizei läßt einen überfüllten Zug nicht abfahren, sie wird von wütenden Wismut-Kumpels verprügelt. Leser von heute verwundert eher: wie arglos die Kumpel mit der uranhaltigen Pechblende umgingen.

Bräunigs Wismut-Roman ist bis heute nicht vollständig gedruckt, und wahrscheinlich würde heute kaum mehr einer das ganze Werk (711 Manuskriptseiten) lesen wollen – die Zeiten sind darüber hinweggegangen. Werner Bräunig ist 1976 gestorben, er trank sich zu Tode.

Hermann Kants »Impressum« ist die Geschichte des Journalisten David Groth, der nicht Minister werden will. Der Roman stößt im Verlag Rütten und Loening von Anfang an auf Bedenken. Eine handschriftliche Notiz vom 28. November 1968 resümiert: »Wir hatten ein anderes Buch erwartet... Buch ist irreparabel.«

Zuvor, am 3. September 1968, teilt eine andere Person handschriftlich mit: »7. März 1968 Manuskriptabgabe... nach 14 Tagen erste Aussprache... In vier Wochen (sehr wichtige) Änderungen. Zur gleichen Zeit ans ›Forum‹... Vorabdruck. Gleicher Text... Manuskript nicht mit Verlag vorher beraten. Im Prozeß gemeinsam arbeiten wäre harmonischer. Das hat belastet. Von dieser Seite her Abdruck im ›Forum‹ belastend. Nicht zwei Fassungen leisten. Wollte mit dem ›Forum‹ bestimmte Dinge durchsetzen... Voigt macht widerspruchsvolle Aussprache... Wie aus der Situation?... Staatssekretär. Wird geschildert als Mann ohne Herz und Gefühl... Kaltschnäuziger Bürokrat. Buch reißt einen hin und her. Großartige Stellen, hintergründige Seitenschläge. Frage: Ist es gelungen? Ob überhaupt? Ist die Ideologie von David Groth die Ideologie eines Ministers der DDR? Buch soll in großen Ferien überdacht werden. Allerhand durch Rotstift. Wer ist nicht in Übereinstimmung mit der Grundlinie? Vielleicht reduziert sich's? Talent zu Ironie führt ihn weg. Fehler beim Buch liegt: 1. Veröffentlichung im ›Forum‹; 2. prinzipielle Auseinandersetzung. An Voigt: gründlicher, prinzipieller. Mehr Gutachten und damit zu prinzipiellen Diskussionen kommen, zu Eskalation.«

»Voigt« ist Fritz-Georg Voigt, der damalige Leiter des Aufbau-Verlages, der mit dem Verlag Rütten und Loening verbunden ist. Die FDJ-Studentenzeitschrift »Forum« hatte einen Vorabdruck von Kants »Impressum« gebracht, der Vorabdruck wurde abgebrochen, der Text stimmte mit dem des später erscheinenden Buches nicht überein. Oben rechts neben dem Datum der Notiz ist zu lesen: »Hager Anfang November«. Sollte sich ein Angehöriger des Aufbau-Verlags oder des Rütten- und Loening-Verlags eine Notiz zu einem Gespräch mit Politbüromitglied Kurt Hager, dem höchsten Parteirichter über Kultur in der DDR, gemacht haben?

Am 9. Mai 1969, fünfeinhalb Monate später, knapp anderthalb Jahre nach dem Eingang des Manuskriptes im Verlag, berichten der Lektoratsleiter Günter Caspar und der Lektor G. Schubert an Bruno Haid, den damals für Literatur zuständigen stellvertretenden Kulturminister: »Nach wie vor wickelt sich unser Gespräch mit Hermann Kant über das ›Impressum‹ in einer ebenso sachlichen wie aufgeschlossenen Atmosphäre ab. Wir gehen davon aus, das Notwendige an Verbesserungen zu erreichen, das heißt, Überspitzungen zu eliminieren und Überzogenes herabzustimmen, um das Positive der Konzeption wirksamer zur Geltung zu bringen. Kant steht jedem fundierten politischen Argument aufgeschlossen gegenüber. Wir nennen folgende Beispiele: In der Szene, in der Franziskas Hochzeitsfoto entsteht, gibt es keinerlei Anspielungen mehr darauf, daß der Unfall durch die bewaffneten Organe verursacht war... Zur Zeit stehen wir im Gespräch bei Kapitel neun.«

Das Buch hat 14 Kapitel. Auf den Unfall kommen die Lektoren später zurück und erklären ihn. Eine undatierte

»Einschätzung« moniert: »Die Geschichten und Episoden, die im Impressum erzählt werden, greifen in den meisten Fällen keine zentralen Ereignisse auf... Die Fernsehgeschichte... richtet sich gegen den Initiator unserer besten, maßstabsetzenden Fernsehspiele... In vielen Episoden ist eine ›antidogmatische‹ Tendenz spürbar; unsere Konzeption des sozialistischen Menschenbildes wird relativiert; das Parteiaufnahmegespräch wirkt immer noch wie ein Kabarettstück...«

Am 16. Mai 1969 schreibt Verlagschef Voigt an Elisabeth Borchers, damals im Neuwieder Luchterhand Verlag an Kants »Impressum« interessierte Lektorin: »Nach der Lektüre und nach den ersten Gesprächen mit dem Autor sind wir gemeinsam zu der Auffassung gelangt, daß es dem Buch zum Vorteil gereichen würde, wenn in das Manuskript noch etwas Arbeit gesteckt wird.«

Am 10. Juni 1969 werden handschriftlich »Forderungen« notiert: »Bei Schilderung 17. Juni und Geldumtausch, seine Interpretationen weichen von Interpretation Partei ab. Kein Feindbild am 17. 6. ... In Wut gebracht hat sie das neu geschriebene Kapitel, Einmarsch Rote Armee, alte Klischees, Mutter unterm Bett und so weiter... ›Mutter ist noch rüstig‹ gestrichen... Deutschlandtreffen, Gespräch mit dem Chefredakteur ist Karikatur (General Stalin), streichen... netter Junge windiger.«

Am 3. Juli 1969 telext Aufbau an Luchterhand: »Endgültiges werden wir Ihnen spätestens Freitag, 18. 7., mitteilen.« Am 7. August, drei Wochen später als versprochen, schreibt Erhard Hähn vom Verlag Rütten und Loening nach Neuwied: »Wir teilen Ihnen zu Ihrer Information mit, daß wir Ihnen voraussichtlich im September 1969 einen Umbruchabzug des Romans ›Das Impressum‹ von Hermann Kant zur Verfügung stellen können.«

Luchterhand hatte unterdessen einen Vertrag mit Rütten

und Loening abgeschlossen, hatte schon Werbung für Kants, des »Aula«-Autors, neues Buch gemacht, hatte ein Leseexemplar mit dem Text des »Forum«-Abdrucks hergestellt und verschickt.

Auch Rütten und Loening stand unter Druck: Der 20. Jahrestag der DDR, gefeiert am 7. Oktober, nahte – spätestens da sollte Hermann Kants, des »DDR-Geschichtsschreibers« zweiter Roman, vorliegen. Am 28. August 1969 aber kam von der Hauptverwaltung erst einmal böse Post – sie schickte den Druckgenehmigungsantrag zurück: »... damit Sie in Absprache mit dem Autor die betreffenden Änderungen vornehmen können«.

In einer »Stellungnahme« des Verlages heißt es nun, das Buch sei »nicht selten ... anfechtbar in der politischen Aussage«. Tadelnd wird jetzt vermerkt: »Hermann Kant war von Anfang an nicht zu einer echten Zusammenarbeit mit dem Verlag bereit, er hat sich vielmehr vom Genossen Schlenstedt beraten lassen.«

Prof. Dieter Schlenstedt (Humboldt-Universität Berlin) war damals ein junger Berliner Literaturwissenschaftler. Die »Stellungnahme« erklärt, was es mit dem beanstandeten Hochzeitsfoto auf sich hat: »Die Bildaffäre bei der Bauernhochzeit ist jetzt anders gelöst ... Das Bild (also die Zerstörung des Scheunendaches) entsteht jetzt nicht mehr durch eine abgekommene sowjetische Granate, sondern die Gefahr entsteht durch ein Bündel westdeutscher Flugblätter, die mit Fesselballon in die DDR geflogen werden. Damit erhält die Episode eine völlig andere, positive Aussage.«

Wirklich kann man auf Seite 181 der Buchausgabe lesen, wie der Pastor die Brautleute, statt sie zu verheiraten, mit »Hinlegen!« anbrüllte, als ein Bündel »brüderlichen Schrifttums« ... »mit einer Sprengladung versehen – in das Scheunendach schlug«.

Ein anderer, immer wieder kritisierter Punkt war die

feierliche Aufnahme des Helden David Groth in die Partei. Die »Stellungnahme« sagt dazu: »Das Aufnahmegespräch ist durch zahlreiche Striche zwar weniger albern geworden, aber es fehlt ihm nach wie vor der tiefe Ernst (...) eines für den einzelnen und für die Partei so wichtigen Ereignisses wie die Aufnahme eines neuen Genossen.«

Kant hatte also nicht alle »Verbesserungsvorschläge« abgewehrt. Seiner Darstellung des Deutschlandtreffens der Jugend und Studenten von 1950 fügte er etwa eine halbe Seite hinzu, allerdings ist der Verlag mit der Zutat nicht zufrieden: »Sie fällt ... gegenüber den gestalteten Episoden von unerfreulichen Randerscheinungen des Jugendtreffens kaum ins Gewicht, und so kann hier nicht von einer wirksamen Verbesserung gesprochen werden.« Gestrichen sei hingegen der unerfreuliche Satz über das »Rednerland DDR«.

Abschließend befürchten die Verlagsvertreter, »daß die Verweigerung des Drucks zu einer unnötigen, aufgeregten Diskussion unter den Schriftstellern führen würde«. Der Ausweg: »Es käme darauf an, eine gründliche und klare Auseinandersetzung der Literaturkritik mit dem Buch zu organisieren.«

Eine handschriftliche Notiz ohne Datum teilt als Ergebnis eines neuerlichen Gesprächs mit dem Autor mit: »... stellt Möglichkeit des Schreibens in Frage ... Entweder erscheint in diesem Jahr oder überhaupt nicht. Bringt ihn in die Reihe Biermann, Heym. Gar nicht seine Absicht. Merkwürdig.«

Eine Aktennotiz von Fritz-Georg Voigt nennt neben alten auch neue Passagen, in denen Differenzen deutlich werden: »Die Unterhaltung mit der Gräfin Lehndorff (nicht ausreichende Widerlegung der Konvergenztheorie), die trotz der Veränderung noch immer karikaturistisch wirkende Szene der Parteiaufnahme, das Ehegespräch über Herrn Klassenkampf.«

Voigt schreibt am Ende: »Der Autor erkannte unsere Argumentation grundsätzlich nicht an und lehnte Veränderungen ab.«

»Gräfin Lehndorff«: gemeint ist Marion Gräfin Dönhoff von der Wochenzeitung ›Die Zeit‹. »Herr Klassenkampf«: So wird David Groth von seiner Frau Franziska genannt, wenn er ihr wieder einmal allzu gründlich politischen Nachhilfeunterricht erteilt hat.

Einen Tag später teilt Verleger Voigt seinem Autor Kant mit, man müsse das Gespräch über das »Impressum« fortsetzen: »Um dafür die Voraussetzung zu schaffen, werden wir Dir als Diskussionsgrundlage einige Vorschläge für redaktionelle Änderungen unterbreiten...«

Zwei Tage später, die Zeit drängt, schreibt Voigt an Bruno Haid, daß Kant Änderungen vorgenommen habe: »Der Name Hansi Nackele wurde abgeändert in Hansi Wackele.« Voigt reicht das Manuskript zum zweiten Mal mit der Bitte um Druckgenehmigung bei der Hauptverwaltung ein.

Am 8. August 1969 bekam Voigt Post von der Betriebsparteiorganisation (BPO) des Schriftstellerverbandes. In einem Brief fragte die Organisation, »welcher Art die Schwierigkeiten sind, die eine Druckgenehmigung und Herausgabe im Oktober dieses Jahres unmöglich machen«.

Kant hatte also nicht nur durch den »Forum«-Abdruck, sondern auch durch die hauseigene BPO, der er als Vizepräsident natürlich nahestand, den Druck seines Buches befördern lassen wollen.

Am 1. Oktober telegrafierte Fritz-Georg Voigt, Aufbau, an Otto F. Walter, Luchterhand: »Diskussion zwischen Autor und Verlag am Manuskript ›Impressum‹ noch nicht abgeschlossen. Daher kann noch kein Auslieferungstermin für das Buch genannt werden. Bitte Sie auch im Namen des Autors, am Messestand des Luchterhand Verlages in Frankfurt keine Werbung zu machen.«

Am 21. November 1969 – die Frankfurter Buchmesse war längst vorüber, der 20. Jahrestag der DDR war feierlich ohne Kants Roman begangen worden – verfaßte ein Ungenannter im Verlag Rütten und Loening noch einmal ein Gutachten. Es wiederholte das Bekannte, räumte ein, der Autor habe neue Passagen geschrieben, dennoch: »Versuche des Autors führten nicht... zu dem gewünschten Ergebnis... Die Kritik, die Persönlichkeit Groths sei nicht die eines Ministers der siebziger Jahre, besteht zu Recht«, die Gegenwarts-Handlungsebene zeige »Dürftigkeit und Dünnblütigkeit«, Kants Haltung bleibe »unscharf«. Am Ende des Gutachtens wird erkannt: »Die Ironie... ist... eine Methode,... die sich... als unzureichend oder unbrauchbar erweist, wo es gegolten hätte, auch mit den Mitteln der Kunst Leitbilder, Ideale, Einsichten und Überzeugungen zu formen oder zu festigen.«

Hermann Kants Roman »Das Impressum« erschien vier Jahre nach Abgabe des Manuskripts, im März 1972. 1971 hatte Honecker Ulbricht abgelöst.

Eher am Rande: Schon im März 1970, zwei Jahre vor Erscheinen, »besprachen« zwei Literaturkritiker aus der Bundesrepublik Kants Roman »Das Impressum«. Friedhelm Baukloh im NDR und Dieter Kraeter im »Rheinischen Merkur« verrissen den Roman, ohne das Buch je in Händen gehalten, geschweige denn gelesen zu haben. Soviel zur Härte des kalten Krieges, aus der Sicht der DDR: des »Klassenkampfes«.

Ganz am Rande: 1964 erschien im Aufbau-Verlag eine Anthologie mit Liebesgedichten, herausgegeben von Gisela Steineckert. Der letzte Satz eines Gutachtens zu diesem Manuskript formuliert in Kürze, wie das Idealbuch der DDR in den 60er Jahren auszusehen hatte: »Der vorliegende Band scheint mir ein reizvolles, gelungenes Experiment, dessen Herausgabe zu befürworten ist, denn das Intimste des menschlichen Zusammenlebens findet in ihm vielfältigen und optimistischen Ausdruck.«

Sieben Romane, erschienen in den rüderen Zeiten der Zensur in den 60er Jahren der DDR: Fritz Rudolf Fries muß 23 Jahre auf das Erscheinen seines Buches in seinem Land warten und erlebt, daß das Buch noch immer lesenswert ist – die Zensur als Prüfstand für literarische Qualität. Günter de Bruyn ändert seinen Text, und das Buch erscheint. Erwin Strittmatter ändert seinen Text nicht, und das Buch erscheint. Alfred Wellm ändert. Christa Wolf lehnt Änderungen ab, fügt aber ein neues Kapitel ein, Werner Bräunig resigniert, schreibt weiter, aber sein Roman und er werden Opfer der Zensur. Hermann Kant mobilisiert Verbündete, ändert und muß dennoch vier Jahre warten.

Auffallend ist, daß die Zensur durchweg bei wichtigen, bei literarisch und zeitgeschichtlich interessanten Büchern eingreift und daß diese Bücher von Autoren geschrieben werden, die wissen, »wie die Macht schmeckt« – zwei von ihnen durften sich immerhin zeitweise »Vizepräsident« nennen, einer »verdienter Lehrer des Volkes«, eine: Kandidatin des Zentralkomitees der SED. Die Verbreitung ihrer Erfahrungen, ihrer Erkenntnisse sollte unterbunden werden.

Die Teilnehmer des sechsten Schriftstellerkongresses formulierten 1969 im Schlußprotokoll: »Unsere Probleme sind Probleme des Sieges.« Der Preis für diesen Sieg war hoch. Wo Verlagslektoren als Vorzensoren fungierten, wo Gutachter nicht ihrem Urteil, sondern der »Linie« folgten, wo Literaturkritiker das Publikum vor »Mißverständnissen« bewahren mußten, weil die Wirklichkeit der Literatur dem idealisierten Bild der Realität nicht standhielt – da entfremdeten sich Autoren den Zielen der Kulturpolitik, denen sie sich mit ihren Büchern hatten nähern wollen.

Denn außer Fritz Rudolf Fries, dem die DDR-Kulturpolitik, als er »Oobliadooh« schreibt, eher gleichgültig ist, wollten ja diese Autoren – de Bruyn, Strittmatter, Wellm, Wolf, Bräunig, Kant – mithelfen am Aufbau des Sozialismus, so, wie auch Gutachter, Lektoren, Cheflektoren, Verlagschefs, Angestellte der Hauptverwaltung, stellvertretende und richtige Kulturminister meinten, mit ihren Gutachten, Stellungnahmen, Notizen, Einschätzungen, Briefen, Telegrammen, Gesprächen bauten sie mit am idealen Staat.

Welche Enttäuschungen – auf beiden Seiten. Enttäuschungen, aus denen beide Seiten nur mühsam lernten, weil eine Alternative ausschließlich jenseits des »Schutzwalls« der Mauer realisierbar zu sein schien und daher für sie irreal war.

Wie sähen die Biographien und die Bibliographien dieser sieben Romanautoren aus, hätten sie nicht so früh – fast immer wurden ihre ersten oder zweiten Romane so hart zensiert – erfahren, daß nicht zulässig ist, daß falsch war, was sie wollten? Ob man nun änderte, hinzufügte oder sich weigerte, ob man sich der Zensur widersetzen konnte oder ihr Opfer wurde – immer war Lähmung das Ergebnis des Zusammenstoßes.

Erst in den 70er und 80er Jahren urteilten die Autoren, Autonomie gewinnend, härter, die Zensoren, die »Linie« verlierend, weicher. Früher oder später (meist später, sagten die Autoren der 60er Jahre) bewirkt Zensur ihr Ende. Aber wehe denen, Nachsicht denen, die der Zensur früh begegnen.

Nur dank der Freundlichkeit und der Hilfsbereitschaft der Damen und Herren des Archivs im Aufbau-Verlag Berlin konnte dieser Aufsatz entstehen. Alle nicht näher bezeichneten Zitate sind Texten der dort lagernden Autorenmappen entnommen.

Drohgebärden

Das Büro für Urheberrechte
als Vollstreckungsgehilfe der Zensur
Dokumente

Zum Vorgehen in der Angelegenheit der Anthologie »Leila Anastasia«, Hrsg.: Elke Erb, im Verlag Kiepenheuer & Witsch, Köln[1]

Bei der Anthologie »Leila Anastasia« handelt es sich um Erstveröffentlichungen von über zwanzig jüngeren Autoren der DDR zusammen mit weiteren Autoren, die inzwischen in die BRD übergesiedelt sind. Das Manuskript befindet sich bei Kiepenheuer & Witsch, Köln, Herausgeberin ist Elke Erb.

Das Manuskript enthält Texte, in denen die Positionen des »Außenseiters« bzw. des »Aussteigers« aus unserer sozialistischen Gesellschaft zur Schau gestellt werden. Es wird ein Lebensgefühl artikuliert, in dem resignative und nihilistische Züge vorherrschen, Elegisches und Bitteres, Gefühle des Eingesperrtseins kommen zum Ausdruck, Selbstmord und Tod sind bevorzugte Motive.

Das Manuskript kommt aus diesem wie auch aus Gründen der Autorenzusammensetzung für eine Veröffentlichung in einem Verlag der DDR nicht in Frage.

Dies wurde der Herausgeberin Elke Erb vom Direktor des Aufbau-Verlages, dem das Manuskript vorgelegen hat, in mehreren Gesprächen nachdrücklich gesagt; ebenso wurde sie aufgefordert, ihre Aktivitäten zur Veröffentlichung dieser Anthologie in der BRD, die gegen die gesetzlichen Bestimmungen der DDR verstoßen, einzustellen.

Elke Erb wurde ebenfalls durch Belehrungen im Büro für Urheberrechte sowie im Schriftstellerverband darauf hingewiesen, daß ihre Herausgebertätigkeit für Kiepenheuer & Witsch gegen die Wahrnehmungsanordnung gemäß § 2 verstößt und eine Verletzung des § 219, Abs. 2, Ziffer 2 des StGB bedeutet. Auch danach war

Elke Erb nicht bereit, die Anthologie von Kiepenheuer & Witsch zurückzuverlangen und eine Herausgabe zu untersagen.

Da sich Elke Erb darauf berief, von den Anthologie-Autoren die Rechte der Veröffentlichung und der weiteren Nutzung erhalten zu haben, wurde diese Aussage überprüft. Die bisherigen Recherchen bei den einzelnen Autoren ergaben, daß dies für mehrere Autoren nicht zutreffend ist.

Das gilt sowohl für die Übertragung der Autorenrechte an die Herausgeberin als auch an den Verlag; ferner bestehen Unklarheiten über die Gesamtkonzeption und über die finanziellen Regelungen, die Autoren sind z. T. nicht informiert über die gesetzlichen Bestimmungen bei einer Vergabe ins Ausland und bei Nichteinhaltung daraus resultierender politischer und persönlicher Konsequenzen.

Zum gegenwärtigen Stand des Vorgehens gegen die Veröffentlichung der Anthologie »Leila Anastasia« im Verlag Kiepenheuer & Witsch:

1. Genosse Elmar Faber, Direktor des Aufbau-Verlages, hat mit der Leitung des Verlages Kiepenheuer & Witsch Verhandlungen geführt mit dem Ziel, die Veröffentlichung der Anthologie zu unterbinden. Genosse Faber erklärte den Vertretern des Verlags, daß durch eine Herausgabe dieses Titels die Beziehungen zwischen Kiepenheuer & Witsch und dem Aufbau-Verlag außerordentlich belastet würden wie auch die Herausgabe insgesamt als unfreundlicher Akt gegenüber der DDR angesehen werden müßte. Es wurden die nicht vorhandenen rechtlichen Voraussetzungen für die Herausgabe des Titels besprochen wie auch andere ähnliche Aktivitäten des Verlages Kiepenheuer & Witsch zur tendenziösen Verzerrung zeitgenössischer DDR-Literatur. Im einzelnen wurde erklärt, daß sich der Autor Thomas Böhme an der Anthologie in der jetzigen Form nicht beteiligt.

Als erstes Ergebnis dieses Gesprächs schien erreicht worden zu sein, daß die Aufnahme der Anthologie in die Werbekataloge rückgängig gemacht wird und der Erscheinungstermin (im Frühjahrsprogramm von Kiepenheuer & Witsch vorgesehen) vertagt wurde. Um eine akzeptierbare Anthologie zu erhalten, wobei – das wurde von Genosse Faber im Gespräch angedeutet – der Aufbau-Verlag

Unterstützung geben könnte, wurden folgende Voraussetzungen zur Sprache gebracht:

- Verzicht auf alle Autoren, die die DDR inzwischen verlassen haben
- Aussonderung literarisch belangloser und absolut unfertiger Texte
- Aufnahme neuer Autoren, deren Texte die Konzeption und Gesamtaussage der Anthologie verändern.

Um solche Gesichtspunkte zur Herausgabe der Anthologie, die bereits Gegenstand des geführten Gespräches waren, weiter zu beraten, wurde vom Genossen Faber eine Zusammenkunft mit dem Vertreter von Kiepenheuer & Witsch, Dr. Reinhold Neven DuMont, für Anfang des Jahres 1985 in Berlin vereinbart.

Angesichts der von Kiepenheuer & Witsch zunächst gezeigten Gesprächsbereitschaft schien es sich eventuell zu erübrigen, Maßnahmen zur Einschränkung oder Unterbindung der verlegerischen Zusammenarbeit von DDR-Verlagen mit Kiepenheuer & Witsch zu ergreifen.

Obwohl selbst ein zeitweiliger Abbruch der verlegerischen Beziehungen zu Kiepenheuer & Witsch Konsequenzen auch zum Nachteil unserer Editionspolitik hätte, wird dieser Schritt nun aber unumgänglich, da ein Telefongespräch am 20. 12. 1984 zwischen Genossen Elmar Faber und dem Geschäftsführer von Kiepenheuer & Witsch, Bien ergab, daß Dr. Neven DuMont in der Zwischenzeit mehrfach mit der Herausgeberin Elke Erb telefoniert hat und – sich über die mit dem Direktor des Aufbau-Verlages getroffenen Abmachungen hinwegsetzend – die Anthologie nunmehr doch in der vorliegenden Fassung ankündigen will.

Vorbehaltlich des Ergebnisses des Berliner Gesprächs vom Genossen Faber mit Neven DuMont sind Maßnahmen der Unterbrechung der verlegerischen Beziehungen zwischen Verlagen der DDR und Kiepenheuer & Witsch einzuleiten. Das wäre im Laufe des Jahres 1985 zu vollziehen.

Das bedeutet:

a) Die vom Verlag Volk und Welt fälligen Zahlungen an Kiepenheuer & Witsch für 1984 erschienene Lizenzausgaben (Montherlant, Bellow, Marques) werden ordnungsgemäß abgewickelt.

Ebenso werden die Restsummen für 1985 vorgesehene Editionen von Salinger und Brink an Kiepenheuer & Witsch gezahlt.

Die für 1986 vorgesehene Edition (Wright[2]) wird nicht realisiert. Dementsprechende Absprachen, die noch nicht vertraglich fixiert sind, werden rückgängig gemacht.

Neue Linzenznahmen werden für 1986 nicht vereinbart.

b) Die vom Aufbau-Verlag dem Verlag Kiepenheuer & Witsch angebotene Lizenz einer Ausgabe von E. E. Kisch »Landung in Australien« (anläßlich des Kisch-Jubiläums 1985) wird rückgängig gemacht. Der Ausfall an Valuta-Einnahmen beträgt ca. 15 000 Mark. Es ist anzustreben, einen anderen BRD-Verlag für die Übernahme einer Kisch-Mitdruckauflage zu gewinnen.

c) Der Verlag Neues Leben wird die für 1985 bzw. 1986 vorgesehenen Publikationen von Günter Wallraff (Reportagen über die Bild-Zeitung, »Der Aufmacher«, »Zeugen der Anklage«) absetzen. Die Rechte dafür liegen bei Kiepenheuer & Witsch. Vertragsverhandlungen mit dem Verlag haben noch nicht stattgefunden. Es muß ein Weg gefunden werden, die entsprechenden Absprachen mit Günter Wallraff über Pahl-Rugenstein (die mit dem ZK abgestimmt waren) zu modifizieren.

Ferner wird der Verlag Neues Leben sein Angebot an Kiepenheuer & Witsch zur Vergabe der Bearbeitungs- und Übersetzungsrechte für 10 Titel von Jack London zurückziehen.

Die ausfallende Valutasumme beläuft sich auf ca. 20 000,– Mark. Es sollte versucht werden, mit einem anderen BRD-Verlag Verhandlungen zu Jack London aufzunehmen.

d) Vom Henschelverlag sind Verhandlungen mit Kiepenheuer & Witsch zum Mitdruck von 6000 bzw. 7000 Exemplaren der Werkausgabe Klabund und von 2000 bis 4000 Exemplaren des Buches »Clownsnummern« von Tristan Remy geführt worden. Diese Verhandlungen sind abzubrechen.

Die ausfallenden Valuta-Einnahmen betragen ca. 60 000 Mark. Der Henschelverlag wird versuchen, für diese Publikationen einen anderen BRD-Verlag als Mitdruckpartner zu gewinnen.

e) Kiepenheuer & Witsch ist Lizenzträger namhafter humanistischer sowie progressiver lateinamerikanischer Autoren (Böll, Roth, Remarque, Marquez). Diese Lizenzvergaben an Verlage der

DDR erfolgen größtenteils unter für uns relativ günstigen Bedingungen. Die Verlage der DDR werden in den Jahren 1985 und 1986 keine Lizenzen von Kiepenheuer & Witsch übernehmen.

f) Das Büro für Urheberrechte der DDR ist angewiesen, vertragliche Abmachungen mit dem Verlag Kiepenheuer & Witsch unter den genannten Gesichtspunkten zu kontrollieren bzw. zu unterbinden. Das betrifft z. B. auch die beim BfU vorliegenden Verträge, die Kiepenheuer & Witsch zur Herausgabe der Klassiker-Reihe (als Herausgeber sind Christa und Gerhard Wolf und Hermann Kant benannt) übersandt hat.

2. Mit der Herausgeberin der Anthologie, Elke Erb, ist aufgrund der sich durch die Verhandlungen mit Kiepenheuer & Witsch zunächst andeutenden Möglichkeiten zur Herausgabe der Anthologie »Leila Anastasia« nochmals gesprochen worden. Dabei hat sie sich zum Angebot einer veränderten Fassung der Anthologie eindeutig ablehnend geäußert.

Deswegen sind entsprechende Maßnahmen einzuleiten.

a) Da das Verhalten von Elke Erb gegen das Statut des Schriftstellerverbandes der DDR, dessen Mitglied sie ist, verstößt, kann davon ausgegangen werden, daß der vom Vorstand des Schriftstellerverbandes der Berliner Bezirksorganisation sowie vom Sekretariat des zentralen Vorstandes erwogene Ausschluß von Elke Erb nunmehr eingeleitet wird.

b) Manuskripte von als Leseproben angebotenen eigenen Texten, die Elke Erb dem Aufbau-Verlag vorgelegt hat, sind der Autorin kommentarlos zurückzusenden. Eine Publikation auch in einem anderen DDR-Verlag kommt nicht in Frage.

c) Die juristischen Mittel, die zur Anwendung kommen können, reichen von der Eröffnung eines Verfahrens wegen Verstoßes gegen die Wahrnehmungsanordnung bis zur Einleitung eines Ermittlungsverfahrens zur Feststellung von Verstößen gegen den § 219 des StGB der DDR.

Über die Wirksamkeit sowie Zweckmäßigkeit oder Unzweckmäßigkeit der Anwendung dieser juristischen Mittel sollte unter Abwägung von politischen Aspekten entschieden werden.

3. Es ist angebracht, die begonnenen Einzelgespräche mit den in der Anthologie vertretenen Autoren weiterzuführen mit dem

Ziel, wenigstens einige von ihnen von einer gegen die Gesetze und die Interessen der DDR verstoßenden Publikationen [!] außerhalb der DDR abzubringen. Dabei ist so zu verfahren, daß die Gespräche nicht zu einem unbeabsichtigten Solidarisierungseffekt der Autoren untereinander führen. Eine solche Wirkung ist bereits eingetreten insofern, als Peter Brasch, einer der ersten aufgesuchten Autoren, sich nachträglich zum Anliegen der Herausgeberin bekennt. Dies berücksichtigend, müssen die Gespräche mit den in der Anthologie vertretenen Autoren – differenziert nach Talent und Qualität der vorgelegten Arbeiten – verstärkt geführt werden.

Anmerkungen

1 Unsignierte 6seitige Typoskriptkopie aus der die Anthologie betreffenden Akte des Büros für Urheberrechte (BfU). Das Strategiepapier wurde vermutlich in der Hauptverwaltung Verlage und Buchhandel verfaßt. Datiert: 7. 1. 1985.
Die Anthologie erschien 1985 bei Kiepenheuer & Witsch unter dem Titel »Berührung ist nur eine Randerscheinung«, herausgegeben von Sascha Anderson und Elke Erb.

2 Richard Wright: Black Boy. Bericht einer Kindheit und Jugend, Kiepenheuer & Witsch 1978.

Notiz zu beabsichtigten und geführten Gesprächen mit Autoren von Beiträgen in dem Anthologie-Manuskript »Leila Anastasia« (Herausgeberin Elke Erb) am 13. 11. 1984

Die Gespräche wurden seitens des BfU geführt von

Dr. F. Müller, Justitiar und
K. Zydoreck, Leiter des AB Autoren.

Ziele der Gespräche, die initiativ vom BfU in den Wohnungen der Autoren geführt werden sollten, waren

- das Hinweisen der Autoren auf den Umstand, daß das Manuskript der Anthologie – und somit die einzelnen Beiträge – in rechtswidriger Weise von der Herausgeberin an den BRD-Verlag Kiepenheuer und Witsch gegeben worden sind;
- das Vermitteln des Tatbestands an die Autoren, daß sie – wenngleich bisher möglicherweise in Unkenntnis oder Gutgläubigkeit – durch Überlassen der Rechte an die Herausgeberin an dieser Rechtswidrigkeit beteiligt sind;
- das Anregen von eigenen Schlußfolgerungen für die Autoren hinsichtlich ihres persönlichen Verhaltens gegenüber der bestehenden Rechtswidrigkeit;
- das Angebot des BfU zu beratenden Gesprächen mit den Autoren in dieser Angelegenheit über den Zeitpunkt des Besuches hinaus und somit
- das Einwirken auf die Autoren, angesichts der rechtswidrigen Handlungsweise der Herausgeberin vom weiteren Mitwirken an der Anthologie Abstand zu nehmen.

Es herrschte bei den Gesprächssuchenden Klarheit darüber, daß es sich bei den Besuchen im Prinzip nur um die *Eröffnung* von Gesprächen handeln kann, die je nach Reaktion der Autoren in noch zu bestimmender Form fortgesetzt werden können, nachdem die Ergebnisse analysiert worden sind.

1. *Stefan Döring,* (angeblich) 1058 Berlin, Greifenhagener Str. 52
Die Wohnung des D. war dort nicht auffindbar; ein befragter Bewohner des Hauses kannte D. nicht. Eine Wohnung war als bisherige Wohnung des dort inzwischen geräumten Mitautors der Anthologie Detlef Opitz erkennbar, der als Telefon-Nr., über die er vom 15. bis 23. 10. d.J. erreichbar war, 2819048 angegeben hatte.
Der unter 3. aufgeführte R. Manske erklärte, Döring wohne jetzt »bei einer Schauspielerin in Mitte. Sehr schöne Wohnung.«

2. *Peter Brasch,* 1055 Berlin, Choriner Str. 36
In der mit diesem Namen gekennzeichneten Wohnung wurde niemand angetroffen. Es wurde eine Karte des BfU durch den Briefkastenschlitz der Wohnungstür mit der Bitte gesteckt, das BfU (die Telefon-Nr. 226 bzw. 262) in dringender Angelegenheit umgehend anzurufen.

3. *Roland Manske,* 1055 Berlin, Immanuelkirchstraße 26
M. wurde von uns auf dem Hof angetroffen, gab sich als der Gesuchte zu erkennen, reagierte völlig normal und bat uns in seine Wohnung, deren Hauptinventar Bücher sind. Zum Anliegen angesprochen, kann seine erste Stellungnahme wie folgt zusammengefaßt werden:
- Unser Ausweisen als Mitarbeiter des BfU kommentierte er mit der fragenden Bemerkung: »Also noch nicht die Staatssicherheit?«
- Er betrachte sich als unabhängig und als jemand, der glaubt, den Menschen (als Schriftsteller) etwas geben zu können.
- Wichtig sei für ihn, daß er gedruckt werde, aber nicht die rechtlichen Umstände, unter denen das z.B. mit der Anthologie geschehe. Über die rechtliche Seite habe er sich keine Gedanken gemacht. Er betrachte es (ohne Ironie!) als rührend, wie man sich um ihn in dieser Beziehung Gedanken mache.
- Die Rechte habe er E. Erb übertragen in dem Bewußtsein, daß sie als ausgewiesene Autorin das Richtige damit tun würde, wobei ihn die juristischen Formalitäten einer Rechteübertragung wenig interessierten.
- Was das rechtmäßige Handeln betreffe, so habe Lutz Rathenow seit langem bewiesen, daß es auch ohne das gehe. »Rathenow lebt gut davon. Für sich.«

– Er habe Manuskripte für 2 Kinderbücher, die vom Kinderbuchverlag sowie vom Altberliner Verlag abgelehnt worden seien. Ob er sich jetzt damit direkt an den Westen wenden könne. Dies sei ein Beispiel dafür, daß bei uns kaum Möglichkeit bestünde, gedruckt zu werden.

Diese Frage wurde mit dem dringenden Ratschlag beantwortet, sich unbedingt in allen Angelegenheiten dieser Art erst an das BfU zu wenden, das ihn nach Prüfung aller Umstände entsprechend beraten würde.

Unsere Bitte, auf der am Abend in der Gethsemane-Kirche stattfindenden Dichterlesung von Lutz Rathenow und Gabriele Eckart sicher auch anwesende Mitautoren der Anthologie, die wir nicht erreichen konnten, in unserem Namen zu bitten, sich in ihrem Interesse an das BfU zu wenden, lehnte er ab mit dem Bemerken, er betrachte sich als unabhängig, stehe für sich ein, würde sich aber nicht für andere verwenden.

Er betonte mehrfach, daß er uns ernst nähme in unseren Bemühungen, aber einen anderen Standpunkt als wir habe.

Unsere Karte mit den Telefon-Nummern nahm er an und machte den Eindruck, daß er über die Angelegenheit nachdenken werde.

Sein Auftreten erschien uns korrekt und bis auf die Eingangsbemerkung nicht provozierend.

4. *Rüdiger Rosenthal,* 1055 Berlin, Heinrich-Roller-Str. 23
Die Wohnung war ausgewiesen, jedoch meldete sich niemand. Wir verfuhren mit der Karte wie bei P. Brasch.

5. *Bert Papenfuß,* 1034 Berlin, Kochhannstr. 26
In der Wohnung trafen wir nur die Ehefrau des P. (mit Kind) an. Sie bat uns in die Wohnung. Ihr Mann hatte vor einer halben Stunde die Wohnung verlassen.

Wir erläuterten Frau P. unser Anliegen mit der Bitte, es ihrem Mann zu übermitteln, der uns über die Telefonnummern der ihr übergebenen Karte erreichen könne.

Frau P. machte den Eindruck, daß sie über das von uns Gesagte nachdenklich wurde.

Beim Hinausgehen fragte sie, woher wir die Adresse hätten. Wir bezogen uns auf den Aufbau-Verlag, der ja das Manuskript geprüft habe. Dies quittierte sie mit der Bemerkung: »Ja, das stimmt, dort ist ja der Herr Trommer Lektor meines Mannes.«

6. *Thomas Günther,* 1035 Berlin, Wühlischstr. 5
Th. G. trafen wir mit Frau und Kleinkind an. Er bat uns (in normaler Reaktion) in die Wohnung. Das Gespräch wurde in Anwesenheit seiner Frau geführt, die er zu bleiben bat. Zu unserem Anliegen bemerkte er:

- Das von uns Vorgebrachte sei ihm bei der Übergabe des Manuskriptes an Frau Erb »nicht bewußt« gewesen.
- Frau Erb habe er seit einem halben bis dreiviertel Jahr nicht mehr gesehen und demzufolge wisse er nichts über den neuen Stand der Angelegenheit.
- Zu den Problemen der Devisenordnung bemerkte er: »Hier gibts doch kein Geld.«
- Daß er sich bemühe, auch hier gedruckt zu werden, zeigten seine Manuskripte, die sich bei den Verlagen Neues Leben, Union sowie beim Aufbau-Verlag befänden.

Ausgehend davon verdeutlichten wir ihm, daß die künftige Haltung dieser Verlage zu ihm als Autor sicher nicht ganz losgelöst davon gesehen werden könne, wie er sich in deutlich gemachter Rechtswidrigkeit verhält.
G. bemerkte, daß er sich in Angelegenheiten des BfU etwas auskenne aufgrund seiner familiären Herkunft (Vater Egon Günther). Wir hinterließen unsere Karte mit der Aufforderung, alles reiflich zu überdenken und dann mit uns in Verbindung zu treten. Bei ihm hatten wir am stärksten den Eindruck, daß er von unserem Angebot Gebrauch machen könnte.

Berlin, den 14. 11. 1984 Dr. Müller

Fortsetzung der Notiz vom 13. 11. 1984
Gespräche mit Autoren der Anthologie »Leila Anastasia«
am 15. 11. 84

1. *Uwe Kolbe,* 1058 Berlin, Schliemannstr. 9
K. bat uns in normaler Reaktion in die Wohnung und bot uns Kaffee an; er machte einen aufgeschlossenen und unbefangenen Eindruck, auch hinsichtlich der von ihm gemachten Äußerungen, die ohne jeglichen provozierenden Unterton blieben.
Zur Vergabe des Manuskripts der Anthologie an Kiepenheuer und Witsch habe er nichts Konkretes gewußt. Die Übertragung

seiner Rechte daran sei nicht schriftlich erfolgt, zu finanziellen Angelegenheiten sei nie etwas besprochen worden.
Zu E. Erb habe er längere Zeit keinen Kontakt gehabt, er habe jedoch in der letzten Zeit gehört, daß wegen der Anthologie im Büro für Urheberrechte etwas im Gange sei.
In bezug auf seine Haltung zur Anthologie ging er von der seinerzeit durch die AdK geplante Anthologie junger Schriftsteller der DDR aus (unseres Wissens durch Fr. Fühmann projektiert). Damals habe es schon eine »Kriminalisierung der Sache nur anhand von Namen der Beteiligten gegeben – nicht dem Inhalt nach«. Deshalb unterstütze er das Anliegen der jetzigen Anthologie, deren Wert er in der Gesamtanlage und besonders (er brachte das eigene Beispiel) darin sehe, daß die Poetologie jedes Autors durch die Herausgeberin dargestellt werde.
K. zeigte Verständnis für die von uns dargestellten rechtlichen Aspekte der Angelegenheit und äußerte die Bereitschaft, diese zu überdenken und zeigte sich geneigt, dazu mit uns im Gespräch zu bleiben.
Da er den Gesamtinhalt der Anthologie nicht kenne und auch nicht die Gesamtzusammenstellung der Autoren, wolle er sich durch Kontakt mit E. Erb einen Überblick verschaffen. Unsere Karte und das Angebot für weitere Gespräche nahm er an.

2. *Thomas Roesler,* 1035 Berlin, Schreinerstr. 5
R. bat uns in normaler Reaktion in die Wohnung.
Zur Sache bemerkte er, daß er zwar nicht hundertprozentig von der Vergabe der Anthologie an Kiepenheuer und Witsch wußte, ihm das aber klar gewesen sei. Auch bei ihm existiert keine fixierte Form der Übertragung von Rechten.
R. hatte »vor fünf Tagen gehört, daß die Anthologie vom BfU verboten worden« sei.
Von den übrigen Beiträgen habe er keine Kenntnis.
Zusammengefaßt führte er aus:
– Sie habe deshalb für ihn großen Wert, da es bei uns keine Veröffentlichungsmöglichkeiten gäbe. Vor einigen Jahren sei er noch gegen eine solche Form gewesen. Jetzt sei er dafür,

obwohl er auch wisse, daß man drüben u. a. auch politisch manipuliert werde.

– Für seine eigene Arbeit dafür – ein Stück, das sowohl senkrecht als auch waagerecht gelesen werden könne und für ihn »durchgestanden« sei – gäbe es hier keine Veröffentlichungschancen, das sähe er auch ein.
– Wichtig und richtig sei für ihn die theoretische Konzeption der Anthologie, die zeige, was »an untergründiger Substanz, an potenter Substanz« literarisch vorhanden sei, die in dieser Zusammenstellung durch E. Erb sichtbar gemacht werde.

R. erkundigte sich nach den »möglichen Konsequenzen für Herausgeberin und Autor«, die ihm erläutert wurden.
Im Gespräch bemerkte er, daß die Anthologie ja nun nicht in diesem Herbst mehr, sondern erst »im nächsten Frühjahr« erscheinen solle, »da ist ja auch eine Buchmesse«.
R. nahm unsere Karte und das Angebot auf Gesprächsfortsetzung an.

Dr. Müller K. Zydoreck

Büro für Urheberrechte Berlin, den 15. 2. 1985

Zusammenfassung der Gesprächsergebnisse mit Autoren der von E. Erb zur Herausgabe bei Kiepenheuer und Witsch vorgesehenen Anthologie »Leila Anastasia«

In Ergänzung der zu dieser Problematik im November 1984 von uns geführten Gespräche mit Roland Manske, Thomas Günther, Uwe Kolbe, Thomas Roeseler und Peter Brasch sowie des durch den Direktor des Aufbau-Verlages geführten Gespräches mit Thomas Böhme wurden mit Schreiben vom 18. 1. 85 die folgenden an der Anthologie beteiligten Autoren zu einem Gespräch in das BfU eingeladen:

1. Rainer Schedlinski
2. Roland Manske
3. Uwe Kolbe
4. Peter Brasch
5. Uwe Hübner
6. Bert Papenfuß
7. Fritz Hendrik Melle
8. Thomas Günther
9. Michael Wüstefeld
10. Sascha Anderson
11. Thomas Roeseler
12. Kornelia Schleime
13. Rüdiger Rosenthal
14. Leonhard Lorek

Die Eingeladenen zu 1. bis 7. erschienen zu einem Gespräch im BfU. Die Autoren 8. und 9. reagierten schriftlich und erklärten, keine Notwendigkeit für ein Gespräch zu sehen. 10. und 11. lehnten ein Gespräch im BfU telefonisch ab. Die Schreiben an 12. und 13. sowie 14. wurden als nicht zustellbar bzw. wegen Überschreitung der Aufbewahrungsfrist durch die Post zurückgesandt.

Dem BfU sind die Adressen folgender Autoren nicht bekannt:

- Detlef Opitz (Berlin)
- Stefan Döring (Berlin)

- Bernd Igel (außerhalb)
- Lothar Fiedler (außerhalb)
- Gabriele Kachold (außerhalb)

Zu den sieben geführten Gesprächen sind jeweils zusammenfassende Positionen beigefügt.

Die Gespräche mit Bert Papenfuß und Fritz Hendrik Melle reduzierten sich von ihnen aus auf die Rechtsfragen und die damit verbundenen Konsequenzen, da sich beide zwar interessiert daran zeigten, ihre Arbeiten in der DDR veröffentlicht zu sehen, aber zum Ausdruck brachten, daß es ihr Ziel sei, auszureisen.

Aus den Briefen von Thomas Günther und Michael Wüstefeld läßt sich erkennen, daß ihr Standpunkt zur Rechteübertragung an die Herausgeberin verhärtet ist und daß sie gegenwärtig keine Gesprächsbereitschaft zeigen.

Die Telefonate mit Sascha Anderson und Thomas Roeseler wurden von beiden in recht aggressivem Ton geführt, so daß eine deutliche Abneigung zu Gesprächen spürbar war.

Erklärtes Ziel der Gespräche war es, die Autoren aus urheberrechtlicher Sicht ausdrücklich auf die Rechtswidrigkeit ihres *eigenen* Verhaltens hinzuweisen, wenn sie die Veröffentlichungsrechte an ihren Beiträgen für diesen konkreten Fall der nicht genehmigten Herausgabe bei Kiepenheuer und Witsch übertragen haben bzw. nicht zurücknehmen. Weiterhin wurden die Autoren in den Gesprächen auf die Konsequenzen aufmerksam gemacht, die sich aus dieser Rechtswidrigkeit sowohl aus urheberrechtlicher Sicht (Verstoß gegen die Wahrungsanordnung) als auch darüber hinaus (d. h. in bezug auf ihre Beziehungen zu DDR-Verlagen) ergeben können.

Aus der Sicht des Büros ergeben sich anhand der geführten Gespräche folgende Erkenntnisse bzw. Problemstellungen:

- Es scheint sich bei den an der Anthologie beteiligten Autoren weder literarisch-ästhetisch oder von ihren Poetologien her noch politisch-ideologisch um eine homogene Gruppe zu handeln.
- Deutlich abgelehnt von den Gesprächspartnern 1. bis 5. werden, sowohl aus literarischer Sicht als auch in bezug auf deren persönliche Haltung zu ihnen, sowohl L. Rathenow als auch S. Anderson.

Von Manske, Brasch und Schedlinski wird Rathenows kommerzialisiertes Vertreiben von Literatur im Westen als wesentlicher Zweck des Machens von Literatur betrachtet und als solcher auch verurteilt.
S. Anderson ist für Hübner »eine dubiose Person, mit der ich nichts zu tun haben möchte«.
Rathenow und Anderson scheinen neben E. Erb aber auch die entschiedensten Betreiber der Anthologie zu sein. Hübner bedauert in bezug auf Anderson geradezu diesen Umstand.
Rathenow wurde direkt und indirekt in den meisten der Gespräche immer wieder als »Alibi« für eigenes Verstoßen gegen Ordnungen zur Vergabe urheberrechtlicher Nutzungsbefugnisse angeführt. Ein des weiteren öfter gebrauchtes »Argument« zur Verteidigung der eigenen Position ist der Umstand, daß es für die Beteiligten an solchen bei westlichen Verlagen erschienenen Anthologien wie »VEB Nachwuchs – Jugend in der DDR« und »Nullbock auf DDR« auch keinerlei Konsequenzen gegeben habe.

– Es zeigte sich, daß es für das BfU neben der Behandlung urheberrechtlicher Probleme in solchen Gesprächen nur einen begrenzten Rahmen für das Eingehen auf literarisch-ästhetische, literatur- und verlagspolitische, autorenpolitische und damit zusammenhängende Fragen gibt.
So konnte z. B. keine Erklärung für die Fragen gegeben werden, die mit dem Umstand zusammenhängen, daß es mit keinem der beteiligten Autoren bisher Gespräche zu dieser Anthologie mit dem Aufbau-Verlag, Vertretern des Kulturministeriums oder anderen kompetenten Vertretern der Kultur- und Literaturpolitik der DDR gab. Diese beträfen auch die von den Gesprächspartnern gesuchte Zusammenarbeit mit Verlagen der DDR oder den Zeitschriften »Sinn und Form« und »NDL« oder »Poesiealbum« u. ä. Auch aus der Tatsache, daß für sie (von Ausnahmen für U. Kolbe und ganz wenigen Sachen für den einen oder anderen abgesehen) überhaupt keine Erprobungsmöglichkeit bestehe, seien sie auf solche Publikationsmöglichkeiten wie durch eine solche Anthologie angewiesen.
– Das Kernproblem scheint in der Haltung der Herausgeberin zu

liegen, der sich die von uns angesprochenen Autoren verpflichtet fühlen.
Sie vermag, durch die Aussicht auf die Erfüllung der individuellen Wünsche, publiziert zu werden, die ansonsten sehr unterschiedlich gearteten Interessen der einzelnen zu vereinen.

- Überlegt werden sollte, ob die durch das BfU mit den Autoren geführten Gespräche den Boden für weitere Gespräche mit einigen von ihnen auf anderer Ebene vorbereitet haben. Dies müßte eine solche Ebene sein, auf der über alternative Möglichkeiten für die in der DDR lebenden Autoren im einzelnen wie auch über eine Alternative zur Anthologie in ihrer jetzigen Form kompetent gesprochen werden könnte.

Karl Adolf
Direktor

Gert Neumann
Gespräch und Widerstand
Das nabeloonische Chaos

Die Frage nach dem, was Zensur und Verfolgung des Sprechens eigentlich weiß, ist für das Begehren nach Sprechen von Bedeutung. Das Begehren nach Sprechen interessiert die Antwort auf diese Frage; die mit dem allein erbrachten Beweis über das Stattfinden von Zensur, methodisch, nicht zu geben ist. Der Beweis verlagert das Thema dorthin, wo sich der Begriff des Sprechens gar nicht aufhalten darf: so, daß das vom Beweis bedrängte Begehren nach Sprechen durch diese Methode der Verständigung über den Gegenstand des Sprechens hindurch, alle bis hier zustandegekommenen Übereinkünfte in diesen Angelegenheiten verblüffend, seine Schneise schlägt. Es kommt zu dem Schluß, daß das einst Verfolgte und Zensierte im Grunde froh sein müsse, solch einen hohen Grad der Aufmerksamkeit durch die Zensur erfahren zu haben.

Die Antwort auf die Frage, was Zensur eigentlich weiß, ist für das Begehren nach Sprechen von Bedeutung. Solch einen Behauptungssatz mit dem Begehren nach Sprechen des Lesens... zusammenzuführen, heißt anscheinend, ein Thema zu eröffnen, das unter der verbalen Anwesenheit dieses Behauptungssatzes nicht zwingend als abwesend vermutet werden darf. Auch jenseits dieses Satzes kann gesetzt sein, daß alle seine Bezüge gerade im Schweigen dieses Satzes in genauer Vollkommenheit leben. Die Linie, die den folgenden Text ermöglicht, ohne das Interesse des Lesens an den Fragen des Sprechens festschreiben zu wollen, beginnt wahrscheinlich, wenn der erscheinende Text konsequent jenes ihn drängende aber vermeidet, das sich zu seiner Gestaltung anbietet. Sein Raum wäre unter diesem aber (»Auch jenseits dieses Satzes kann gesetzt sein, daß alle seine Bezüge gerade im Schweigen dieses Satzes in genauer Vollkommenheit leben. Aber der verbale Zwang, der mit den Tatsachen der Zensur in die Angelegenheiten des Sprechens gekommen ist, verlangt eine Verständigung zwischen Schweigen und Worten...«) von einer rhetorischen Qualität, die die Fragen des Sprechens wie selbstverständlich vom Zugang des Begehrens des Lesens trennt.

Soviel... Freiheit, oder Frechheit, halte ich zur Verteidigung der Absicht eines Textes, der sich mit Fragen der Zensur und der Verfolgung beschäftigen will, für nötig, weil das Thema einer solchen Bemühung den Gegenstand des Widerstands sichtbar machen kann. Ich weiß, daß die Gelegenheit für eine solche Verständigung sehr wertvoll ist, und daß es eine Katastrophe bedeuten würde, wenn sie an Methoden verspielt werden würde, die am Ende die Unmöglichkeit des Sprechens mit dem Errichten rhetorisch genannter Räume des Sprechens, also unter dem Kurzschluß, daß die Betrachtung der Tatsachen der Zensur die Möglichkeit des Sprechens befreien müsse..., neu errichtet. In diesem Zusammenhang macht es Spaß, in einem erscheinenden Text darauf hinweisen zu können, daß es kaum eine Möglichkeit für einen Text gibt, mit ihm die Dimension des ihm Fehlenden anzudeuten. Das ist allerdings hiermit geschehen; und es freut mich, daß es gelungen ist, die positive Qualität des Fehlenden für einen Moment des Textes existieren lassen zu dürfen. Auf diesem Hintergrund ist es vielleicht schon möglich, mit dem Vorhaben »Gespräch und Widerstand« so zu beginnen, daß das Interesse des Lesens an den Fragen des Sprechens nicht nur im Kampf der Mißverständnisse zwischen dem Wort und dem Schweigen schließlich als zernutzt übrigbleibt, da der Text geschrieben ist.

Das wird geschehen, wenn der Text aus methodischer Dummheit jene Schwarzwortwahrheit errichtet, die nur dann lebt, wenn sie das Begehren nach Sprechen durch das Lesen vernichtet. Dieser Krieg gegen die Sprache würde wahrscheinlich zum späten Erfolg der Zensur gehören, deren Betrachtung Anlaß zum Sprechen des Textes geworden war. Ich denke, es ist nötig, der Zensur diesen Erfolg zu nehmen. Wir schreiben den Dezember 1990, und ich habe dieses Vorhaben mit dem vorangegangenen Kapitel im April dieses Jahres begonnen. Es zeigt sich bereits, daß sich mit der Überwindung der Zensur der DDR die Hoffnungen auf die Möglichkeiten des Sprechens paradoxerweise vermindern.

Die Möglichkeiten des Widerstands... gegen die Versuche der Zensur der DDR, das Begehren des Sprechens in mir zu vernichten, habe ich über zwanzig Jahre suchen müssen. Zurückschauend glaube ich, es war grundsätzlich für mich ausgemacht, daß Zensur etwas wie eine Krise des erscheinenden Sprechens sei, das seinen Kontakt zum Schweigen der vom Sprechen berührten Wörter verloren hat. Von der Existenz und der Dimension des Schweigens, das zu den Wörtern gehört, hatte ich in erstaunlicherweise nie verschwindenden, kleinen Begebenheiten meines Lebens erfahren, das ich in meinen biographischen Zusammenhängen zu führen hatte. Diese Zusammenhänge verlangten von mir, mich in dem sozialistisch-sentimentalen Mythos von der Praxis, also als Arbeiter, zu bewähren. Etwa als ich zwanzig Jahre alt geworden war, begann ich zu ahnen, welch ein erstaunlicher Lebensplan für mich ausgebreitet war, wenn ich meine, damals asozial von mir genannte, Anwesenheit in der Praxis tatsächlich erforschen würde, um sie zur sozialen Anwesenheit zu wandeln. Ich vermute, das Grundmuster für solch eine Lust am Schweigen haben mir solche seltsamen Sätze, wie sie mir damals begegneten, ohne sich mir in der herrschenden Ideologiesprache zu erklären, gegeben: »Manche lernen es nie« oder »Heilige Einfalt!« oder »Herr vergieb ihnen, denn sie wissen nicht, was sie tun« oder »Das hungrige Huhn träumt von Hirse«. Ich begann, ihnen schlicht nachzusinnen, und habe so nach und nach erfahren, in welcher Hinsicht es unmöglich ist, die Nachricht dieser einfachen Sätze in die Sprache zu übersetzen, die ich erlernt hatte. Das war eigentlich alles. Natürlich bin ich mir auch bei diesen Bemühungen in meiner Lächerlichkeit begegnet; jedoch das ist ein Thema, für das sich andere Zeit finden wird. Hier will ich über die Möglichkeit des Widerstands sprechen, der gegen die Versuche der Vernichtung meiner Versuche des Sprechens nötig war.

Um konkret ins Thema »Gespräch und Widerstand« zu kommen, habe ich einen von neun oder zehn Ablageheftern aufgeschlagen, die mich seit dem Kollaps der DDR-Diktatur beunruhigend interessieren. In den Heftern sind Briefe und Kopien von Briefen, Postkarten und leere Briefumschläge, Rückscheine, Entscheide, Briefentwürfe und verworfene Briefe gesammelt. Auf dem blauen Umschlag des Hefters, den ich in stummer Sicherheit am Beginn dieses Vorhabens gewählt habe, ist geschrieben: »1983. Aram im Gefängnis. Selbstmord Michael. Bärbel im Gefängnis. Ablehnung Arbeitsurlaub. Frank in Rom.« Soweit ich mich erinnere, hatte ich ein schwierig zu nennendes Prinzip für das Schließen und neue Eröffnen dieser Hefter. Ich meinte damals, die Rhythmen der Zeitläufe wahrzunehmen, die mir im Geist der Ereignisse erschienen. Hinter dieser Behauptung steht ein Thema, dessen Existenz ich nicht beweisen will. Doch, es war schon richtig, in den Zeiten der Verfolgung zu vermuten, daß die Ereignisse zu den Herrschaftsinstrumenten der Diktatur gehörten. Ich denke heute ruhig, daß es zum Überlebenswillen gehörte, auch auf die Figuren der Ereignisse zu achten, um zu verhindern, daß im emotionalen Körper des von den Ereignissen Betroffenen eine endgültige Dunkelheit ausbrach. Das wäre ohne Zweifel beim Akzeptieren der »Natur der Ereignisse« geschehen. Die Entscheidung, daß die Ereignisse Figuren schrieben, deren Rhythmen die Phantasie des Menschen schrieb . . ., war von einer Bedeutung, die eigentlich nur geschwiegen werden kann. Im Moment will ich lediglich darauf deuten, daß im vorangegangenen Satz zwei Sätze schweben. Der eine ist, daß die Rhythmen der Ereignisse von der Phantasie des Menschen geschrieben wurden, und der andere, daß die Phantasie des Menschen mit den Rhythmen der Ereignisse geschrieben wurde. Dem Lesen kann ich heute sagen, daß es dieses Thema mit niemand zu besprechen gab; obwohl es eigentlich das zentrale Thema für den Widerstand gewesen wäre, von dem hier gesprochen wird. Ich kann dem Lesen auch sagen, daß dieses Thema mir heute mit allen seinen drohenden Konsequenzen Kopfschmerz genau in der Stirn bereitet, wo ich diese Konsequenzen nicht ausdenke, um diesen Schmerz nicht auf das Lesen zu übertragen. Wieviel ich über diese Dinge nachgedacht habe, wird sich, so hoffe ich, anders zeigen.

Neun . . . oder zehn, Hefter sind es deshalb, weil für mich in diesem Stadium der Betrachtung noch nicht genau auszumachen ist, was eigentlich mit dem Hefter ist, auf den mit ziemlich wirrer Handschrift durch mich geschrieben ist: »Mit freundlichem Gruß«. Ich weiß im Augenblick, daß dieser Hefter wahrscheinlich ein oder zwei Jahre lang, aber vielleicht auch länger, in eine Plastikfolie eingehüllt unter einer Holztreppe, die im Diakonissenhaus Leipzig in den Mutterhausturm hinaufführt, versteckt lag. Ich hatte, als ich das Manuskript »Elf Uhr« abschloß, mit einer Haussuchung gerechnet, und wollte verhindern, daß bei dieser Gelegenheit alle meine Möglichkeiten verschwinden, mich mit dem Thema Zensur am Beispiel der Zensur der DDR zu beschäftigen. Die Linie in diesem Thema bis unter die Holztreppe des Mutterhausturmes..., für den Fall einer Hausdurchsuchung, der für mich wie selbstverständlich mit meiner Verhaftung verbunden war, ging so weit, daß dieser Hefter auch zu meinem Schutz dort lag. Mein Kollege Boris im Diakonissenhaus Leipzig, mit dem mich ganz sichere Zusammenarbeit in existentiellen Angelegenheiten verband, die nicht mit unserer Arbeit als Heizungsmonteure des Krankenhauses genannt sind, wußte, wo dieser Hefter lag. Er sollte für den Fall meiner Verhaftung warten, bis eine ihm und mir bekannte Person unseres Vertrauens zu ihm käme, und ihr den Hefter übergeben, wenn diese das wollte. Boris und ich dachten, daß es für den Fall meiner Verhaftung wichtig sei, mir mit meiner bis dahin gediehenen Arbeit gegen die Tatsachen der Zensur thematisch genauer helfen zu können. Unser Gedanke bei diesem Sicherheitsdenken war etwa, daß auf dem möglichen Hintergrund meiner in »Mit freundlichem Gruß« erkennbaren Arbeit in diesen Angelegenheiten verhindert werden konnte, daß das bis dahin verteidigte Thema in die Bahnen der Betrachtung gelangen würde, die unter dem Begriff »oppositionelle Kräfte in der DDR« in den Medien und Anschauungen gängig waren. Wir waren ungefähr der Meinung, daß unter dieser Betrachtung unser in gewisser Weise gemeinsam geleisteter Widerstand auf andere Weise zensiert worden wäre. Diese Zensur war daran interessiert, die Auseinandersetzungen zwischen Zensur und Opposition in der DDR so weit zu nennen, daß dabei die Bestätigung der Position herauskam: die sich demokratisch nannte. Jene Feinheiten einer Auseinandersetzung zwischen den Menschen, die über dieses Prinzip der Betrachtung hinausreichen wollten, weil diese Feinheiten in unserer täglichen Widerstandspraxis wohl ihren Platz fanden..., erschienen uns wertvoller genannt zu werden, als den Kreis der Betrachtung des Themas

Widerstand mit der Gebärde des Verhafteten zu schließen. Freilich wäre die Konsequenz solch einer Moral, gar nicht in die Gelegenheit zu einer solchen Gebärde zu kommen; aber so einfach war diese Moral nicht zu leben. Das Thema der Opportunität lag diesem Schluß nahe, dem das Verständnis über den Gegenstand des Widerstands mangelte, der im herrschenden Prinzip der Betrachtung des Widerstands nur in der brutalen Antwort der Diktatur sicher aufgehoben war. Soviel aber erst einmal dazu, denn es ist klar, daß ich in meinen Bemühungen noch oft auf diesen Punkt zurückkommen werde. Ich will es aber hier nicht versäumen, Herrn Thomas Beckermann zu danken, mit dem mich eine Zusammenarbeit verband, die den bisher nur angedeuteten Raum des Widerstands erst möglich machte. Er war in der Zeit des Widerstands, von der ich hier zu sprechen begonnen habe, Lektor im S. Fischer Verlag Frankfurt am Main und hat mich mit knappen Bemerkungen und wenig sichtbaren Entscheidungen und besonders mit der mir immer genauer bekannt werdenden Kraft seines Schweigens vor Hoffnungen bewahrt, denen nachzugeben einfacher war, als den Gegenstand des Widerstands bis in die heute vorhandene Gelegenheit seines Nennens unverbraucht zu bewahren.

Den Begriff »das nabeloonische Chaos« habe ich in der Mappe »1983« gefunden. Ich begegnete ihm in einem Brief, den ich geschrieben habe. Im Moment bin ich noch nicht schlüssig, ob ich seinen Empfänger nennen werde. Mir scheint, daß diese mögliche Linie in der Betrachtung der Fragen des Widerstands ein Thema eröffnen würde, das genannt ist, wenn ich schreibe: daß dieser Widerstand den Versuch unternahm, ein positives Gespräch zu führen. Das Schicksal eines solchen Versuchs neben den Versuch, den Herrschaftsraum des negativen Gesprächs zu bestreiten, zu stellen, ist wahrscheinlich die konsequente Rückseite von »Gespräch und Widerstand« –, doch ich bin noch im Zweifel, ob es wirklich durch mich zu schaffen wäre, jenseits der Flucht in Sentimentalitäten, die im Herrschaftsraum des negativen Gesprächs verkürzten Hoffnungen auf das Gespräch in ihrer Notwendigkeit des Scheiterns, gemeinsam mit dem Lesen zu begreifen. Ich möchte mich hier zuerst darauf beschränken, wie folgt zu zitieren, und hoffe auf das andere im kommenden Manuskript:

»Lieber A., gestern habe ich an meinem Schreibtisch herumgesägt. Nun hat er vier verschiedene Einschnitte auf der linken Seite der Platte. Dort sitzen manchmal Gäste. Sie müssen sich damit abfinden. Natürlich war ich gestern etwas betrunken, als ich diese Zeichen hinterließ. Aber ich befinde mich mit ihnen in denkbarer Übereinstimmung. Das ist nämlich eine schwierige Kunst..., etwas von der poetischen Trunkenheit in die unausweichlich kommende Zukunft hinüberzuretten, nicht wahr? Wohl deshalb habe ich heute, als ich aufgestanden war, allein in der Mitte der sonst leeren Schreibfläche einen Zettel gefunden, der recht gut zu lesen ist, und der offensichtlich auch von gestern abend stammt; wie ich feststellte, als ich tatsächlich meinen Sohn Holden verdächtigt hatte, er habe sich die Freiheit genommen, auf solche Weise etwas über den Zustand meines Zimmers zu sagen, während ich noch schlief. Auf dem Zettel steht also: »Das nabeloonische Chaos«. Ich will nicht sagen, daß mir dieser Begriff nicht gefällt; aber ich kann ihm noch nicht viel ablesen. Er kommt aus einer anderen Welt. Jene Einschnitte in meiner Schreibtischplatte zwingen mich aber zu einer Solidarität mit mir; daß ich nun an dem Begriff »Das nabeloonische Chaos« lese, den ich ohne diesen Selbstzwang zur Solidarität mit mir, heute morgen, wahrscheinlich glatt verworfen hätte. So kann ich aber sagen, daß ich die herrliche Gedankenkette zu ahnen beginne, zu deren Wiederaufnahme in die nüchterne Zukunft ich mich, in meiner poetischen Trunkenheit, gezwungen habe...«

Hier ende ich mit dem Zitieren aus diesem Brief. Im Folgenden quäle ich den armen Empfänger mit dem Versuch, ihm die Geschichte der Säge klarzumachen, mit der ich in meinen Schreibtisch schnitt. Ich muß leider sagen, daß es mir nicht gelingt, dem Empfänger zu sagen, weshalb diese Säge für mich zur Metapher der Metapher geworden war, wie ich mich, Sieghild Bogumil in »Celans Wandern im Wort« zitierend, damals ausdrückte. Mein Text über die Säge, die damals an der Wand in meinem Leipziger Arbeitszimmer hing, verfehlt diese Nachricht, weil er zu nah an der, verständlichen, Überzeugung war, das positive Gespräch über die Dinge sei schon in gemeinsamer Liebe zum Gegenstand zu finden. Die Säge, um es so einfach zu sagen, existiert immer noch. Sie hängt in meinem Berliner Arbeitsraum an der Wand; und ich brauche noch Zeit, sie als Metapher in jenem Geschehen zu finden, das meine poetische Trunkenheit »Das nabeloonische Chaos« genannt hatte. Nichts wurde zur Wirklichkeit als zufällige Wirklichkeit, kann man, glücklicherweise, bei Stephane Mallarmé in »Ein Würfelwurf« lesen. In den Raum, den die Frage: wieso glücklicherweise?, eröffnete würde ich gern zur Klärung der bis hier angerissenen Fragen der Möglichkeiten des Sprechens gehen. Dort scheint mir das Thema zwischen dem Schreiben und dem Lesen schon sehr lange festzustehen, das, wie ich denke, von der Zensur gedeutet wurde. Das Schreiben und das Lesen von der Begegnung in diesem Raum abzuhalten, scheint mir das Thema der Zensur zu sein. Zensur ist in meinen Erfahrungen mit entsetzlicher Entschiedenheit der Überzeugung, daß das Menschenrecht nicht existiert, das Fragen zur Gestalt der Wirklichkeit inmitten der Überzeugungskraft der Realitäten erheben könne. Eine Drift der Realitäten in der Wirklichkeit denken zu können, oder denken zu wollen . . ., bedeutet sehr viel Konsequenz für ein Denken, das in diesen Angelegenheiten keine Fragen haben darf, weil diese Fragen den Glauben an die Objektivität der Realität erschüttern. Erstaunlich persönliche Wut antwortet deshalb jedem erhobenen Interesse am Thema Wirklichkeit; obwohl dieses Thema unbestreitbar allein im Augenblick der Wahl zwischen beiden möglichen Wörtern existiert: Realsozialismus, zum Beispiel. Das Wort Wirklichkeit schützt eher die Dinge, die noch mit der Dimension ihres Schweigens verbunden sind, doch bevor sich das weiterdenken läßt, bestimmt schon die Zensur die mit ihrer Begriffswahl berührten Möglichkeiten des Denkens. Vertrauend auf ihren Instinkt, erschüttert sie das Menschenrecht, damit es sich wieder auf die Bejahung der Realitäten, oder zumindest in Opposition zu ihnen, beschränken kann. Die Zensur geht mit brutaler Intelligenz genau ins Zentrum der ins Schweben eines Gesprächs gekommenen Fragen zur Wirklichkeit. Sie zerstört solch eine Konzentration direkt in ihr Gegenteil, wo die Möglichkeiten des Denkens auf lange Zeit von den durch die von der Zensur geschaffenen Ereignissen bestimmt werden. Diesen Roman der Möglichkeiten des Denkens in die durch ihn widerlegte Phantasie des Menschen zu schreiben, erscheint als berechtigte Rache am Hochmut des Menschen; solange dessen Phantasie tatsächlich kein Mittel gefunden hat, den Zynismus der Zensur von sich abzuwenden. Nichts wurde zur Wirklichkeit, als zufällige Wirklichkeit?, fragt das sichere Gelächter der Zensur; und sie beginnt ihre Antwort über die Gestalt der Wirklichkeit ins Leben zu setzen, damit sich die Ohnmacht der Phantasie des Menschen erkennen möge:

Ich werde nachts durch ein Läuten an meiner Wohnungstür geweckt. Es ist nach drei Uhr und mir bleibt nur, meine Wohnungstür einer Verzweiflung außerhalb aller mir in diesem Augenblick bekannten zu öffnen. Mein Gesicht erwartet den Druck einer unausweichlich kommenden Erfahrung, den meine Hände hereinlassen. Mein mir sehr lieber Bruder Michael steht vor der Tür und strahlt große Gefahr. Wir haben uns über ein Jahr nicht gesehen. In dieser zwischen uns zur Dichte eines jetzt gleich sprechenden Schweigens vergangenen Zeit rasten für mich allein die Ereignisse mit der genauen Überzeugung, daß sie die Möglichkeit des Denkens endlich in mir vernichten könnten. So ist unser Gegenüberstehen selbst schon sehr traurig. Michael wohnt weit fort, in einem Dorf in Mecklenburg, und ich in Leipzig. Das bis zu seinem Stehen vor meiner Tür gediehene Schweigen zwischen uns bedeutet mir, daß ich meinen um fünfzehn Jahre jüngeren Bruder jenseits meiner ihm unbekannten Verstrickungen in die Ereignisse so wenig zu sagen weiß, daß er sich auf diese Reise begeben mußte. Er weiß nicht einmal von mir, daß und warum mein Sohn Aram in dieser Zeit für sechs Monate im Gefängnis war. Als ich meinen Bruder zuletzt in Leipzig sah, hatte er, in diesem Bild der Freiheit schluchzend, zusammen mit seiner Frau fassungslos zu den vielen leeren Wohnungen in den Straßen Leipzigs hinaufgesehen. Sie hatten beschlossen, aus ihren Zusammenhängen in Mecklenburg zu fliehen, die sie zum Beispiel mit dem Argument der Wohnungsnot banden, und in Leipzig eine dieser Wohnungen zu besetzen. Ihr erstes Problem war eine Arbeitsplatzbindung, die ihnen überhaupt keine Kündigung erlaubte. Aber auch die Wahl Leipzigs brachte ihnen schon genügend Verurteilung durch die das Land in verschiedene Zonen der Reinheit einteilende Ideologie, die so das ganze Land beherrschte. Die Verteidiger der Reinheit der Ideologie würden sie also in Leipzig wie Verräter suchen; oder sie würde die Flucht bereits in ihnen mit dem Hinweis auf ihre Moral vereiteln. Ich hatte, obwohl ich so dachte, Michael die Hoffnung auf das Gelingen einer solchen Flucht nicht genommen. Ich wußte genügend darüber, daß er allein mit den Plänen für eine solche Flucht eine

Mechanik der Moral in Gang setzte, die den Verteidigern der Reinheit der Ideologie Deutung aufzwang, für die sie sich an ihm rächen würden. Aber das Maß meines Warnens war beschränkt –, weil es schließlich durchaus möglich war, daß meine Warnungen zu einem System gehören konnten, mit dem ich mir das Wesen der Diktatur bis in fremde Existenz erklären wollte. Über diese Dinge konnte man erst weitersprechen, wenn bereits etwas geschehen war – uns selbst dann war es auch nicht sicher, in welch einem Maß der vom Geschehen Betroffene entgegen seiner Behauptungen in solch einem Gespräch am Geschehen beteiligt war. In dieser Angelegenheit hatte ich einmal die Frage gestellt, ob es wohl möglich sei, einen Menschen vor der DDR-Realität in der eigenen Wohnung zu verstecken – etwa mit der Überzeugung, die es möglich machte, Juden in Deutschland vor der zu dieser Zeit noch behaupteten Vernichtung zu retten. Ich war zu dem erstaunlichen Ergebnis gekommen, daß das nicht möglich sei. Die Realität hatte alle Räume durchdrungen, daß nirgend vor ihr Schutz zu finden war. Die Realität selbst hatte es gelernt, jeden Anspruch auf Menschenrecht zu ahnden, und jede kleine Unregelmäßigkeit in dieser Sache, eine von ihr nicht zu deutende Unregelmäßigkeit hinter der Gardine etwa, mußte zerstört werden. Die Realität beherrschte den Augenblick; und der Raum für Solidaritäten hatte die Dimension, in der der Mensch sich selbst erkennen wollte. Das waren Einsichten, die ich Michael nicht lehren durfte, weil nur er sie widerlegen konnte. Seinen Traum hatte er so formuliert: »Ich wünschte mir, wenn es möglich wäre, einen Wunsch zu verwirklichen, eine Insel, auf der nur Menschen leben, die noch nicht von der Denkfaulheit profitieren und ihren mit roter Laune versuchten Weg bahnen wollen.« Dieser Bruder ist jetzt bei mir und stellt mir ungeheuer wütend Fragen. Warum ich ihm auf seine Briefe nicht mehr geantwortet habe; er habe auf mindestens zehn

Briefe keine Antwort von mir erhalten. Jetzt habe er aber eine Karte von mir erhalten, auf der ich ihn zum Mord an unserer Mutter auffordere. Ob ich diese Karte an ihn geschrieben habe, sei er gekommen, mich zu fragen. Der Druck des Entsetzens, den ich erwartet habe, rast in mich hinein, daß sich meine Gesichtshaut gegen das Eisen preßt, zu dem mir sofort das Außen geworden ist. Ich vermag nur zu antworten, daß ich keinen seiner Briefe erhalten habe und daß ich diese Karte nicht geschrieben habe. Doch, die Möglichkeiten, mein Entsetzen noch zu weiten, wußten noch viel weiter, als sie entstanden: anstatt innezuhalten, beschuldigt Michael seine Frau, die Briefe vernichtet zu haben. Michael gilt als Legastheniker und ist auf Hilfe beim Lesen und Schreiben angewiesen. Die Karte mit der Aufforderung zum Mord habe sie ihm vorgelesen und dann verbrannt, um mich so angeblich vor der Möglickeit einer Verfolgung zu schützen. Aber, er sei jetzt dahintergekommen, daß er ihr gar nicht vertrauen könne. Sie habe alles Geld, das er ihr zum Bezahlen der anstehenden Rechnungen gegeben habe, für sich selbst verbraucht. So sei er in Schulden gekommen, die er nun mit keinem Willen zur Arbeit mehr tilgen könne. Er brauche deshalb, wenn ich ihm helfen wolle, sofort von mir viertausend Mark. Im Grunde sei für ihn allerdings offensichtlich, er sei vollkommen umstellt. Deshalb sei die einzige, wirkliche Lösung für ihn die Sofortflucht in den Westen; bei der ich ihm helfen müsse. Das sei der eigentliche Grund für sein Kommen. Ach, das Entsetzen weitet sich also bis in den Verdacht, daß diesen Text der ganz zu einem Kreis geschlossenen Verzweiflungszwänge der Staatssicherheitsdienst geschrieben hat; denn mit dieser Möglichkeit ist allein die Notwendigkeit der Flucht Michaels in den Westen restlos gegeben. Verantwortungslos, nicht wahr?, Michael inmitten solcher Düsternis, (wer hat wohl die Karte mit der Aufforderung zum Muttermord geschrieben?, wurde sie überhaupt geschrieben?, hat Michael sich diese Geschichte ausgedacht?, wenn ja, wozu sollte er das noch zugeben?, denn dann muß es ja Gründe für ihn zu solch einer Ungeheuerlichkeit geben, wieso kann er die Karte so gut äußerlich beschreiben?, daß sie wirklich genau auf meine Schreibgewohnheiten paßt: schwarzer Stift, im Hochformat auf beiden Seiten beschrieben, und sie wurde in Birkenwerder eingesteckt, das ist der Nachbarort von Michaels Geburtsort...) selbst mit dem Verdacht, allein zu lassen, daß er ein Instrument der Staatssicherheit geworden ist. Meinen Sohn Aram hatte die Staatssicherheit mit sechzehn Jahren versucht anzuwerben. Sein Auftrag wäre gewesen, mich in Leipzig zu besuchen und mir Fragen zu stellen, die ihm in einem Umschlag in einer Hotelhalle in Leipzig übergeben werden sollten. Er sollte sie auswendig lernen, und sie an mich richten. Aram hatte abgelehnt und war wohl auch deshalb ins Gefängnis gekommen, als er schließlich mündig war. Auf dieser Figur Vergangenheit (Nichts wurde zur Wirklichkeit als zufällige Wirklichkeit...) ließ sich bauen, weil sie als verständlich gegolten hatte. Was nützt, plötzlich, dieser Erfahrung über das Begehren des Staatssicherheitsdienstes Michaels Geständnis, daß er als Überbringer einer schwarzen Geschichte der Staatssicherheit in deren Dienst sei? –, wenn die Existenz dieser Geschichte für Michael und mich das Begehren des Staatssicherheitsdienstes dorthin erklärte, wo der noch belächelte Glaube an den Spitzeldienst schon als Farce preisgegeben war. Wie sollten wir dieser Aggression entkommen, in der Michael das Medium war?, so daß ich mit ihr gar nicht allein sein konnte, obwohl sie gegen mich gerichtet wurde. Der Kern der Geschichte ist die Mutter. Sie ist eine Autorin des Realsozialismus. Von ihr heißt es in bestimmten Besprechungen meiner Arbeit im Westen, ohne freilich damit dem Gegenstand meiner Arbeit helfen zu wollen..., daß sie eine

»parteifromme« Autorin sei. Sie zu ermorden fordere ich Michael mit einer Postkarte auf; obwohl ich deutlich für mein Schreiben und mein Leben entschieden habe: »Ein jeder Geist sieht nicht weiter als in seine Mutter, daraus er seinen Urkund hat und darinnen er steht, denn es ist keinem Geiste möglich, in eigener natürlicher Macht in ein ander Prinzip zu sehen und das zu schauen, er werde denn darinnen wiedergeboren« (Jakob Böhme). Die Geschichte, die Michael mir bringt, verwirft die Möglichkeit dieser Wiedergeburt durch Anstiftung zum Mord; so daß die Fiktion zur Realität inmitten der Möglichkeiten wird.

Das Leben konnte diese Geschichte der Zerstörung nicht geschrieben haben, da dieser Geschichte jeder Hinweis auf Absicht der Verteidigung des Lebens fehlte. Mit dieser vagen Idee fand ich für Michael und mich in dieser Nacht der Begegnung wenigstens dorthin, uns zum Schlafengehen zu ermutigen. Der schrecklich abstrakte Ausweg, den ich unter dem Druck meines Entsetzens erkannte, hieß: Michael das Gift aus der Seele zu nehmen; das als perfekt gebautes System der Zerstörung den Bruder als Geisel genommen hatte. Ich konnte nur auf die Kraft der Antwort vertrauen, die trotz des Willens zur Zerstörung das Gegenteil zu sprechen vermag. Diese Antwort begann, als ich Michael mit jeder Spekulation über den Ort der Entstehung der Geschichte verschonte. Tatsache war, daß er mit dieser Geschichte zu mir gekommen war, womit sich die Wirklichkeit unserer Begegnung an die Zeichen der Zerstörung verlor. Es galt also, den Glauben an die Macht der Zerstörung zu erschüttern. Am Morgen ging ich mit Michael vorsichtig sprechend spazieren. Es mußte ein Sonnabend gewesen sein; wir brauchten beide nicht zur Arbeit zu gehen. Und es mußte Herbst gewesen sein; doch mir wollen keine Bilder unseres Wegs in Erinnerung kommen. Ich kann mich nur an die Sinnlage unseres Gesprächs erinnern, in der es schwierig für mich war, vom Bruder nicht als Feigling verstanden zu werden. Zuerst mußte ich ihm den Gedanken an eine Flucht in den Westen nehmen. Der Bruder war mit einer Ermutigung ausgerüstet: dem Weltmeister H. im Speedwayfahren sei die Flucht in den Westen gelungen, als er verbreitet hatte, daß er sich in einem Transitlastwagen in eine Kiste einnageln lassen wolle. An der Grenze sei es, wie er vorausgesehen habe, zu einer scharfen Kontrolle des Lastwagens gekommen. Seine erwähnte Kiste sei natürlich geöffnet worden, und als man dort niemand fand, sei der gesamte Lastwagen gründlich durchsucht worden, da sich die Grenzbehörde nicht damit abfinden konnte, daß der Tip, den sie bekommen habe, offensichtlich falsch sei. H. sei mitten durch diese Nervosität der Überzeugung, ihn im Lastwagen finden zu müssen, im Kofferraum eines Personenautos geflohen. Michael meinte, daß dieser gelungene Plan, der H. in Mecklenburg zum Volkshelden machte, ein Muster sei, über seine Flucht in den Westen so nachzudenken, daß sogar Lust dabei sei. Mit dieser Ermutigung war ich erstaunlich genau in meinem Interesse an solchen Überlegungen berührt. Aber das gab mir auch Gelegenheit, meinen Respekt vor solchen Plänen und ihrer Ausführung zu erklären. Was kostete es schon für Zeit und Konsequenz, solch ein Gerücht in einer Kiste auf einem Lastwagen unterzubringen, so daß sie wirklich an der Grenze geöffnet werden würde. Der Fahrer des Lastwagens durfte von diesem mit ihm fahrenden Gerücht ohne Zweifel nichts wissen, obwohl es bei ihm war. Das bedeutete die kluge Wahl eines Spitzels, der noch nicht in den Verdacht gekommen war, wertlose oder falsche Information gegeben zu haben, und schließlich sei die Lösung ein sicheres Fluchtfahrzeug. Für einen Weltmeister sei das vielleicht zu bekommen; aber wir seien lediglich auf einen Gedanken angewiesen. Und außerdem sei, inmitten unserer Geschichte, die Michael an Flucht denken ließe, sehr wahrscheinlich, daß wir keinen praktischen Schritt zu ihrer Verwirklichung ohne Beobachtung tun könnten. Diese Flucht, die zudem noch sofort nötig war, sei also ausweglos und tödlich. Mir schien, während ich mit Michael sprechend umhergegangen war, damit wir uns atmend außerhalb der Geschichte der Zerstörung erholen konnten, da in der Wohnung sich unser Gespräch unausweichlich zu einem Dialog mit der möglichen Wanze entwickelt hätte, daß Michael zu ermutigen war. Mir schien, daß ihm meine Ansichten über die Fluchtmöglichkeiten in den Westen das Vertrauen zum Denken stärkten. So sprachen wir auch über das Geld, das er brauchte. Ich sagte ihm, daß ich ihm nur helfen könne, wenn ich mir Geld von meinem Literaturpreis im Westen kommen ließe. Neben einer gefährlichen Übergabeprozedur des Geldes, würde das für uns aber auch nach Lage der DDR-Gesetze vor allem illegalen Geldumtausch bedeuten, der uns beide erheblich kriminalisiere. Ob es da nicht besser sei, offen mit den Schulden zu leben?, denn dann könnte ich ihm ganz einfach helfen. Ich würde mir die für ihn nötige Summe leihen, und der Angelegenheit wäre ihr Zwang genommen, der für uns eine Falle war. Auch an dieser Antwort schien Michael sich zu erholen. Schwieriger war es, Michael zur Rückkehr in die Realität zu bewegen. Ich wußte, was es bedeutete, sich der realsozialistischen Deutung der Dinge und des Ichs auszuliefern. Michael arbeitete in der Landwirtschaft, und dort geschah es, daß einer Kuh beim Viehtrieb in den Schlachthof mit der Axt der Fuß abgeschlagen wurde, weil der nicht mehr aus dem Spalt zwischen dem Hänger und abgeklappter Schräge herauszubekommen war. Oder es wurden gedämpfte Ferkel an die Privathühner des Schweinemeisters verfüttert. Oder die Feldbaubrigade stand in einer Bodensenke, versteckt in einem verlorenen Gespräch, im Regen, daß die Arbeitszeit verging. Ich war der Meinung, daß dieser Krieg gegen das

Ich und gegen die Dinge mit einer List von seiner Vollendung in der Betrachtung der Erscheinung aufzuhalten war. Diese List bestand darin, der Verachtung nicht zu antworten, daß sie Verachtung war; damit es unmöglich wurde, sie als etwas Unausweichliches zu achten, solange im Raum des Gesprächs mit den Dingen keine andere Antwort war. Mit dieser Achtung, meinte ich, sei die Ursache für das Elend zu begreifen, daß der Realsozialismus zwischen den Menschen und Dinge bringe. Ich sagte Michael, daß wir an unserer Geschichte sehen könnten, daß sie von der Überzeugung geschrieben worden sei, es sei für uns nötig, zu unserer Verteidigung auf sie zu reagieren. Aber erst unsere Reaktion erhebe sie zu einer Realität, die über unsere Möglichkeiten herrschen könne. Also sei es richtig, der Deutung unserer Möglichkeiten mit der Geschichte von der Anstiftung zum Muttermord durch schweigende Konzentration zu widerstehen. Dies, sagte ich Michael, sei der Gedanke für seine Rückkehr in die Realität, aus der niemand mit einer Flucht in den Westen entkommen könne.

So sprechend waren Michael und ich bis in eine Fahrt mit der Straßenbahn gekommen. Ich wollte zusammen mit ihm zu einer schon lange getroffenen Verabredung gehen, weil meine Vorstellungen von Konsequenz es mir nicht erlaubten, sie unter den inzwischen auf uns gekommenen Umständen zu brechen. Ein Freund erwartete mich zu seinem vierzigsten Geburtstag. Ich meinte, daß es für Michael richtig sei, diese Konsequenz zu erleben. Bei einem Halt der Straßenbahn erhob sich Michael dann und meinte mit kaum dunkler Überzeugungskraft, der Tag habe ihm sehr geholfen, und er sei eben in der Lage, zum Bahnhof zu gehen. Er ging mit allen seinen von ihm fliehenden Minen, an denen ich meinen Bruder erkannte. Ich sah, daß er weinte.

Zwei Tage später erhielt ich seine Karte, die er auf dem Bahnhof geschrieben hatte: »Entschuldige bitte, daß ich so plötzlich die Flucht ergriffen habe: aber ich hatte einfach vermeiden wollen, in Tränen auszubrechen. Mir hat der kurze und doch lange Kontakt mit Euch wieder Mut gegeben. Laßt Euch nicht unterkriegen, ich melde mich noch einmal. Michael.« Drei Wochen danach erhielt ich einen Brief unserer Mutter. Er schloß auf folgende Weise: »Gestern haben wir Michael begraben. Er hat sich am Sonnabend auf dem Dachboden seines Hauses in der Mittagspause erhängt. Schon einmal hat er solch einen Versuch unternommen, als er unter Deinem Einfluß gewesen war. Nun ist es geschehen, nimms auf Dein Gewissen.«

Ich war sicher, daß Michael lebte und verschleppt worden war. Ich hatte Freunde, die mich in diesem Glauben bestärkten. Zu dieser Zeit schrieb ich an meinem Buch »Die Klandestinität der Kesselreiniger«. Ich reagierte in seinem Vorwort auf dieses bis heute ungeklärte Geschehen. Ich schrieb: »Diese Geschichte einer Konzentration begann ich zu schreiben, als ich den Eindruck hatte, daß es nicht nötig sei, wieder und wieder den Monolog der Ereignisse das Denken beherrschen zu lassen; der von sich meint, daß er sich ständig aus sich selbst heraus erfände. Denn das war lange schon für mich ausgemacht, daß er nur zu existieren vermag, wenn er mit vager Sicherheit das Besinnen auf eine Stimme zerstört, die auch den Ereignissen ihre Einsamkeit nehmen kann. Aber freilich, gerade zu dieser Möglichkeit zum Nichts lebt sehr viel in der Welt; in der sich diese Konzentration, noch einmal, zu sammeln versucht, nachdem ihr, inzwischen, das Argument des Todes gezeigt worden war. Jenes Nichts ist die fast... unbegreifliche Religion der Welt, die sich noch immer Sozialismus nennt. Und so bedeutet es neue Gefahr, diesen Versuch einer Konzentration fortzusetzen –: Rettung für den Gedanken, der der Zerstörung das Material bringt.«

Gert Härtl-Neumann 7033 Leipzig, der 3. November 1979
Georg Schwarz Straße 118

An den
Ministerrat der Deutschen Demokratischen Republik
Ministerium für Kultur
an den
Minister für Kultur

Herr Minister,

in den vergangenen zehn Jahren meiner literarischen Biographie in der DDR war ich es gewohnt, aus der Tatsache, daß meine literarischen Überzeugungen, die ich in meinen Texten realisierte, überhaupt keinen Zugang in den Sprachkreis der DDR finden konnten, die Schlußfolgerung zu ziehen: als Arbeiter zu leben; um so das, notwendig, moralische Chaos, das für mich in dieser Tatsache existierte, zu überleben. Allerdings war letztlich die Konsequenz dieses biographischen Bewußtseins nicht die Aufnahme meiner unter diesen Bedingungen entstandenen Arbeiten im Sprachkreis der DDR-Literatur; sondern ich veröffentlichte eines Tages im S. Fischer Verlag, Frankfurt am Main, den Titel »Die Schuld der Worte«, nachdem eine, Jahre dauernde, Prozedur mit den Verlagen der DDR zu keinem, positiven, literarischen Ergebnis geführt hatte. Diese Biographie bedeutet für mich, da ich 1942 geboren bin, und mein Bewußtsein durch das Selbstverständnis des DDR-Staates geformt worden ist, DDR-Realität, die ich allerdings niemals im Interesse meiner literarischen Überzeugungen zum Gegenstand polemischer Betrachtungen gemacht habe; ich akzeptierte sie vielmehr als eine, notwendige, literarische, Lebensform jenseits des Elends der Determination.
Allerdings droht nun dieser, in meinen Augen loyalen Lebensform für die Literatur, neue Gefahr. Am 27. Juli 1979 sandte ich an den S. Fischer Verlag einen Teil meines neuen Manuskripts »Elf Uhr« von 98 Seiten, der dort niemals angekommen ist. Aus der Kenntnis der seit dem 1. 8. 79 geltenden, neuen Bestimmungen für den grenz-

überschreitenden Postverkehr, und der Vermutung, es könnte ein Zusammenhang mit dem Nichteintreffen meines Manuskripts und diesen Bestimmungen bestehen, stellte ich dem Büro für Urheberrechte die Frage: wer, innerhalb meiner gesellschaftlichen Konstellation darüber eine Entscheidung fällt, ob der Inhalt meines neuen Manuskripts diese neuen gesetzlichen Bestimmungen verletzt. Die Antwort auf diese Frage, die ich vor einigen Tagen durch den Direktor dieses Büros erhielt, lautet, daß das Übersenden von Manuskripten die Vergabe von urheberrechtlichen Nutzungsbefugnissen bedeute, und deshalb genehmigungspflichtig sei. Meines Erachtens nach ist mit dieser Antwort, die schließlich sogar noch an mich die Erwartung ausspricht, ich hätte ihr mitzuteilen welchem DDR-Verlag ich mein ›neues Werk‹ anbieten würde ... diese, in den letzten zehn Jahren meines Lebens praktizierte, literarische, Lebensform zur Wirkungslosigkeit verurteilt: da sie den in meiner Biographie verteidigten Freiheitswillen mißachtet, und zu entmündigen versucht. Ich halte es jedoch, mit meinen Erfahrungen als Arbeiter, für unausweichlich jenen so gemündigten Freiheitswillen in der Sprache meiner literarischen Arbeiten in seine, notwendige, Form zu bringen, und ungebrochen an dem Prozeß der Literatur teilnehmen zu lassen; so, daß jene Aufforderung, mein ›neues Werk‹ einem DDR-Verlag anzubieten und auf dessen Ablehnung zu warten, ehe eine Versendung meines Manuskripts im Sinn des DDR-Urheberrechts möglich ist ... lediglich eine bürokratische und, von meinem Erfahrungsstandpunkt aus, menschenfeindliche Forderung bedeutet: solange ich nicht die berechtigte Hoffnung besitze, daß diese Vorlage meines Manuskripts tatsächlich zu einem Druck meiner Arbeiten in der DDR führt.
Im Augenblick ist diese Hoffnung überhaupt nicht in mir vorhanden, da eine Reihe von Ereignissen meine bisherige, literarische, Arbeit und die als Staatsbürger der DDR – die für mich die tägliche Arbeit als Schlosser bedeutet –: vollkommen meine poetische Arbeit verworfen haben.
Ich muß Sie also, aus ganzer Not für meine literarische Arbeit, bitten, meine bisherige Wirkungsmöglichkeit, die ich bisher durch mein literarisches Bewußtsein freigehalten habe: schützen zu helfen; und die an mir anscheinend bereits praktizierte Lesart des

neuen Gesetzes für den grenzüberschreitenden Postverkehr zu annullieren; oder den seit zehn Jahren für meine Arbeit in der DDR vollkommen unmöglich gemachten Dialog: möglich zu machen. Ich erwarte, mit großer Hoffnung, von Ihnen eine positive Antwort; und wünsche mir sehr, daß Sie einen Weg kennen, der meine biographischen Akzente in ihren gesellschaftlichen Konstellationen nicht einfach, erneut, verwirft. Mit freundlichen Grüßen,

Gert Neumann

Ministerrat
der Deutschen Demokratischen Republik
Ministerium für Kultur
Stellvertreter des Ministers

108 Berlin, den 15. 1. 80
Clara-Zetkin-Straße 90
Herrn
Gert Härtl-Neumann
7033 Leipzig
Georg-Schwarz-Str. 118

Sehr geehrter Herr Härtl-Neumann!

Mit Ihrem Brief vom 3. November 1979 stellten Sie dem Minister für Kultur einige Fragen, die Ihre schriftstellerischen Versuche betreffen. Soweit ich informiert bin, hatten Sie längere Arbeitskontakte zum VEB Hinstorff-Verlag Rostock. Ihre Manuskriptangebote konnten vom Cheflektor und vom Verlagsleiter aus Qualitätsgründen nicht akzeptiert werden. Es handelte sich um Texte, mit denen nach Meinung der Verlagsleute Leser in der DDR nichts anfangen konnten. Einer von Ihnen geäußerten Bitte, sie im Ausland zu veröffentlichen, wurde entsprochen.
Inzwischen sandten Sie 1979 unter Nichtbeachtung der gesetzlichen Bestimmungen Teile eines anderen Manuskripts an den S. Fischer-Verlag, Frankfurt/Main. Diese Arbeit haben Sie vorher keinem DDR-Verlag angeboten oder zur Prüfung vorgelegt. Sie zitieren darin zustimmend aus einem gegen die DDR gerichteten Buch. Aus der Sicht eines Ihres Helden identifizieren Sie sich mit Auffassungen, die dem realen Sozialismus in der DDR feindlich sind. Aufgrund der gesetzlichen Bestimmungen wurde Ihr Manuskript von den Zollorganen der DDR einbehalten.
Ich erinnere Sie daran, daß Sie unter Bezugnahme auf Ihr beim S. Fischer-Verlag, Frankfurt/Main, erschienenes Buch »Die Schuld der Worte« vom Direktor des Büros für Urheberrechte der DDR auf die gesetzlichen Bestimmungen hingewiesen wurden. Herr Karl Adolf sandte Ihnen am 3. Oktober vorigen Jahres die Wahrungsanordnung und machte Sie besonders auf den § 4 aufmerk-

sam. Da ich annehme, daß Sie nicht die Absicht haben, die Gesetze unseres Staates zu verletzen, empfehle ich Ihnen, sich mit Ihren schriftstellerischen Vorhaben an einen DDR-Verlag zu wenden. Es versteht sich von selbst, daß in unserem Staat Literatur gedruckt wird, die dem Frieden und dem Sozialismus dient. Sie sollten Ihre literarischen Absichten gründlich durchdenken, ganz besonders auch in Anbetracht der gegenwärtigen realen Gefahr, die dem Frieden in der Welt droht.
Ich rate Ihnen, sich erneut mit dem VEB Hinstorff-Verlag in Verbindung zu setzen. Der Verlagsleiter, Herr Harry Fauth, 25 Rostock, Kröpeliner Str. 25, wird Ihnen zu Arbeitskontakten mit einem Lektor verhelfen, sofern Sie selbst willens sind, Literatur zu schreiben, in der die Verfassung der DDR und die Gesetze unseres Staates geachtet werden.

Mit sozialistischem Gruß

Klaus Höpcke

Gert Neumann, Georg Schwarz Str. 118; Leipzig, der 29. November 1980

An das Mitglied des
Zentralkomitees der Sozialistischen Einheitspartei Deutschland
Kurt Hager

Sehr geehrter Kurt Hager,

da ich gewohnt bin mit der Problemignoranz der Behörden der DDR so zu leben, daß ich mit meiner täglichen Arbeit deren Schweigen auf verantwortliche Fragen in meinen Dialog, den ich täglich mit der Würde des Lebens führe, einzubeziehen vermag –, nun allerdings diese bürgerliche Loyalität, die meines Erachtens einen Menschen in der tatsächlich komplizierten Sinnlage inmitten des Kampfs terribler Ideologien mündigt am Prozeß der in der Gegenwart stattfindenden Wahrheitsfindung teilzunehmen... anscheinend nicht mehr ausreicht, um von den Behörden der DDR als freiheitsmündig betrachtet zu werden: wende ich mich heute an Sie, um so die mir immer offensichtlicher werdenden Machtstrukturen des öffentlichen Denkens der DDR aus Sorge um die Zukunft eindeutig als verantwortlich angesprochen zu haben.
Am 19. November wurde, wie Sie wissen, Frank Wolf Matthies in Berlin verhaftet. Am 21. November 1980 wurde ich in Leipzig, auf der Georg Schwarz Straße von Mitarbeitern des MfS mit der Begründung festgenommen, man hätte mit mir über einige Probleme zu reden. Ich wurde in ein bekanntes Polizeigebäude in Leipzig überführt, und wurde später als auf diese Weise zugeführter Zeuge in dem ›Ermittlungsverfahren gegen Frank Wolf Matthies‹ vernommen. Der deutliche Hintergrund dieser beiden Ereignisse ist das verabredete Treffen in der Wohnung Frank Wolf Matthies am 21. November 1980 gewesen, in dem ich beabsichtigte und versprochen hatte aus meinen literarischen Texten vorzulesen. Um heute den Akzent jener an diesem Tag stattfindenden Begegnung, die sich Zeugenvernehmung nannte, wieder auf meine freie Interpretation der poetischen Arbeit Frank Wolf Matthies' zurückzuführen, und um meine eigenen poetischen Absichten, die in meiner

Festnahme zum Zeitpunkt meiner geplanten Lesung nach meiner Meinung falsch interpretiert worden sind –, zu verteidigen, erkläre ich heute Ihnen, auch nachdem Frank Wolf Matthies gestern wieder aus seiner Untersuchungshaft entlassen worden ist: daß ich gegen die Festnahme von Frank Wolf Matthies und meine gewaltsame Zuführung zur Zeugenvernehmung protestiere, da diese beiden Ereignisse in einen Bereich der Freiheitszerstörung vordringen, der von der bisher gewohnten, und positiv und loyal beantworteten, Zensur in der DDR nicht beansprucht worden ist.

Ich halte es in diesem Augenblick für nötig, Sie mit einem Anspruch auf Menschenrecht bekannt zu machen, der Ihnen vielleicht im Umgang mit der Grammatik der Ideologien unbekannt geblieben ist. Dieses Menschenrecht, das selbstverständlich in keiner Charta formulierbar ist, weil dies seinem Wesen widersprechen würde...: ist der freie Umgang mit dem Nexus, dessen sittliche Gestalt in der Kultur eines individuellen Lebens oder auch einer Gruppe, auch unter den Bedingungen von Zensur und Diktatur, die Würde des poetisch betrachteten Lebens zu einer stummen Sprache zu dichen vermag. Ohne Zweifel bedeutet die Festnahme von Literaten, deren Arbeiten keinen Zugang in die medienöffentliche Sprache eines Landes finden können und die deshalb gezwungen sind in einen anderen gesellschaftlichen Nexus zu emigrieren... ohne dabei für bestimmte Rückschlüsse auf so entstehende Urteile über den Zustand einer solchen Gesellschaft allein verantwortlich zu sein, eine nicht mehr zu gestattende Ausweitung der Zensur, die sich nun anmaßt poetische Arbeit innerhalb ihres eigenen gesellschaftlichen Raums zu interpretieren: obwohl sie gar nicht in eine Medienform vordringen konnte.

Meiner Meinung nach bezeichnet dieser geschichtlich tatsächlich neue Verwahrlosungszustand gesellschaftlicher Urteilskraft, einen Punkt, an dem offensichtlich wird, daß jenes loyale Verhalten eines zensierten Literaten in der DDR tatsächlich nicht mehr ausreicht, sittliches Verhalten zu lehren und die durch Abwesenheit in der öffentlichen Sprache entstandenen Probleme lösen zu helfen. Ich halte es deshalb für sofort unumgänglich, um die unübersehbaren Spannungen nicht allein der Verantwortungslosigkeit der in Ver-

haftungen Handelnden zu überlassen ... einen verantwortlichen Dialog zu führen, der endlich den Hochmut, das Leben zu determinieren, aufgibt.
Ich bin mir selbstverständlich über die utopische Radienlänge dieser Forderung im Klaren; allerdings lehren mich meine Erfahrungen aus mehr als einem Jahrzehnt, daß diese Forderung zur Lösung der gesellschaftlichen Probleme unumgänglich ist. Als erstes Zeichen erwarte ich, daß letztlich die Ermittlungen gegen Frank Wolf Matthies eingestellt werden und seine poetische Arbeit mit einem Blick auf ihren eigentlichen Gegenstand ... die Befreiung der Poesie aus den semantischen Gefängnissen der Deutungen ... betrachtet wird. Nur ein solches sittliches Betrachten der Phänomene des Lebens in einer Gesellschaft, die sich auf die Lehre marxistischer Philosophen zu berufen meint und den Sozialismus aufzubauen glaubt, macht tatsächlich eine Zukunft möglich und vermag das Verhängnis zu lösen.
Genau in diesem Sinn erwarte ich von Ihnen eine verantwortliche Antwort, und hoffe, daß die Freilassung von Frank Wolf Matthies ein erstes Zeichen gewesen ist, sich auf die positiven Kräfte in der Gesellschaft der DDR zu besinnen. Mit einem freundlichen Gruß,

Gert Neumann

Sozialistische Einheitspartei Deutschlands
Zentralkomitee
Haus des Zentralkomitees am Marx-Engels-Platz ·
1020 Berlin · Ruf 202-0
Mitglied des Politbüros
– Kurt Hager –

Herrn
Gert Neumann
7033 Leipzig
Georg-Schwarz-Str. 118

Werter Herr Neumann!

Sie sind, wie es scheint, ein Mensch ohne Maß und Anstand. Hatten Sie wirklich erwartet, daß Sie eine Antwort auf Ihren ersten Brief erhalten würden, nach dem Sie es für nötig gehalten hatten, mich »mit einem Anspruch auf Menschenrecht bekannt zu machen, der Ihnen vielleicht im Umgang mit der Grammatik der Ideologien unbekannt geblieben ist«, nämlich dem freien »Umgang mit dem Nexus« usw.? [...]
Es wäre gut, wenn Sie Ihre Position, die keine poetische Position ist, überprüfen würden, um nicht in das Lager der Gegner der DDR zu geraten. Im übrigen müssen Sie sich wegen Ihrer Manuskripte an die entsprechenden staatlichen Organe im Bezirk wenden. Ich mache von meinem Menschenrecht Gebrauch und fordere Sie auf, mich mit weiteren Briefen zu verschonen. [...]

Mit besten Grüßen

Berlin, 20. 1. 81
B 134/80

Kurt Hager

Adolf Endler
Brief an den Stadtrat für Kultur des Leipziger Stadtbezirks Süd

Das Maß ist voll, es ist übergelaufen!, spätestens seit dem Ansinnen, nun auch noch die bereits gedruckten Nachdichtungen zur Prüfung vorgelegt zu bekommen, die in der Veranstaltung zu dem ›Surrealismus‹-Buch des Reclam-Verlages im Jugendklubhaus in der Steinstraße 18 von den Nachdichtern Hubert Witt und Adolf Endler vorgetragen werden sollen. Das Maß ist voll!, und das kann ich um so entschiedener sagen, als ähnliche Veranstaltungen im Zusammenhang mit dem Buch ›Surrealismus in Paris 1919-1939‹, wie sie stattgefunden haben und stattfinden, eine davon fast zur gleichen Zeit wie die hiesige in einer anderen Bezirkshauptstadt, in keiner Weise mit derlei »Auflagen« belastet waren (oder sind). Bedeutet schon die ultimative Forderung an den Autor, bei den geplanten Lesungen aus entstehenden oder abgeschlossenen Original-Arbeiten geraume Zeit vor der Veranstaltung ein Manuskript dessen, was für die Lesung vorgesehen ist, zur Prüfung einzureichen, gleichermaßen Entmündigung und Herabwürdigung des Autors, des verantwortlichen Veranstalters und des Publikums, so bedeutet die eskalierende Forderung nach der Vorlage nun auch von Nachdichtungen, zum Druck gelangter Nachdichtungen, Entmündigung und Herabwürdigung eines noch sehr viel weiteren Personenkreises, z.B. auch der Verlage und ihrer Mitarbeiter, z.B. auch der Kollegen in der Hauptverwaltung Verlage des Ministeriums für Kultur, und – last but not least – der ausländischen Original-Autoren ... Ja, wahrhaftig, die Grenze ist überschritten!, buchstäblich.

Zugegeben, ein Extrem-Fall, vielleicht einmalig in der Geschichte der Klub-, der Kulturhäuser etc.! Allerdings wird auch der quasi »normale« Fall mit Recht immer noch von den meisten als Ungeheuerlichkeit empfunden. Wie das Verbot der Bernd-Igel-Lesung am 2. September dieses Jahres – wie wollen Sie denn surrealistische Texte oder Bilder beurteilen können, wenn Ihnen schon die relativ leicht zugänglichen spät-expressionistischen Gedichte und Grafiken Igels bzw. Detlef Schweigers als verworrenes »Geschwafel« bzw. sinnloses »Gekleckse« erscheinen? –, wie die Art und Weise des Igel-Schweiger-Verbots gespenstisch und irreal anmutet, so erscheint es manch einem nach wie vor als kaum glaubwürdig – z.B. dem Dichter Peter Gosse, für den dieses Faktum völlig neu und schockierend war –, wenn er von der Praxis erfährt (oder ihr direkt konfrontiert wird), die Erlaubnis für eine Dichterlesung o. ä. davon abhängig zu machen, ob der entsprechende Autor den vorgesehenen Text vorher einzusehen erlaubt, und zwar Zeile für Zeile; wenn nicht, dann ... (Dabei muß jede einzelne Lesung, jeder einzelne Vortrag ohnehin schon von der Volkspolizei genehmigt werden.) – Ich kenne keinen Autor, der das nicht als unerträgliche Zumutung auffaßt; ich kenne Autoren, die es angesichts solcher Forderung vorziehen, auf eine Lesung zu verzichten. Im Unterschied dazu setzen einige Kulturarbeiter, wie man hört und gelegentlich am eigenen Leibe erfährt, derlei elende Verfahrensweise jedoch schon mit einer Selbstverständlichkeit voraus, als sei es die alltäglichste Sache der Welt; was zumindest auf beträchtlich reduzierte Einsichten bezüglich des Wesens einer lebendigen Literatur, zumal der belletristischen, schließen läßt. – Gibt es ein zweites Land auf der Welt, in dem man auf die gleiche Weise vorgeht? Vermutlich nicht! Vermutlich darf sich einzig und allein die DDR mit dieser »Errungenschaft« im Umgang mit Literaten brüsten! (Nun gut, auf Feuerland finden vielleicht überhaupt keine Dichterlesungen statt!) – Es sei nicht verschwiegen, daß mich ein bekannter Autor, Mitglied des leipziger Bezirksverbandes der Schriftsteller, diesbezüglich um die Einschränkung gebeten hat, von einer ausgesprochen leipziger Spezialität, nicht von einer der DDR schlechthin, zu sprechen.

Vielleicht hätte man dem allen nicht erst jetzt Widerstand entgegensetzen sollen!: Welche geradezu wahnhaften »Ideen« inzwischen auf diesem Dornen-Acker gedeihen, das erhellen blitzlichtartig die Äußerungen des beim Verbot der Igel-Lesung gleichfalls tätig gewordenen Sicherheits-Kollegen E., der der unfreiwillig schwarz-humorigen Erwartung Ausdruck zu geben für nötig hielt, ein Klubhausleiter – in diesem Fall die Klubhausleiterin Brigitte Schreier – müsse während einer Lesung doch wenigstens einen Durchschlag dessen zur Hand haben, was vom Schriftsteller vorgetragen werde, und zwar, um bei eventuellen »Abweichungen« vom eingereichten Text sofort eingreifen zu können, das kann doch wohl nur heißen: den Autor zur Ordnung zu rufen... Es juckt einen, das als kleinen satirischen Film in der Art Karl Valentins oder als Kabarett-Szene zu gestalten, wobei einem natürlich augenblicklich die Inkonsequenz des Kollegen E. ins Auge springt: Zwei Durchschläge sind vonnöten, will man optimale Wirkungen beim Autor und beim Publikum erzielen! (Ich stelle mir die Grund-Konstellation ungefähr folgendermaßen vor: Vorne, am selbstverständlich zu seinen Ehren mit frischen Blumen geschmückten Lese-Tisch, sitzt der Dichter und liest und liest und raschelt und raschelt; etwa in der fünften Reihe – und vom Dichter aus schwer zu erkennen, – sitzt der Klubhausleiter und liest und liest und raschelt und raschelt; irgendwo ganz hinten im Publikum und wie in der Dämmerung zerrieselnd sitzt ein drittes Wesen placiert, und auch dieses liest und liest und paßt auf und raschelt und raschelt, zu nichts Geringerem bestellt als darauf zu achten, daß der Klubhausleiter auch tatsächlich »eingreift«, sofern und sobald der Autor Ungeprüftes oder gar Ungenehmigtes aus dem literarischen Sack läßt...)

Als wäre es nicht seit eh und je und allüberall und aus Gründen das selbstverständliche Recht eines Autors – wie er ja in der Regel unglückseligweise immer noch kein Computer oder Grammophon ist! –, z.B. noch kurz vor seinem Auftritt (und das betrifft vor allem Lyrik-Lesungen) sein Programm notfalls gravierend zu ändern (und sei es auch nur, weil er ein anderes als das erwartete bzw. verheißene Publikum vorfindet); als wäre es nicht sein Recht – und seine Pflicht als verantwortungsbewußter Autor! –, bis zuletzt und immer wieder an seinen Arbeiten weiterzufeilen (endgültig abgeschlossene Werke sind die ganz große Ausnahme in der Weltliteratur), sie zu korrigieren, zu ändern, zu verbessern; nicht wenige Schriftsteller werden gerade durch den Gedanken an eine bevorstehende Lesung zu solcher schöpferischen Aktivität animiert. (Es käme einer Folterung gleich, solche Leute ernstlich dazu zu verdonnern, die miserablere statt der neuen und glanzvolleren, die schlechtere statt der besseren Fassung ihres Werkes darzubieten! Ich möchte lieber nicht darüber nachzugrübeln beginnen, in welch verquerem Verhältnis ein Ansinnen dieser Art zur sozialistischen Arbeitsmoral stehen würde.)

Reicht es? Es müßte eigentlich einigermaßen deutlich geworden sein, daß es keinesfalls das Normale, sondern das ganz und gar Abwegige und Unverständige ist, wenn man das Leben der Literatur in der oben dargelegten Manier kontrollieren, gängeln, an die Kandare nehmen will; das rechnet mit einer gestorbenen, einer toten Literatur, und mit Schriftstellern, die man bestenfalls als »lebende Leichname« begreifen könnte. Wenn man auf die Entwicklung der Literatur einwirken will – und ich gestehe jedem dieses

Recht zu wie mir selber auch –, dann wird man mit solchen Methoden genau das Gegenteil dessen erreichen, was man bezweckt! Aber geht es überhaupt noch um so etwas Ernsthaftes?; ist es nicht die kleinlichste und lächerlichste Dicketuerei, wenn es z.B. und bezogen auf die Lesung aus einem kürzlich im Aufbau-Verlag erschienenen Gedichtband heißt: »...ich möchte, daß die Gedichte angekreuzt werden, die die X. vorlesen will... Sie können doch nicht von mir verlangen, daß ich das ganze Buch durchlese...« Wie gesagt: Es war ein relativ schmaler Gedichtband. – Gute Nacht!

Sehr geehrte Kollegin Wrann, wie Sie aus dem Briefkopf ersehen, gehöre ich zu den Mitliedern der Organisation des P.E.N. in der DDR, d.h. daß ich mich wie etwa 80 weitere Schriftsteller unseres Landes, darunter die namhaftesten, zu der international verbindlichen ›P.E.N.-Charta‹ bekannt habe und bekenne. (Die Annahme der Wahl in den für die DDR nicht zuletzt unter außenpolitischen Gesichtspunkten wichtigen P.E.N. bedeutet: gleichzeitig die Unterschrift zu setzen unter dieses in manchen Punkten sicher recht überschwengliche, dennoch das kulturelle Gewissen nachhaltig verpflichtende Dokument; was manch einem hierzulande noch nicht ganz klar ist.) In dieser Charta heißt es unter anderem: »Der P.E.N. ... verwirft die Zensur-Willkür überhaupt und erst recht in Friedenszeiten.« (Im Ernst, sehr geehrte Frau Wrann, ich halte auch die im Interesse der »Diktatur des Proletariats« praktizierte heute im großen und ganzen nicht mehr für zeitgemäß und dementsprechend auf dem Wege, zum schlimmsten Schnickschnack zu pervertieren; die vorliegende Angelegenheit ist neuerlich ein Beleg dafür.) – Sie sehen, daß ich geradezu verpflichtet bin, diesen Brief zu schreiben; allerdings hätte ich ihn auch geschrieben, ohne Mitglied jener Internationalen Schriftsteller-Vereinigung zu sein. – Da es sich letztendlich nicht um »kleine Fische« und nicht nur um diesen einen süd-leipziger konkreten Anlaß handelt, sondern um allgemeinere Fragen, die meines Erachtens gründlich bedacht und diskutiert zu werden verdienen, behalte ich mir die Mitteilung dieses Schreibens an das Sekretariat des DDR-P. E. N. vor, gleichfalls die Zusendung eines Durchschlags an den für Fragen der Literatur zuständigen Minister Klaus Hoepcke. Einige leipziger Schriftsteller-Kollegen möchte ich mit Ihrer Erlaubnis schon jetzt nach ihrer Meinung befragen dürfen.

Mit sozialistischem Gruß!
Adolf Endler

Leipzig, den 3. 10. 1986

Richard Pietraß
Lyrisch Roulette
Zensur als Erfahrung

Erwachen wir aus einem bösen Traum, reiben wir uns ungläubig die Augen und stellen erleichtert fest, daß wir alles nur geträumt haben. Nun, da sich die politischen Systeme Osteuropas auflösen wie prähistorische Nebel, sind wir wieder geneigt, die Augen aufzureißen und die Träum-ich-oder-wach-ich-Frage zu stellen. Doch nur Verdrängungs- oder Überlebenskünstlern dürfte die Gedächtnisakrobatik eines Biographienwechsels bruchlos gelingen. Wir anderen finden uns in einer Situation existentieller Verstörung, die mehr berührt als die Frage danach, ob wir in unserer eigenen Vergangenheit Täter oder Opfer der uns beherrschenden Verhältnisse waren.

Ein zentraler Punkt dieser Selbstbefragung ist für den osteuropäischen Schriftsteller die Frage nach der literarischen Zensur. Inwieweit hat sie in das Entstehen und die Verbreitung seines Werkes eingegriffen? Welcher Grad an Verfälschung des Erscheinungsbildes ist damit verbunden? Welchen Schaden haben Autor, Werk und Leser dadurch genommen? In welchem Maße habe ich mich Zensur widersetzt, in welchem mich ihr gebeugt? Anhand meiner Buchveröffentlichungen will ich mich der Momente zu erinnern suchen, in denen Zensur mich bedrängte. Ich spreche also nicht von dem weit schwierigeren Feld der Selbstzensur.

Hatte Honecker nach seinem Machtantritt 1971 getönt, daß es, ein Herangehen von sozialistischen Positionen vorausgesetzt, keine Tabus zu geben brauche, stampfte der Pferdefuß dieser »sozialistischen Positionen« drohend genug auf. Schon hier begann der Selbstbetrug vieler Autoren, die scheuklappig, nur das »keine Tabus« vernommen haben wollten. Sie gestanden sich auch nicht ein, daß nicht sie, sondern die Partei es sein würde, die bestimmte, was als eine, nein die (jeweilige) sozialistische Position zu gelten habe. Sozialistische Position war, was dem Machterwerb, dem Machtausbau, der Machterhaltung diente. Geduldet wurde allenfalls, was dieser Maxime nicht offen widerstrebte.

Zur Bestätigung des eben Gesagten paßt meine erste Erfahrung mit Fremdzensur, zunächst durch meinen wohlmeinenden ersten Lektor, Bernd Jentzsch, der mir 1973 das hocherfreuliche Angebot machte, in seiner schon renommierten Lyrikreihe »Poesiealbum« zu debütieren. Hatte ich zunächst meine Vorauswahl getroffen, grenzte Jentzsch diese nach Gesichtspunkten literarischer Qualität und nota bene politischer Opportunität weiter ein. Dabei versuchte er, dessen bin ich gewiß, das Maximum des Möglichen herauszuholen, wofür ich ihm noch heute dankbar bin. Mit seiner schon mehrjährigen, bis in die sechziger Jahre zurückreichenden Verlagserfahrung, hatte er ein untrügliches Gespür dafür, was noch ging und was als Provokation aufgefaßt worden wäre und womöglich alles in Frage gestellt hätte. So schloß er aus einem spitzzüngigen Zyklus aphoristischer Gedichte mit dem Titel »Rummelplatz« zwei Texte aus; einen davon gewiß wegen geringerer Qualität, den anderen aber, da bin ich mir ziemlich sicher, um nicht die berühmten schlafenden Hunde zu wecken:

Reitschule

Sitzen Sie auf
Genieren Sie sich nicht
Wir sitzen alle
Nicht sehr fest

Dies hingenommen, ging alles andere zu meiner und vielleicht auch Jentzschs Verwunderung fast glatt durch. Fast, denn der damalige Cheflektor konnte es sich schließlich doch nicht versagen, mich wegen einer Textstelle des Gedichts »Am Abend verwandeln« in den Verlag zu bitten.

Am Abend verwandeln wir uns
und werden Vögel, Mauersegler, die mit schrillen
Schreien den ungeteilten Himmel befliegen
und lautlos streichende Eulen, steigen
unter die höchsten Türme, nisten
des Nachts und bleiben ertappte Vögel, denen
der Morgen die geborgten
Federn nimmt.

Die Anspielung auf Christa Wolfs »Geteilten Himmel« war offensichtlich. Aber nicht sie ließ Herrn L. nörgelnd insistieren, sondern das Wort »Mauersegler«. Ob ich denn nicht wisse, daß man in der Zeit der Blockade Westberlins die Care-Pakete der Westalliierten so genannt habe. Ich stellte mich unwissend wie ich war und beharrte auf meinem Wort. Überraschend gab das Reptil seinen Widerstand bald auf und ließ die Mauersegler passieren.

Massiver kam es, als ich sechs Jahre später das Manuskript meines Gedichtbandes »Notausgang« beim Aufbau-Verlag einreichte. Ich hatte gerade meine Lektorenstelle beim Verlag Neues Leben verloren und litt an der Räude politischer Mißliebigkeit. Analog klingt denn auch die mir kolportierte Äußerung der damaligen Cheflektorin Frau G., als im Leitungsgremium über Annahme oder Ablehnung des Manuskripts beratschlagt wurde: »Haben wir es nötig, uns dieses Kuckucksei ins Nest zu holen?« Die Abstimmung endete knapp: eine Stimme Mehrheit für die Annahme. Freilich nicht des eingereichten, sondern des zurechtgestutzten, um acht von ehemals sechzig Gedichten dezimierten Manuskripts. Diese Amputation geschah in einem langwierigen Verfahren, dessen Schlüsselfigur der damalige Lektoratsleiter Günter Caspar war, ein achtenswerter Mann, der die Literatur liebte und seine Autoren und Mitarbeiter von politischem Druck weitgehend abzuschirmen trachtete. Als ›seinen‹ Autor konnte ich mich damals natürlich noch nicht betrachten. Entsprechend reserviert war der Beginn. In ihn gewiß quälenden Lektürerunden, er liebte die Prosa, versah er Gedicht um Gedicht mit einem Häkchen. Freilich erhielt dies in der ersten Runde nur etwa ein Drittel der Texte, nach einer oder zwei weiteren, noch ein zweites Drittel. Wer außer meinem bald mit mir befreundeten Lektor Hanns Kristian Schlosser und einem wohlwollenden Außengutachter das Typoskript noch zu lesen bekam, entzieht sich meiner Kenntnis. Maßgeblich blieben die Gespräche mit dem Lektoratsleiter. Hängen blieben sofort zwei Gedichte über die Neue Wache mit ihrem antimilitaristischen Naturen unerträglichen Schauspiel sozialistisch verbrämten Preußentums, ein unschuldiger Schinkelbau, den nun wohl auch künftige Staatsgäste als Kranzablage mißbrauchen werden. Dieser rituelle Ort galt der DDR-Führung geradezu als geheiligter, vor jeglicher Verunglimpfung zu schützender Ort. Undenkbar, daß Strophen hätten erscheinen dürfen wie diese von 1974:

Rundspruch
(Berlin Neue Wache)

Geheime Befehle
Bewegen die Szene
Bewegen Puppen
Wächserner Miene

Bewegen die Füße
Geheime Befehle
Bewegen knallende
Stiefel die Szene

Bewegen Stiefel
Knallend die Szene
Bewegen geheime
Befehle die Seele

Im Freiluftmuseum
Für deutsche Querelen
Bewegen Puppen
Geheime Befehle

Das zweite meiner drei gegen dieses Spektakel gerichteten Gedichte geht noch weiter:

Berlin Neue Wache

Noch einmal öffnet sich die Tür
Auf die volle Sekunde
Noch einmal treten die Wachen herfür
Zu soldatischer Runde

Noch einmal schneidet Säbelschritt
Das historische Pflaster
Und wieder zieht die Menge mit
Ins nochmals schönste der Laster

Noch einmal schlagen Hacken hart
In geschrieene Fetzen
Nichts geschehen Gründlich verscharrt
Liegen die blutig Gehetzten

Noch einmal übern Strich radiert
Im Spalier der Gesichte
Noch einmal öffnet sich die Tür
Des Museums für Deutsche Geschichte

Die ›Sieger der Geschichte‹ als nochmals, als ewig Gestrige, als Schnitzfiguren der historischen Kuckucksuhr? Es spricht für die Verlagsleute, daß sie mir diese Texte stumm zurückgaben. Herauszufiltern hatten sie ein Gedicht aus dem Jahre 1973, dem im nachhinein prophetische Züge nicht abzusprechen sind.

Im Sozialismus, schon spät

Der die volkseigene Maschine anhielt
Der Handgepäck aufgab, der
Auf die anderen losfuhr

Der sein Leihzelt aufschlug, die Haut
Zum Strand brachte
Der ins fischreiche Wasser ging

Der englischen Boden unter den Füßen
Verlor, der Viere
Von sich streckte, der sich treiben ließ

Der sich treiben ließ, der
Auf und davonschlief, der
Mit dem Hebel in der Hand erwacht

Nicht mal so andeutungsweise wollte man das Volk, den Heineschen Lümmel an seine Möglichkeit erinnern, aus Alp und Tagträumen erwacht, Hand anzulegen an die Hebel der Macht. Und keine Öffentlichkeit konnte 1979, in einer trotz Helsinki andauernden Periode politischer Abgrenzung einem Gedicht beschieden sein, das im deutschen

Dilemma nationale Gefühle berührte, indem es die deutsche Teilung um des Friedens willen als Preis für den Krieg verstandesmäßig hinnahm, mit dem Gefühl aber dagegen antrauerte:

Sprengel

Ich bin kein europäischer Bürger. Mein Feld
Ist die Provinz, von Propheten umstellt.

Unter der Sichel des Mondes, unterm Hammer
Schlafen wir, an den Bruder geklammert.

Heiligherz Vaterland, im Geiste dauernd
Sieh mich, deinen schlauen Bauern

Beim Düngen des Kohls, am Rand des Grabens
Mit dem sie dich gevierteilt haben.

Heimatlicher Sand, den Hingabe schmolz.
Reibfläche. Sprengsatz. Lunte. Streichholz.

Hätte schon das Verlesen dieses Gedichts zwischen Kap Arkona und Fichtelberg eine Unbotmäßigkeit bedeutet, seine Veröffentlichung war damals unmöglich. Daß ich es in mein sorgsam geordnetes Manuskript einfügte, entsprang weniger dem Wunsch zu provozieren als einem uneinsichtigen Spieltrieb. Irgendwie hoffte man wider besseres Wissen auf ein Wunder. Es war eine Art lyrisches Roulette. Man integrierte eine Handvoll Gedichte, auf deren Veröffentlichung man, nüchtern betrachtet, nicht rechnen konnte und wartete ab, welches von ihnen die Zensur passieren würde. Man hatte ja auch nur in etwa ein Gefühl dafür, wo die sich immer wieder verschiebende Grenze zwischen Druck- und Undruckbarkeit verlief. Und man setzte auf Gewöhnung. Wenn man das Reizende nur oft genug anbot, mußte dessen herausfordernder Charakter allmählich schwinden, der Text eines Tages annehmbar werden.

Wie rasch sich die angelegten Ellen änderten, erlebte ich, hin zum Negativen, an zwei Gedichten, die Caspar schon akzeptiert hatte. Eine seitens der Berliner SED-Führung einberufene Lektorenschulung und -vergatterung auf Wachsamkeit gegen die Einschleusung bürgerlich-dekadenter Lebensweisen im trojanischen Pferd der Literatur führte dazu, daß man anderntags seitens des Verlages nicht mehr wagte, die folgenden beiden Gedichte zur Druckgenehmigung einzureichen:

Frei

Du lebst mit mir, ohne mit mir zu leben.
Wir haben uns kein Versprechen gegeben.

Wir sehen uns mit freieren Augen an.
Uns gehören weder Hausstand noch Kinder an.

Wir bauen kein Nest, keine Zelle des Staats.
Am Rande, am Rand ist immer Platz.

Am Rande lebend sind wir hinten und vorn.
Die Spanne dazwischen heißt tragende Norm.

Ohne mit mir zu leben, lebst du mit mir.
Nicht jedesmal lüg ich dir Dank dafür.

Lektor

Meine Praxis. Ein wackliger Stuhl.
Die Waage. Das kühle Blut.
Das Zünglein mein tauber Geschmack.
Am Haken der griffbereite Hut.

Dieses Gedicht, 1976 nach einjähriger Lektorentätigkeit geschrieben, enthielt weiß Gott wenig von der dem sozialistischen Lektor zugedachten Rolle und Selbstsicht. Übrigens hatte es, 1977 oder 1978 in der rumäniendeutschen Zeitschrift »Neue Literatur« erschienen, mir eine Nestbeschmutzungsvorladung zum Cheflektor des Verlages Neues Leben eingebracht: »Was erlauben Sie sich! Sie schreiben, daß in unserem Verlag taube Leute arbeiten. Übrigens habe ich Sie noch nie mit Hut gesehen. Den finden Sie dann gar nicht. So schnell geht das dann mal.« Wenig später mußte ich den nie getragenen Hut tatsächlich nehmen. Mein Maß war voll.

Günter Caspar ging ein anderes Lektor-Gedicht an die Berufsehre, die ihn zum Rotstift greifen ließ:

Mein Bleistift schwärzt das Papier.
Ich rühre Senf in den Schleim.
Was andre im Suff erbrachen
Ich trichtere es mir ein.

Mir ist von diesem Aftermahl
Die Zunge faltig flau.
Der Magen näßt die kalte Stirn
Einen Löffel fürs Kind, für die Frau.

Am Abend zwischen Tisch und Bett
Hinkt mein kurzes Leben.
Kaum ist der Tag aus mir heraus
Ists Zeit, mich hinzulegen.

Zwischen Alptraum und Morgenfluch
Frißt dieselbe Vision:
Werf ich es ab, mein Kritteljoch
Und beuge mich froherer Fron?

Schließlich und für diesen Band letztens ein Gedicht, dem es offensichtlich am notwendigen Vertrauen zur politischen Führung fehlt:

Was mir zum Glück fehlt

Eine Regierung, die mir vertraut.
Knochen, die nicht vor der Zeit rosten.
Ein Ruhm, der mir ein Haus baut.
Verse, die mir nicht die Butter kosten.

Eine Frau, die mich selten betrügt.
Freunde, die mich nicht am Arsch lecken.
Eine Zeitung, die nicht gedruckt lügt.
Eine Freundin mit rundem Becken.

Ein Blick, der sich nicht trübt.
Ein Schlußstein, der das alles fügt.

Was tat ein an acht Gliedern amputierter Autor? Er bangte um den Torso; der ihm noch immer lohnend, immer noch gefährdet schien. Und er machte sich einen Spaß. Tippte die herausgerissenen Gedichte, schnitt die Blätter formatgetreu zurecht und legte sie zusammengeklammert zu einem Heftchen dem erscheinenden Rumpf als »Notizbuch des Zensors« bei. Und er versuchte, als guter Hirte seiner Texte, wenigstens einige der versprengten schwarzen Schafe in der Wolle gefärbt in den nächsten Band hineinzubringen. Für »Frei«, »Lektor« und »Was mir zum Glück fehlt« ist mir dies im »Freiheitsmuseum« gelungen. – So, mit List und Krücke, versuchte ich immer wieder zu retten, was zu retten war. Nachdem der Band »Notausgang« für seine geglückte Gestaltung überraschend als »Schönstes Buch« ausgezeichnet worden war, hatte ich es mit »Freiheitsmuseum« spürbar leichter.

Opfern mußte ich diesmal nur »Prophetisch Lied«, eine Reminiszenz an die Ausbürgerung Wolf Biermanns:

Die Linke in den Furchen der Stirn
Den Rotstift in rechtender Hand

So dünkt Pan Toffel beim Morgenkaffee
Der Prophet im eigenen Land.

So kritzle er die Zeit ins Lot
Belästert und verkannt
Spielt er den Preßnarrn, Esel, Sack
Den Propheten im eigenen Land.

Und fallen nicht das Zollverdikt
Der Balken vorm Reußenverstand
So geht er tiefer in sich hinein
Der Prophet im eigenen Land.

Gerät er durch den Maschendraht
Rufts hinter ihm: Verbannt!
Solchen Abgang hält bereit
Dem Propheten sein eigenes Land.

Und bleibt er fort, wird, was verblieb
Zerrissen und verbrannt.
So wird der Nachlaß kompostiert
Des Propheten im eigenen Land.

Dann öffnet sich das Himmelreich
Voll Erde eine Hand.
Da wird er endlich unbeschränkt
Prophet im eigenen Land.

Hiermit war kein Blumentopf zu gewinnen; zu unmißverständlich die Grenzstrophe, die Parabel. Sonst aber kam der Band durch die Zensurklippen, trotz seines Titels, trotz der hartnäckigen Thematisierung und Differenzierung des Freiheitsbegriffs. Eigentlich hatte die DDR nur den Frieden vereinnahmt, während die Freiheit zur Erbpacht des Westens gehörte, man im Osten Deutschlands die Vokabel im offiziellen Sprachgebrauch eher mied.

Meine massivsten Zensurerfahrungen machte ich im Zusammenhang mit der Veröffentlichung meines Gedichtbandes »Spielball«. Im Frühjahr 1985 im Verlag abgegeben, sollten die Texte ursprünglich 1986 erscheinen. Diesmal aber traf das Verdikt nicht einzelne Gedichte, sondern das gesamte Manuskript. Wie sich aus den mir nachträglich in die Hände gelangten Druckgenehmigungsakten der Hauptverwaltung Verlage und Buchhandel ergibt, wollte man es weder in der Kulturabteilung des Zentralkomitees der SED (ja, dort beschäftigte man sich mit Gedichten...), noch in den Oberstübchen des Hauses Höpcke. Gerechterweise sei gesagt, daß einige von H.s Untergebenen sich durchaus bemühten, dem Buch nichts in den Weg zu legen. Da mußte dann schon der ach so bücherliebende Meister selbst kräftig ins ZK-Horn stoßen. Die ihn bestimmenden Sätze seines parteiamtlichen Kontrolleurs und Übermeisters Arno Lange (dessen spezieller Freund zu sein ich spätestens seit einer Denunziation durch den damaligen »Sonntag«-Chefredakteur Hans Jacobus die Ehre hatte) lauteten:

«Ich kann mich eigentlich nur dem Gutachten von Mathilde Dau voll anschließen. Der salto mortale am Schluß – wenn mit dem einzigen Argument ›Belastung durch die Hypothek nichtpublizierter Werke‹ für die Veröffentlichung plädiert wird – wirkt fast komisch (oder peinlich), denn das ganze Gutachten spricht eigentlich deutlich gegen die Publikation. Und mit überzeugenden Argumenten.

Sozialistische Positionen kann ich nicht entdecken. Auch die weltanschaulichen Überlegungen bei der Umweltproblematik sind m. E. nicht von unseren Positionen getragen. Immerhin macht die DDR was für den Umweltschutz – und nicht wenig. Warum also nur Pessimismus und Fatalismus. Überhaupt: das Menschenbild. Der Mensch dieser Gedichte ist ausgeliefert, entfremdet, nicht sozial aktiv, kein Mensch mit sozialistischen (oder gar kommunistischen) Positionen. Allerdings muß man auch – der Gerechtigkeit wegen – sagen, daß keine antisozialistischen Positionen artikuliert werden.«

Nun, welchen Satz dieser Philippika bekräftigt der Buchminister mit roter Tinte durch Unterstreichen und handschriftlichen Zusatz? Diesen: *»... das ganze Gutachten spricht eigentlich deutlich gegen die Publikation. Und mit überzeugenden Argumenten.«*

»Das finde ich auch.

K. Hö.«

Das kam einem Todesurteil gleich. – Von all dem erfuhr ich damals, acht Monate nach Einreichung des Manuskripts, nichts. Die Unterlagen verraten, daß eine Mitarbeiterin, die offensichtlich entschieden für die Veröffentlichung des Buches war, sehr schnell die Druckgenehmigung erteilt haben muß, die dann aber, hausintern in Frage gestellt und nach dem Gutachten von Mathilde Dau, nach Langes und Höpckes Invektiven wieder zurückgezogen wurde, während das Manuskript Ende 1985/Anfang 1986 an den Verlag zurückging.

Ein weiteres Schlüsseldokument für die damaligen Vorgänge ist der Brief des Leiters der Abteilung Belletristik, Kunst- und Musikliteratur, Klaus Selbig, an seinen Vorgesetzten:

Ministerium für Kultur Hausmitteilung Berlin, 2. 12. 1985

von
Abt. Belletristik, Kunst- und Musikliteratur

an
Stellvertretrer des Ministers
Gen. Klaus Höpcke

Lieber Klaus!

Am 8. August 1985 hat der Aufbau-Verlag den neuen Gedichtband von R. Pietraß »Spielball« zur Druckgenehmigung eingereicht. Er wurde von den Genossen der Abteilung Horn, Tchorrek, Christiansen und Selbig gelesen und übereinstimmend nochmals ins Außengutachten zu Dr. Mathilde Dau gegeben.

Diesem fundierten Gutachten von Dr. Dau, die übrigens aus bestimmten Gründen anonym bleiben möchte, stimmen wir im we-

sentlichen zu und empfehlen in Übereinstimmung die Gedichte »Vom Mündel«, »Aderlaß«, »Das Schlachthaus« sowie zusätzlich »Laufpaß« und »Hohe Schule« und »Agonie« nicht mit in den Band aufzunehmen.[x]
Wir sind uns gleichzeitig im klaren darüber, daß der Band damit nicht optimal ist, die Herausnahme des einen oder anderen Gedichts höchstens die Grundtendenz schwächen, sie doch nicht beseitigen kann.
Sollten wir der Entscheidung folgen[xx], das Manuskript zu veröffentlichen, ausschließlich der erwähnten Gedichte, müßte der Verlag angehalten werden, von einer repräsentativ erscheinenden Ausstattung Abstand zu nehmen.[xxx]
Wir bitten um Kenntnisnahme und Abstimmung.[x]

Anlage Gutachten

Dr. Klaus Selbig
Abteilungsleiter

[x] Ich möchte den Band ohne diese Gedichte bitte mal kurz durchsehen
[xx] Wessen Entscheidung gibt es denn, der da zu »folgen« wäre?
[xxx] Daß so ein Anhalt nötig ist, erscheint mir symptomatisch.
Mir scheint nach Lektüre des Gutachtens eher, daß wir auf eine Entscheidung zugehen, diesen Band *nicht* zu machen.

Soweit dieser Brief des Abteilungsleiters nebst handschriftlichen Anmerkungen des Buchministers.

Während dieser Wochen und Monate herrschte mir gegenüber natürlich Schweigen im Walde. Ich erfuhr nichts. Die DDR ging, besser: kroch einem Parteitag entgegen, in dessen Vorfeld kein Verantwortungsträger Fehler mit für ihn unangenehmen Folgen machen wollte. Stunde der Wahrheit wurde die Leipziger Buchmesse. Vor dem rituellen Rundgang Kurt Hagers inspizierte genannter Arno Lange auch den Stand des Aufbau Verlages und entfernte den Blindband meines Buches. Dies war eine Ohrfeige für den Verlagsleiter Elmar Faber. Dieser schluckte die Demütigung, soll aber zu Kristian Schlosser gesagt haben, daß man ihm zwar ein Buch vom Messestand, nicht aber die Literatur aus dem Verlag nehmen könne. Das glich einer Kampfansage. Im April, beim Geburtstag Stephan Hermlins, erzählte ich diesem vom bisherigen Schicksal meines Buches. Auch er versprach indirekt, sich darum zu kümmern, er würde demnächst wichtige Genossen sprechen. Wer immer was bewirkte, im Mai oder Juni präsentierten mir mein Lektor und die neue Lektoratsleiterin erstmals wieder konkrete Herausnahmewünsche, nachdem sie mir schon vor Jahresfrist die Gedichte »Ring der Kosmonauten« und »Halbmast« abgehandelt hatten, die sie für nicht druckbar hielten:

Ring der Kosmonauten

Während zwei im Mondstaub waten
Flüstern in den Boxen Schatten
Die sich mehr versprochen hatten
Für die kurze Erdenfrist.

Aber wie das Leben ist:
Ganztags Arbeit, selten Feste.
Jeder gibt das Seine: Beste
In den Tagessuppentopf.

Schlagend faßt sich an den Kopf
Wer ihn lang verloren hat
Und in Kammern vor der Stadt
Eine nackte Bleibe fand.

Sind wir, spricht das Hirn zur Hand
Um das Herz erleichtert worden

Da wir nun in Apfelhorden
In der Lagerhaltung ruhn?

Weiß nur einer was zu tun
Soll er sich verlauten lassen
Daß wir uns am Zopfe fassen
Und in andre Sphären ziehn.

So, mit bahngebeugten Knien
Höre ich in ihren Boxen
Nasgeführte Schatten: Ochsen
Ihr geschautes Los beraten.

Während die Verlagsleute hier befürchtet hatten, daß man aus der innewohnenden Kritik an Honeckers Lieblingskind, seinem Wohnungsbauprogramm, eine Gegnerschaft von Pietraß gegenüber Honecker konstruieren könnte, diagnostizierte das andere, bereits 1979 geschriebene und von mir bis dahin zurückgehaltene Gedicht zu offensichtlich Verfallserscheinungen:

Halbmast

Abschied nehmen heißt uns die Fülle. In der Dämmerung
Hülle der flutende, der ebbende Mond. Heruntergewohnt
das schimmernde Bild. Mauser zaust die Federn vom Leib.
Mann und Weib beim Bauchbeinstehen. Hat jemand deine
Haarspange, meine Zahnbürste, ein Wässerchen für den
Mund gesehen. Nur die Fußlappen tappen forsch durch
die Nacht. Wehe dem Mangel, der sich nicht bewacht!
Wie versprach er uns, sich dick zu fressen. Goldene
Berge spuckten die Essen in die Himmelsschüssel. Nicht
vollkriegen den Rüssel konnte das Gürteltier mit großen
Worten; nichts zum Horten. Das Sahneeuter leergemolken.
Sitzen und polken Kitt. Mach mit! Auf den Straßen,
auf den Bahnen, im Winde irren die Fahnen.

Nun also der zweite Hunger. Überraschend äußerte die neue Lektoratsleiterin Dr. Sigrid Töpelmann, daß ihr die Forderung, weitere fünf Gedichte herauszunehmen, überzogen erscheine. Ob ich mich aber dazu verstehen könne, auf zwei Texte zu verzichten und ihnen behilflich wäre, für die anderen eine akzeptable Lesart zu finden. Mehr als ein Jahr nach der Manuskriptabgabe und froh darüber, daß sich nun endlich etwas rührte, spielte ich mit. Ich nannte ihnen moderate, ans Ministerium kolportierbare Lesarten und verzichtete, damit es bei zwei noch zu opfernden Gedichten bliebe, gleich auf die beiden schärfsten:

Aderlaß

Hans läßt Dampf ab
Nicht zu knapp, jahrjährlich
Fünf Prozent. In allen Gassen
Wo ihn jeder kennt
Vor den Volkswohlwahlen
Borgeröte im Gesicht
In den toten Zahlen.
Schmalz in der Suppe, Wende-
Hals auf dem Teller
Wetzt er sein Scherflein
Den rollenden Heller.
Hansdampf läßt ab
Im Zuckeltrab von der Nuckelbrust
Im Zwickel einen gezwackten
Nickel, eine Mohr-
Rübe ab!
Für das rotaugige Karnickel.
Aderlaß, o Kaderspaß!
Mist, Macht, gewußt wie
Alle dem Kleinvieh

Daß nichts ohne ihn geht
Pan Toffel hat es immer
Gewußt Gebrannter Hand
Im Ruhestand hielt er sich
Revers bei Gruß Die geordnete
Brust ein Nadelkissen
Faden Leuten ein Dorn
Tauglich für vorn gedoppelten
Koppels gekimmten Kinns
Kehr-
Bereit sein ist alles. Allenfalles
Mausert die Flaute
Sieben Jahr folgen nicht
Früher die fetten
Den Kern zu retten
Hält die Sippe das Süppchen
Am Kochen Knochendran wer nicht mit
Wer verlegen ist Kunstkopfkugel
Oder staatenloser Statist
Fortune oder Verve Stillhalteabkommen
Gestillte Reserve

So versuchte ich mal um mal den Kern zu retten, indem ich Abstriche zuließ. Im Kompromiß verdarb viel; zu viel, wie sich im nachhinein zeigt. Die zurückgenommene Unerbittlichkeit unserer mitunter hellsichtigen Analysen begünstigte die Verschleierung des desolaten Gesellschaftszustandes durch die Mächtigen, deren Stützen wir nicht sein wollten, in nachgiebigen Momenten aber waren.

Als der Reclam Verlag Leipzig mir 1987 die Veröffentlichung eines Auswahlbändchens anbot, war der Zensurrahmen noch immer unverändert. Ich beschränkte mich darauf, neben neuen Gedichten die geopferten Spielballtexte »Ring der Kosmonauten« und »Aderlaß« zu integrieren. Seitens des Verlages kamen keine Bedenken. Andere Verzögerungen führten dazu, daß die Druckgenehmigung erst zu einem Zeitpunkt erteilt wurde (Anfang 1989), an dem als Folge der Reden de Bruyns und Heins auf dem Schriftstellerkongreß von 1987 das Einreichen von Manuskripten in Höpckes Ministerium eigentlich schon abgeschafft war. Diesem Frieden trauten aber weder Verleger noch Autoren so recht. Es schien ausgemacht, daß dieser sogenannte Zensurwegfall nur jene neunzig Prozent der Bücher betraf, die auch bisher eigentlich unbetroffen geblieben waren, daß die Verlage aber weiter angehalten waren, bei heiklen Manuskripten die Hauptverwaltung Verlage und Buchhandel zu ›konsultieren‹.

Es bedurfte erst des Falls der Mauer, daß ich, ich hatte gerade die Korrekturfahnen bekommen, in Leipzig anrief und fragte, ob es denn nun nicht möglich sein sollte, sämtliche der Zensur und Selbstzensur anheimgefallenen Gedichte in die Auswahl aufzunehmen. Die Antwort war: »Selbstverständlich, schicken Sie uns die Texte, und wir lassen sie noch nachsetzen.« So kamen einige bereits zitierte Gedichte noch zu Reclam-Ehren, aber auch:

Böser Traum

Wollte bloß mal die Nase in den Tiergarten stecken,
einen Spaß auszuhecken, hinterm Brandenburgtor. Da
waren Zaun und Pfaun, Bluthund und Laufkatze, die
Märtrermatratze, waren Hab und Gut vor. Die
spanischen
Reiter, überkrustet von Eiter, röchelten stiefeltief

im Sand; den Blick zur Wetterwand. Tat ich Tor einen
Schritt, knöpften mich Raben und Graben, der löchrige
Rasen, luden mich Gott, die Welt vor. Die Traummark,
mich auszulösen, war so stark gerostet, daß nichts
sie gekostet, gekostet als Grinsen. Aus dem Schlaf
geflohn, versuch ich ein Lächeln: buckle Zinsen.

Ein solches Eiter-Mentekel aus dem Jahre 1981 hätte jenen immer wieder künstlich hergestellten Minimalkonsens gesprengt, in dem leben zu müssen, ich glaubte. Ähnliches gilt für das Gedicht »Zwanzig«, das einzige übrigens, von dem ich bewußt eine Kopie im Schreibtisch von Freunden aufbewahrte, damit dieser mir anvertraute Erfahrungsbericht erlittener Gewalt durch keine Haussuchung aus der Welt zu schaffen sein sollte:

Zwanzig

In meinem schwachen Arm liegt
Die man (im Beutel trug sie die Münze fürs Frühstück)
Vorm Haus ins Dienstfahrzeug neckte
Zur Rechten die innen hermetische Tür
Dic man Blindekuh im Ankreidekreis fuhr
Der man Kleider und Uhr abnahm (machen nur fickrig)
Die man ihres Namens entledigte
Der man (ein Schließvorgang) die Suppe hinschob
Das Taglicht strich das Nachtdunkel
Der man und das ist erst der Anfang
Als sie verstummte den tropfenden Wasserhahn beigab
Den geduldigen Lehrer von Schläfe zu Schläfe den Stalaktiten
Und das ist erst der Anfang

Ich gehörte zu denen, die die Macht nicht frontal, sondern nur mit Nadelstichen herausforderten. Punktuell. Auf diese Weise blieb ich, wie andere, Gefangener der gesellschaftlichen Praxis. Meine Zuversicht auf deren Besserung ruhte in der trügerischen Hoffnung auf die Wirkung von geduldiger Aufklärung und gelegentlichem Widerstand. Das Versteckspiel mit der Zensur und der Macht weckte und verfeinerte sprachliche Kräfte, domestizierte und deformierte aber zugleich, so daß wir das Ende der DDR als dreiste Krüppel erlebten. In der unlösbaren Verquickung von Skandal und Ruhm waren wir Opfer der Zensur und ihre stillen Nutznießer.

Und die Zensur nach der Zensur? Blauauge, sei wachsam. Verlage krachen, machen dicht. Die Bonzen lesen nun Bilanzen. Die Kugel rollt. Bube sticht.

Ernest Wichner
»Und unverständlich wird mein ganzer Text«
Anmerkungen zu einer zensurgesteuerten ›Nationalliteratur‹

Die Intellektuellen in der ehemaligen DDR, allen voran die Schriftsteller, beklagen zwei Jahre nach dem Zerfall des SED-Regimes und ein Jahr nach der Vereinigung der beiden Deutschländer wortreich den Verlust ihrer Identität, wähnen sich um ihren Aufruhr, ihre Revolution, ihren Beitrag zur Entstehung einer neuen, möglicherweise sozialeren und gerechteren Gesellschaft betrogen. Sie reden und schreiben so, als wären sie gerade dabei gewesen die vierzig Jahre dauernde Knechtschaft und Bevormundung durch Partei und Staat aus eigener Kraft abzuschütteln und als seien sie von widrigen welthistorischen Umständen, einer auf großdeutsche Utopien fixierten Regierung der Bundesrepublik Deutschland und/oder einem unmündigen Volk, das nur Bananen, Kaufhauswühltische und schnellere Autos im Sinn hatte, an der Selbstbefreiung gehindert worden.

Stefan Heyms angewiderte Distanzierung von seinen dem Kaufrausch erlegenen Mitbürgern war nur eine besonders auffällige Äußerung, die dröhnende Solostimme in einem Chor, zu dessen Repertoire die reflexartig vorgetragene Unterstellung gehört, der Westen, das heißt die westlichen Medien, das westdeutsche Feuilleton also, betreibe eine Kahlschlagpolitik, die Zerstörung der kulturellen Identität eines 16-Millionen-Volkes, installiere eine Art Gesinnungszensur, gegen die man sich wehrhaft zusammenschließen müsse.

Die feinere Solostimme dazu lieferte Volker Braun im »Neuen Deutschland« vom 4./5. August 1990; der Dichter, der »in der Pose des verlassenen Liebhabers« (Michael Braun) sein Klagelied singt:

»Da bin ich noch: mein Land geht in den Westen.
KRIEG DEN HÜTTEN FRIEDE DEN PALÄSTEN
Ich selber habe ihm den Tritt versetzt.
Es wirft sich weg und seine magre Zierde.
Dem Winter folgt der Sommer der Begierde.
Und ich kann bleiben wo der Pfeffer wächst.
Und unverständlich wird mein ganzer Text.
Was ich niemals besaß wird mir entrissen.
Was ich nicht lebte, werd ich ewig missen.
Die Hoffnung lag im Weg wie eine Falle.
Mein Eigentum, jetzt habt ihrs auf der Kralle.
Wann sag ich wieder mein und meine alle.«

(Volker Braun, Das Eigentum)

Längst aber gibt es bei solchen, von einer neuen linken Melancholie ausgelösten Zusammenschlüssen Koalitionen der eigentümlichsten Art – doch dies darzustellen, führte am Thema vorbei, wiewohl es demselben entspringt.

Denn als Zeugen für den Versuch der Selbstbefreiung aus zensurbedingter Unmündigkeit weiß man als ehemaliger DDR-Schriftsteller zwei mutige Autoren zu nennen, die auf dem letzten regulären Schriftstellerkongreß der DDR, dem X. (er fand vom 24. bis 26. November 1987 in Berlin statt), den Schritt an die Verbandsöffentlichkeit wagten und von Zensur sprachen. Es waren dies Christoph Hein und Günter de Bruyn.

In einer Arbeitsgruppe dieses Kongresses mit dem Titel »Literatur und Wirkung« sagte Christoph Hein:

»Das Genehmigungsverfahren, die staatliche Aufsicht, kürzer und nicht weniger klar gesagt: die Zensur der Verlage und Bücher, der Verleger und Autoren ist überlebt, nutzlos, paradox, menschenfeindlich, volksfeindlich, ungesetzlich und strafbar.«

An der anschließenden Aussprache über diese Rede, in der Christoph Hein seine Kritik an der Zensurpraxis konkretisiert hatte, fällt auf, daß das Wort Zensur von fast allen Rednern vermieden wird. In der ersten Wortmeldung dazu erklärt Dorothea Kleine auf unnachahmlich kryptische Weise:

»Das Thema ist geheimnisvoll verzweigt und verzwickt genug, daß ich mich am Schreibtisch darauf einstimmen mußte, schon um der Gefahr zu entgehen, mich von unüberprüften, daher ungesicherten Augenblickserkenntnissen fortschwemmen zu lassen.«

Rudi Strahl spricht das Wort Zensur aus, um die Praxis der Druckgenehmigungsverfahren davon positiv abzugrenzen, und Harald Hauser ergänzt Rudi Strahl mit der stachanowschen Empfehlung zur Selbstüberbietung der Produzenten: »Wenn wir als Schriftsteller mit unseren Lektoren, mit unseren Dramaturgen und mit unseren Freunden und Kollegen und im Verband die Höhe der Literatur erreichen, die wir eigentlich alle haben wollen, politisch, ideologisch, geistig, literarisch, stilistisch, dann gibt es überhaupt keine Ansätze, gar keine Möglichkeit mehr für Zensur, gleichgültig, wie man sie einschätzt, wie man sie zum Beispiel in einem gewissen Amt sieht. Ich würde hierauf genau dasselbe antworten, was schon gesagt worden ist: Dieses Amt ist bestimmt nicht *die* Zensur.«

Die Aufforderung zur Selbstzensur wird hier um die Leugnung der institutionalisierten Zensur ergänzt – das Amt, das »nicht *die* Zensur« sein soll, ist die Hauptverwaltung Verlage und Buchhandel des Kulturministeriums, das Höpcke-Ministerium, die Druckgenehmigungsbehörde: es ist die Zensur.

Günter de Bruyn sprach im Plenum dieses Kongresses

und sorgte für die erneute Richtigstellung der Begriffe: »Aufklärung durch Literatur wird bei uns viel gepriesen, aber wenig ausgeübt.

Durch genauere Untersuchungen würden sich sicher historische, soziologische oder psychologische Gründe für diesen Zustand finden lassen. Ein auf der Hand liegender Grund aber ist natürlich das, was ich sonst Zensur nenne, hier aber, um einen fruchtlosen Streit um Begriffe zu vermeiden, Druckgenehmigungspraxis nennen will. Diese Praxis, die uns erfreulicherweise vor kriegsverherrlichender Literatur und anderen Scheußlichkeiten bewahrt, schränkt leider auch die aufklärerische Wirkung von DDR-Literatur ein. Wenn nur *der* Fehler benannt werden darf, der schon beseitigt ist, wird die Entdecker-Funktion der Literatur, die das Entdecken von Fehlern mit einschließt, unmöglich gemacht oder zumindest beschnitten. Eine Gesellschaft, die diese Praxis, die in ihrer Frühzeit einmal sinnvoll gewesen sein mag, nicht zur rechten Zeit abschafft, schädigt ihr Ansehen, nährt Zweifel an ihrer Reformfähigkeit und beraubt sich der Antriebskraft der Kritik.«

Die überwiegende Mehrheit der zu diesem Schriftstellerkongreß versammelten DDR-Autoren verschwieg die Existenz einer Zensurbehörde, während einige wenige (Rudi Strahl und Harald Hauser) sie leugneten oder in euphemistisch-dunkler Rede eskamotierten (Dorothea Kleine). Noch wirkten die Worte des Verbandspräsidenten Hermann Kant nach, der 1979 auf der Mitgliederversammlung des Berliner Schriftstellerverbandes, die von Joachim Walther als Ausschlußtribunal dokumentiert wurde, verkündet hatte: »Der Ausdruck *Zensur,* Herrschaften, ist besetzt; belesenen Leuten muß das nicht erläutert werden. Wer die staatliche Lenkung und Planung auch des Verlagswesens Zensur nennt, macht sich nicht Sorgen um unsere Kulturpolitik – er will sie nicht.«

Christoph Hein und Günter de Bruyn hatten aber nun das Tabu gebrochen und über Zensur gesprochen, und so taub sich der Kongreß auch stellte, es hatte Folgen. Die Hauptverwaltung verzichtete auf die bis dahin geltende Praxis, jedes Manuskript minutiös zu prüfen. Von nun an, das heißt vom Jahre 1988 an, sollten lediglich die Verlagspläne, einzelne Manuskripte aber nur noch nach ausdrücklicher Aufforderung durch die HV eingereicht und geprüft werden. Doch nicht die Zensurbehörde als Institution war abgeschafft worden, lediglich ihre Praxis hatte sich geändert, Klaus Höpcke und seine Mitarbeiter hatten ihre fragwürdigen Kompetenzen behalten und konnten jederzeit jedes Manuskript aus den Verlagen anfordern. Außerdem war damit – durchaus dem rumänischen Modell vergleichbar – ein gutes Stück Zensorentätigkeit in die Verantwortung der Verlage abgeschoben worden.

So bleibt es zweifelhaft, ob der 1988 erfolgte Abdruck eines 1977 von Volker Braun geschriebenen Nachwortes zu einer Ausgabe von Briefen Georg Büchners, das 1977 nicht erscheinen durfte, als positives Ergebnis dieser neuen Praxis zu werten ist, denn elf Jahre Schubladenexistenz hatten auch früher schon ausgereicht, um die kritische Strahlung eines Textes abklingen und ihn als veröffentlichungsfähig erscheinen zu lassen.

In dem tagebuchartigen Text »21., 22. August 1984«, der, ebenfalls bis 1988 in der DDR ungedruckt, in diesem Buch (Volker Braun, »Verheerende Folgen mangelnden Anscheins innerbetrieblicher Demokratie«, Leipzig, Reclam Verlag 1988) publiziert wurde, spricht Volker Braun vom Bruch, den die Unterdrückung seines Textes über Büchners Briefe ausgelöst hat:

»Über *Büchners Briefe* hat es, das eine Mal, den prinzipiellen Streit gegeben, der erst den Bruch macht. Der Streit, der immer vermieden wird: man begnügt sich, ein Büchlein zu kujonieren und läßt den Autor einen guten Mann sein. Damals, als ich aber in Gänze unters Eis sollte, durfte ich darauf tanzen: wenn die Frage so stehe, müsse eine andere gestellt werden. Die Frage wurde nicht zugelassen.«

Diese 1977 nicht zugelassene Frage war die nach Gewalt und Gegengewalt und sie spitzte sich zu in der Forderung nach einer »Massenproduktion von Demokratie«. Volker Braun hatte Büchner mit dem Satz zitiert: »Meine Meinung ist die, wenn in unserer Zeit etwas helfen soll, so ist es *Gewalt.*«

Der aktualisierende Kommentar dieses Büchner-Satzes, seine Übertragung auf die Verhältnisse in der DDR, rührte an den ideologischen Grundfesten des realsozialistischen demokratischen Zentralismus. Ein Jahr nach der Ausbürgerung von Wolf Biermann war man um Schadensbegrenzung bemüht, da konnte es nicht angehen, daß ausgerechnet Volker Braun im Verbund mit Georg Büchner für neue Unruhe sorgt: »Ich sehe heute keinen Grund, an Büchners Bekenntnis einen Abstrich zu machen. Solange eine Gesellschaft, sie mag mittlerweile wie immer heißen, auf Gewalt beruht, nämlich solange es ›die da oben und die da unten‹ gibt, bedarf es der Gegengewalt, sie zu verändern. Zwar der Charakter dieser Gegengewalt mag sich modeln, er mag feiner werden: oder in sozialistischen Staaten gar freundlicher, aber mitnichten nachgiebiger. Es wird nicht der Hanf sein und die Laterne, nicht einmal der Streik und die Demonstration. Wo das Oben und Unten sich nicht mehr in der archaischen Gestalt von Klassen gegenübersteht, aber doch die verschiedene Stellung der Individuen in der Pyramide der Verfügungsgewalt anzeigt, geht der Kampf nicht mehr um den Platz an der Spitze, sondern um die Zertrümmerung der Pyramide. Die Staaten, die fähig wären, ihre eigene Gegengewalt zu organisieren, (mittels Volksvertretungen, Ausschüssen, Produktionsberatungen, Grundeinheiten der

Partei), befinden sich noch im Stadium des Großversuchs. Die Massenproduktion von Demokratie ist noch nicht freigegeben.«

Das Buch, in dem diese Texte erstmals in der DDR publiziert wurden, weist eine Lizenznummer von 1989 und als Erscheinungsjahr 1988 auf; es mag eines der wenigen Bücher aus dem letzten Jahr der DDR sein, die nicht präventiv zensuriert wurden, und es bezeichnet ganz genau das Dilemma dieser Literatur: lange Jahre von der Zensur unterdrückte Texte gerieten nun in die Zeitgenossenschaft einer gesellschaftlichen und politischen Praxis, die sie ihrer Wirkung beraubte und den bislang subversiven Inhalt obsolet erscheinen ließ. Der prominenteste Fall solch einer inflationären Abwertung des politischen Engagements kann am Schicksal des Buches »Was bleibt« von Christa Wolf nachvollzogen werden. Als ohnehin in der DDR nicht veröffentlichbar hatte Christa Wolf die erste Fassung dieses Buches seit seiner Niederschrift im Jahre 1979 in der Schublade gehalten. Nach dem Ende des überwachenden und strafenden Staates veröffentlicht, »ist es bedeutungslos, anachronistisch und hat Züge des Lächerlichen«, so urteilte jedenfalls Frank Schirrmacher. Doch geht es mir hierbei nicht um ein Urteil über dieses Buch, sondern um den verspäteten Fluch der bösen Tat, um das verheerende Weiterwirken der Zensur, ihre zerstörerische Wirkung über ihr Ende hinaus.

Doch nicht bloß das Ende der DDR-Literatur wird von der Zensur überschattet, ihre gesamte Existenz, von ihren Anfängen nach 1945 bis zu »Was bleibt«, hatte die Literatur der SBZ und dann der DDR sich einer ideologisch und ästhetisch verbindlichen Kontroll-, Lenkungs- und Planungsbehörde zu stellen, die auch vor jenen Werken nicht zurückschreckte, die vor 1933 oder im Exil geschrieben und publiziert worden waren. Johannes R. Becher, Willi Bredel,

Hans Marchwitza, Ludwig Renn, Bodo Uhse, Franz Carl Weiskopf, Ludwig Turek und Arnold Zweig unterzogen ihre Werke erzwungenermaßen oder in Akten vorauseilender Selbstzensur den verordneten oder erwünschten Korrekturen.

Hanns Eisler scheiterte 1952/53 mit seinem Libretto zu einer Faust-Oper an der ideologischen Borniertheit der kommunistisch-neoklassizistischen Erbe-Ideologen vom Schlage eines Alexander Abusch, Wilhelm Girnus und Hans Kamnitzer. Nach vielen zermürbenden und erniedrigenden Gesprächen in den »Mittwochsgesellschaften« der Akademie der Künste schrieb Hanns Eisler am 30. Oktober 1953 aus Wien einen Brief an das ZK der SED:

»Genossen, viele meiner Werke liegen in der Schreibtischlade, darunter mehr als fünfhundert Lieder, Kantaten, Orchester- und Kammermusiken. Ich fühlte, daß keinerlei Bereitschaft bestand, diese Werke, die in einem immerhin kampferfüllten Leben von drei Jahrzehnten entstanden sind, zu akzeptieren, die Werke von mir aufführten oder rezensierten, wurden als Vertreter einer überholten Kunstrichtung behandelt. Ihr müßt verstehen, Genossen, daß das Gesamtwerk eines Künstlers mannigfaltig ist und daß jeder Musiker neben Werken, die sofort verstanden werden, auch komplizierte produzieren muß, um die Kunst vorwärtszubringen. Wahrscheinlich gehört es zum Wesen des künstlerischen Menschen, mit großer Empfindlichkeit auf äußere Umstände zu reagieren. Ihr werdet es für Schwäche halten, aber ich brauche eine Atmosphäre des Wohlwollens, des Vertrauens und der freundlichen Kritik, um künstlerisch arbeitsfähig zu werden. Selbstverständlich ist Kritik notwendig, um die Kunst an den gesellschaftlichen Forderungen zu prüfen – aber nicht Kritik, die jeden Enthusiasmus bricht, das Ansehen des Künstlers herabsetzt und sein menschliches Selbstbewußtsein untergräbt. Nach der »Faustus«-

Attacke merkte ich, daß mir jeder Impuls, noch Musik zu schreiben, abhanden gekommen war. So kam ich in den Zustand tiefster Depression, wie ich sie kaum jemals erfahren habe.«

Weder Ernst Fischer noch Bertolt Brecht, die sich für Hanns Eislers Libretto eingesetzt hatten, konnten die verstockten Kulturfunktionäre zu einem verständnisvolleren Umgang mit diesem Autor und seinem Werk bewegen. Und selbst die Aufarbeitung und Dokumentation dieses Zensurfalles, Hans Bunges Buch »Die Debatte um Hanns Eislers *Johann Faustus*« konnte erst 1991, ein halbes Jahr nach dem staatlichen Ende der DDR, erscheinen.

1953, im Jahr der Auseinandersetzung um Hanns Eislers Buch, schrieb Bertolt Brecht zwei Gedichte, in denen er sich mit der »Kunstkommission« und dem »Amt für Literatur« auseinandersetzte; die »höchsten Beamten der Kunstkommission«, so Brecht im Gedicht »Nicht feststellbare Fehler der Kunstkommission«, zollten dem schönen Brauch Tribut, sich einiger Fehler zu zeihen:

»(...) Befragt
Welcher Fehler, freilich konnten sie sich
An bestimmte Fehler durchaus nicht erinnern. Alles, was
Ihnen das Gremium vorwarf, war
Gerade nicht ein Fehler gewesen, denn unterdrückt
Hatte die Kunstkommission nur Wertloses, eigentlich auch
Dies nicht unterdrückt, sondern nur nicht gefördert.«

Und im Gedicht »Das Amt für Literatur« heißt es:

»Das Amt für Literatur mißt bekanntlich den Verlagen
der Republik das Papier zu, so und so viele Zentner
des seltenen Materials für willkommene Werke.

Willkommen
sind Werke mit Ideen
die dem Amt für Literatur aus den Zeitungen bekannt
sind.«

Beide Argumentationsweisen, dies hatte Brecht schon 1953 erkannt, sollten für die Legitimation der Literaturzensur in der DDR bis zu deren Ende wirksam bleiben: man behauptete, nicht zu zensieren, sondern zu fördern oder eben nicht zu fördern und man log die Zensorentätigkeit um in Planungsarbeit – geplant wurde etwa der Papierbedarf und der Einsatz der geringen Druckkapazitäten. Doch gab es immer wieder auch Bücher, die an die letzten Dinge des ideologischen Gemäuers rührten, und die deshalb nicht erscheinen durften. Ein Tabuthema von solcher Härte waren die Übergriffe der Roten Armee auf die deutsche Zivilbevölkerung während der letzten Kriegswochen und in der unmittelbaren Nachkriegszeit.

Boris Djacenko (er stammte aus Lettland, war 1945 als Dolmetscher der Roten Armee in Deutschland geblieben und lebte später als Schriftsteller in der DDR) schrieb im zweiten Band seines Romans »Herz und Asche«, der 1957 erscheinen sollte, auch über die Vergewaltigung einer deutschen Frau durch Soldaten der Roten Armee. Der Vorabdruck dieses Romans in der Zeitschrift »Neue Berliner Illustrierte« wurde gestoppt, das Buch, das schon in Umbruchfahnen vorlag, durfte nie erscheinen. 1977 wagte Werner Heiduczek sich an dieses Thema; sein Roman »Tod am Meer« wurde gedruckt, doch als ein Jahr später die zweite Auflage erscheinen sollte, hieß es, die Sowjetunion habe interveniert und Klaus Höpcke strich persönlich die inkriminierten Seiten durch; wieder handelte es sich um eine Vergewaltigung durch sowjetische Soldaten. Ebenso in Erwin Strittmatters Roman »Wundertäter III«; hier schlägt die

Zensurbehörde vor, »durch sprachliche Arbeit einiges zu mildern«, und Klaus Höpcke teilt seinen Mitarbeitern in der Zensurbehörde mit, »daß in puncto Risse-Geschichte (die Vergewaltigungs-Geschichte, d. V.) grundlegend umgearbeitet werden muß, bevor das Buch publikationsreif wird.«

Ein Jahr vor Erscheinen des Buches machten die Mitarbeiter der Zensurbehörde sich schriftlich Gedanken darüber, wie dieser Roman mittels einer von ihnen gesteuerten Rezensionspolitik einzuordnen sei »in das Ensemble der sozialistischen Nationalliteratur der DDR«. Alles, was Rang und Namen hatte in der Literaturwissenschaft der DDR, sollte rezensierend dafür sorgen, daß der erwartete Schaden gering gehalten würde. Die Titel und Themen der Rezensionen waren in der Behörde vorformuliert worden; sie lesen sich wie das Dissertationsverzeichnis einer realsozialistischen Universität:

– »Erleben und Erzählen. Das Besondere einer Schriftstellerpersönlichkeit bildet sich aus in den schweren Kämpfen unserer Zeit (...).«
– »*Wundertäter*, *Der Aufenthalt*, *Kindheitsmuster* – und andere Romane auf den literarischen Spuren der Geschichte der DDR, Literatur zur Vertiefung der Lebensfülle und Lebenswahrheit über Werden und Wachsen der Menschen in unserer Republik.«
– »Erzählen von den Abenteuern unseres Lebens – Stanislaus Büdner in den entscheidenden Jahren des Werdens unserer Republik.«
– »Das Menschenbild in der Roman-Trilogie *Wundertäter* – Stanislaus Büdners Liebesgeschichten und viel mehr.«
– »Volkstümlichkeit und Parteilichkeit, Lebensfülle und Lebenswahrheit im Schaffen Erwin Strittmatters, dargestellt an der Roman-Trilogie *Der Wundertäter*.«
– »Ästhetische Gestaltung des Alltäglichen im Leben der

DDR; der Erzähler E. Strittmatter im Ensemble der sozialistischen Nationalliteratur.«
– »Stanislaus Büdners Weg in den fünfziger Jahren – Strittmatters poetische Kraft der Poesie und die Helden in *Wundertäter Bd. III.*«
– »Gestalten und Gewalten. Ein Schriftsteller unserer Zeit sucht seinen Weg.«
– »Die volkstümliche Sprache und die Stilmittel Erwin Strittmatters, nachgewiesen vor allem an der Roman-Trilogie *Der Wundertäter I–III.*«

Doch diese einerseits fürsorgliche und ängstliche, andererseits aber auf Repräsentativität schielende Planung auch noch der im Sinne der Partei adäquaten Rezeption eines Buches ließ sich nicht reibungslos umsetzen. Von ganz oben, vom ZK müssen andere Weisungen erfolgt sein; jedenfalls sah sich auch Erwin Strittmatter veranlaßt, 1990 einen Tagebuchband »Die Lage in den Lüften« zu veröffentlichen, in dem er die vielfältigen Verzögerungen und Behinderungen beim Erscheinen seines Buches schildert.

Werner Bräunig aber, der sein Schreiben in der Tradition des Bitterfelder Wegs verstand, mußte sich 1965 von den Wismut-Kumpels bezichtigen lassen, er bediene sich eines »subjektivistischen Realismus«, der nicht »wahrheitsgetreu« im Sinne eines sozialistischen Schriftstellers sei und der sie und »die sowjetischen Freunde« verunglimpfe. (Siehe auch: Konrad Franke, »Deine Darstellung ist uns wesensfremd«, s.o. S. 117f.). Ein ähnlicher Fall von offenbar falsch verstandenem Realismusanspruch führte zum Verbot der Reportage »Wo der Regenbogen steigt« von Karl Mundstock. Dessen Buch, das den Aufbau des Eisenhüttenkombinats Ost beschrieb, war 1970 erschienen, durfte jedoch nicht ausgeliefert werden; die gesamte Auflage wurde eingestampft. Dabei war der 1915 geborene Karl Mundstock Arbeitersohn, seit 1933 Mitglied des kommunistischen Jugendverbandes und der illegalen KPD, Antifaschist und Soldat, der 1944 wegen »Wehrkraftzersetzung« verhaftet worden war.

Gedruckt und nicht ausgeliefert sondern eingestampft wurden 1969 der Abenteuerroman »Der zwölfte Aufstand«, den Erich Loest unter dem Pseudonym Hans Walldorf geschrieben hatte, und 1979 das Reisebuch von Joachim Seyppel und Tatjana Rilsky »Hinten, weit, in der Türkei«.

Erich Loest hatte einen Tscheka-Offizier beschrieben, der im Roman darüber nachdachte, später einmal seine Erlebnisse niederzuschreiben: »Das aber, so befanden die Genossen, sei eine Unmöglichkeit: Ein Tscheka-Offizier träume nur eines: Tscheka-Offizier zu bleiben. Schon wurde gedruckt, doch die Auslieferung verzögerte sich, und eines Tages saß eine Verlagsleiterin bei mir und teilte mir mit, alle Bemühungen, das Buch flottzukriegen, seien gescheitert; 50000 Exemplare müßten in den Reißwolf. Finanzieller Schaden sollte mir nicht erwachsen, das Honorar wurde ausbezahlt. Ein Jahr Lebensarbeit war gelöscht.« (Erich Loest, »Der Zorn des Schafes«, Künzelsau und Leipzig 1990)

Joachim Seyppels Türkei-Buch galt 1979 als »der Bevölkerung nicht zumutbar«, weil sein Autor zu jenen neun Schriftstellern gehört hatte, die gegen die Kriminalisierung Stefan Heyms protestiert hatten und die daraufhin aus dem Schriftstellerverband der DDR ausgeschlossen wurden: »*Hinten, weit, in der Türkei* wurde bereits 1979 zur Leipziger Buchmesse angekündigt. Ein Jahr später hieß es, es sei gedruckt. Aber es wurde nie ausgeliefert. War es wirklich gedruckt worden? Der Verlagsleiter meinte, das Buch eines aus dem Schriftstellerverband Ausgeschlossenen sei ›der Bevölkerung nicht zumutbar‹. Zahlreiche Briefe ließ er unbeantwortet. Der stellvertretende Minister für Kultur, Klaus

Höpcke, legte mein Protestschreiben ›mit Desinteresse‹ beiseite. Buchhandlungen in der Bundesrepublik wurde bei Bestellungen mitgeteilt, das Buch sei ›aus dem Plan genommen‹ worden, also *nicht* gedruckt. Anfragen bei Professor Kurt Hager, im Politbüro der SED für Kultur zuständig, kamen mit dem Vermerk zurück ›An Absender zurück‹. Ich war zur Unperson geworden, nicht mehr existent, rechtlos und vogelfrei.« (Joachim Seyppel, »Ich bin ein kaputter Typ. Bericht über Autoren in der DDR«, Wiesbaden und München 1982).

Schon zwei Jahre vorher war ähnlich verfahren worden, 1977 durften die in den Korrekturfahnen vorliegenden Poesiealben von Sarah Kirsch und B. K. Tragelehn aufgrund ihrer Proteste gegen die Ausbürgerung von Wolf Biermann nicht erscheinen.

Sarah Kirsch siedelte noch 1977 in die Bundesrepublik über und veröffentlicht seitdem in westdeutschen Verlagen; B. K. Tragelehn arbeitete in den 80er Jahren als Regisseur und Dramaturg an bundesdeutschen Bühnen, sein Gedichtband »NÖSPL« erschien 1981 im Verlag Roter Stern in Frankfurt am Main.

Doch in den 70er und 80er Jahren hatte sich einiges auch im Verhalten der Schriftsteller in der DDR verändert. Die jüngeren Autoren – etwa Wolfgang Hilbig und Gert Neumann, aber auch Adolf Endler und Heiner Müller – beschritten in zunehmendem Maße den Weg über die Publikation ihrer Texte in westdeutschen Verlagen. Auch schienen sie sich – anders etwa als Stefan Heym – gar nicht mehr um die um Jahre oder gar Jahrzehnte verzögerte Zweitveröffentlichung in DDR-Verlagen zu sorgen. Das Schicksal des Romans von Fritz Rudolf Fries »Der Weg nach Oobliadooh« – er war 1966 im Suhrkamp Verlag in Frankfurt am Main und 1989 als »Ausgabe für die sozialistischen Länder« in der DDR erschienen, zeigt, wie berechtigt diese Konsequenz aus dem zensurgesteuerten, konservativ-prüden Literaturbetrieb der DDR war.

In einem Beitrag zum Katalog unserer Zensur-Ausstellung im Literaturhaus Berlin schrieb Helga Schubert 1991: »Die Zensur war systemimmanent, natürlich wollte sich die DDR-Führungsriege im Ausland als tolerant und kulturbeflissen zeigen. Darum stritten sie es natürlich ab, daß sie zensierten. Und natürlich sollte, wie in jeder Kleinbürgerfamilie, nichts grundsätzlich Kritisches nach außen dringen. Es sei denn, sie konnten es gleichzeitig als unmoralisch oder dumm diffamieren.«

Besondere Aufmerksamkeit schenkte Klaus Höpckes Zensurbehörde in den 80er Jahren vor allem den in diesem Jahrzehnt neu in die Diskussion geratenen Themen; die Umweltprobleme und die Fragen des sogenannten Friedenskampfes verlangten nach einer literarischen Aufarbeitung, die der ›entwickelten sozialistischen Gesellschaft‹ zu entsprechen hatte.

So entfernte man ganze Absätze aus Hans Cibulkas Buch »Swantow. Die Aufzeichnungen des Andreas Flemming«. Getilgt wurden die kritischen Reflexionen über die Gefahren von Atomkraftwerken ebenso wie die Kritik am blinden Wissenschafts- und Wachstumsglauben der Politiker, an den Gefahren der Umweltvergiftung durch die Landwirtschaftsgifte und an dem menschenverachtenden Handeln der Politik. Monika Marons Roman »Flugasche«, der ein düsteres Bild der industriellen Menschen- und Umweltzerstörung in der DDR aufzeigt, erschien 1981 im S. Fischer Verlag in Frankfurt am Main, in der DDR ist bis zu deren Ende weder dieses Buch noch eines der folgenden von Monika Maron verlegt worden.

In der 1983 im Mitteldeutschen Verlag Halle-Leipzig erschienenen Anthologie »Die Taubenfeder. Schriftsteller der Welt für den Frieden der Welt«, einem Buch, das, wie es im

Vorwort heißt, dazu beitragen soll, »uns dem Triumph des Friedens über den Krieg näherzubringen«, wird aus Heiner Müllers ursprünglichem Text:

»Rüstung in der kapitalistischen Welt erhält und schafft Arbeitsplätze. Das Gegenteil muß noch bewiesen werden. Rüstung in unserer Welt senkt nicht nur das materielle Lebensniveau.«

durch geschicktes Streichen folgende Schlagzeile herausdestilliert:

»Rüstung in der kapitalistischen Welt senkt nicht nur das materielle Lebensniveau.«

Und aus Christa Wolfs Text streicht die Zensur wie in den im gleichen Jahr erschienenen »Vier Vorlesungen« die Passage, in der von Zensur und Selbstzensur gesprochen wird: »Wie verhängnisvoll erweisen sich jetzt jene Lücken in unserem Denken und Fühlen, wie verhängnisvoll alles, was uns zu sehen, hören, riechen, schmecken, empfinden und zu sagen nicht erlaubt wurde und wird. Jene Zensur und Selbstzensur, frage ich mich, die immer vor allem verhindern will, daß wir uns selbst sehn, wie wir sind; die das Bedürfnis nach Selbsterkenntnis niederhält, an seiner Stelle ein tiefes Ohnmachtsgefühl erzeugt und, da man sich selbst, unerkannt, nicht lieben kann, eine allgemeine Unfähigkeit zu lieben: wie hängen sie, Zensur und Selbstzensur und alle die anderen Beschränkungen vitaler Lebensbedürfnisse, mit der Gewalttätigkeit unserer Zivilisation zusammen? Mit dem Irrglauben, mehr und entsetzlichere Waffen bedeuten mehr Sicherheit. Mit der Angst vor dem selbstgeschaffenen Mythos *Feind* (...)«

Zensur und Selbstzensur verhindern die Selbsterkenntnis, so Christa Wolf, und was das Individuum an seiner freien Entfaltung hindert, führt im Falle einer Regierung zur Unfähigkeit, Fakten und Informationen richtig zu deuten. Realitätsverlust stellt sich ein. Am 2. November 1989, eine Woche vor dem Fall der Mauer, schrieb Kurt Hager aus dem Zentralkomitee der SED einen Brief an Kulturminister Hoffmann, in dem er klarstellte, wie das ZK sich die »Ordnung« in der Hierarchie vorstellt:

»Lieber Genosse Hoffmann!
Dein Vorschlag vom 1. 11. 89, bestimmte Bücher in den Editionsplan aufzunehmen, muß meines Erachtens dem Sekretariat des ZK vorgelegt werden (dies gilt auch für die in einem anderen Schreiben genannten sowjetischen Werke). Es erstaunt mich, daß Du den Vorschlag über die Herausgabe des Romans *Schwarzenberg* von Stefan Heym sowie Monika Marons *Flugasche* machst. Der stellvertretende Kulturminister, Klaus Höpcke, hat das Erscheinen dieser Bände bereits in seinem Gespräch mit Harald Wessel (siehe Neues Deutschland vom 28./29. Oktober 89) angekündigt. Offenbar gilt für ihn keine Ordnung mehr, aber mir ist nicht bekannt, daß solche Entscheidungen ohne vorherige Beratung und Beschlußfassung bekanntgegeben werden dürfen. (Dies gilt auch für den Hinweis auf Jankas Buch *Schwierigkeiten mit der Wahrheit.*)
Mit sozialistischem Gruß Kurt Hager«

Zum letzten Mal hatte sich der oberste Ideologiewächter der DDR zu Fragen der Literaturförderung geäußert und damit noch einmal sichtbar werden lassen, auf welch prekärem Ungleichgewicht zwischen den Verlagen, dem Kulturministerium und dem ZK die seit 1988 geänderte Praxis des Druckgenehmigungsverfahrens beruhte.

Die Zensur als Instrument des ideologischen Kampfes und Institution des Machterhalts war endgültig erst zu beseitigen mit dem Verschwinden des Staates DDR; in welcher Weise sie in den ›verstaatlichten Köpfen‹ bis heute nachwirkt, dabei Legenden ebenso wie Sprachlosigkeit erzeugt, wird mit einigem Abstand erst in einigen Jahren zu beschreiben sein.

Adolf Endler
Zitate & Zackendullst

Aus den Kladden eines Supernormalos (4)

1

Mögliches Exponat. – Ach, die Bezirkssekretäre der ehemaligen SED haben es (nach eigener Auskunft) auch nicht gerade leicht gehabt, wie man sich denken kann: »Der real existierende Sozialismus *schleicht* sich auf drei Wegen ins Politbüro: über Honeckers Tochter, über Briefe an den Generalsekretär und über Mielkes Kundschafter. Zwar schreiben die 15 SED-Bezirkssekretäre Monatsberichte, in denen *dank der hohen Kunst des Zwischen-den-Zeilen-Schreibens* die ökonomische Misere gelegentlich *durchschimmert,* aber...« (SPIEGEL, 16/1990)

2

Mehrere Wochen lang ist sie eingangs des Jahres im LITERATURHAUS BERLIN zu besichtigen gewesen, mit Recht viel beachtet, die Ausstellung ZENSUR IN DER DDR, dic mit ihrem Untertitel »Geschichte, Praxis und ›Ästhetik‹ der Behinderung von Literatur« wie auch mit allerlei Rand-Exponaten über ihr Thema hinausweist und nach einer weiteren Ausstellung ruft, möglicherweise unter der Überschrift STASI UND LITERATUR / STASI UND BILDENDE KUNST / STASI UND MUSIK zu versammeln; mh, es wird uns schon noch etwas Pfiffigeres als Titel einfallen. Man erinnere sich: Als die Schaukästen und die Wände im Literaturhaus hergerichtet wurden, ist noch keinem so recht bewußt gewesen (obwohl man es sich hätte denken können), daß nicht nur die *eine* »nach der Wende« sich offenbarende (übrigens reizende) Dame aus dem »Apparat« des Schriftstellerverbandes für die »Firma« tätig gewesen ist – vermutlich ist sie zu solchem beschwichtigenden Konfessions-Manöver beauftragt worden: »Hannemännchen, geh *Du* voränchen!« –, sondern daß (nach Joachim Walther) etwa fünfzig berliner Schriftstellerverbands-Mitglieder in der oder jener Weise dem Ministerium für Staatssicherheit »zugearbeitet« haben. (Den einen oder anderen kenne ich, will ihn aber nicht nennen.) Die Zeiten dürften dahin sein, da man die Ost-Autoren mit Fragebogen-Fragen wie der folgenden zu lebensgefährlichen Lachanfällen glaubte aufreizen zu müssen: »*Erinnern* Sie sich an Ihren *ganz persönlichen* Zensurfall oder an den eines Freundes?« (Welche recherche-freudige Persönlichkeit, Institution, Universität diese unvergeßliche Frage herumgereicht hat, weiß ich nicht mehr genau – Fragebögen kamen zu Beginn des Jahres 90 im Dutzend –; vielleicht stand sie in dem von Heinz Kahlau verschickten des Verbandes selber? Er hatte außerdem die kaum weniger lähmende oder zu hysterischem Gejodel animierende Frage parat: »Haben Sie sich an den Schriftstellerverband um Hilfe gewandt?« Wie ich bedauernd feststellen muß, haben so gut wie alle Autoren der ehemaligen DDR die Kenntnisnahme *beider* Fragen lebend überstanden ...) – Daß mancher dennoch auf das Thema fixiert bleibt, zeigt ein Bericht im TAGESSPIEGEL vom Freitag, dem 19. Juli: »De Bruyn spielt mit dem Gedanken, *das ganze Zensurproblem* der ehemaligen DDR mal aufzuschreiben ...« Ach, lieber Günther de Bruyn, wäre es nicht an der Zeit, auch andere Gesichtspunkte zu erwägen? Um die wahrlich diffizile Problematik auf einen möglichst einfachen, wahrscheinlich *zu* einfachen Nenner zu bringen: »Zensur« im engeren Sinn ist unsereinem die ganzen Jahre hindurch als ein eher drittrangiges Ärgernis erschienen, sehr viel weniger quälend und schwarze Träume befördernd als die anderweitigen Aktivitäten so mancher »Kollegen« bis 1989, »Kollegen«, die sich seit 1990 mit einem flehentlichen »Ich auch!, ich auch ein Opfer der Zensur!« in den meistens wehrlosen Kreis der ernstlich Blessierten und Lädierten zu drängeln versuchen zur Freude der Ärmelschoner-Manufakturen. (Natürlich habe ich nicht Sie im Auge, de Bruyn; was für 'ne Welt, die mich dazu zwingt, es zu betonen!) Eine Ausstellung wäre denkbar – ah, da ist er schon, der etwas bessere Titel! –, die vielleicht VERTREIBUNG / AUSGRENZUNG / ZERSTÖRUNG heißen sollte, ihre schattenhaften Umrisse glaube ich schon zu erahnen, eine Ausstellung, die *unter anderem* entschiedener, als es eine dem Thema »Zensur« gewidmete tun kann, den aufschlußreichen Schicksalen jener nachzugehen hätte, welche sich von einem bestimmten Zeitpunkt an, wenn nicht von vornherein, dem Zugriff der Zensoren, des »Staates« zu verweigern erdreistet: Zerstörung, Ausgrenzung, Vertreibung... Von den unter Umständen dreizehn Räumen einer solchen Exposition wäre unter Umständen einer dem »Zensur-Geschehen« in der DDR vorbehalten.

3

Mögliche Exponate. – 1. DAS STATUT DES SCHRIFTSTELLERVERBANDES DER DEUTSCHEN DEMOKRATISCHEN REPUBLIK: »Die Mitglieder des Schriftstellerverbandes der DDR anerkennen die führende Rolle der Arbeiterklasse und ihrer Partei in der Kulturpolitik.« – Hat man, da man es unterschrieben, nicht bereits eingewilligt, zensiert zu werden? – «Sie *bekennen* sich zur Schaffensmethode des *sozialistischen Realismus*. Sie treten entschieden gegen alle Formen der ideologischen Koexistenz und das Eindringen reaktionärer und revisionistischer Auffassungen in die Bereiche der Literatur auf.« (Nebenher: Vom Kampf um den »Frieden« ist in diesem bis Anfang 90 gültigen Statut erst später und sehr am Rande die Rede.) – 2. Aus dem WISSENSSPEICHER WEHRAUSBILDUNG, 1980: »Die ideologische Diversion ist *staats-* und *völkerrechtswidrig,* offen agressiv und vielfach subversiv; – verfälscht *verstärkt* die Auslegung der auf Entspannung gerichteten abgeschlossenen Verträge *in ihr Gegenteil;* / – mißbraucht religiöse Gefühle ebenso wie *entwicklungsbedingte Einstellungen* und Verhaltensweisen der Jugend, wie *Musikinteressen, stark ausgeprägtes Informationsbedürfnis,* politische Unerfahrenheit... / – muß, gestützt auf die Überlegenheit der marxistisch-leninistischen Ideologie und des realen Sozialismus *offensiv zerschlagen* werden...« Nicht wahr, das ist es doch gewesen, G. und K. und T.?; und von Euch unterstützt! (Im Unterschied zu de Bruyn und Christa Wolf zum Beispiel.) – Hat der Schriftstellerverband ein einziges Mal den vielen jüngeren Autoren und Intellektuellen auch nur nachgeforscht, die man ins Zuchthaus getan? – 3. Brief von Heinz Kahlau (1990, undatiert) im Auftrag der Arbeitsgruppe zur Verbandsgeschichte: »Liebe Kolleginnen und Kollegen, auf unserem außerordentlichen Kongreß bekam der Antrag, eine Arbeitsgruppe zur Geschichte unseres Verbandes zu installieren, 146 Zustimmungen, 107 Ablehnungen und 53 Enthaltungen. Das ist, nach einem flüchtigen Blick auf die Zahl der Mitglieder unseres Verbandes, eine ziemlich unsichere Grundlage für die Aufgabe, vor die sich unsere Arbeitsgruppe gestellt sieht...« (Hinzuzuheften wäre der vom Verband an die Volkskammer der DDR geschickte Brief vom 23. 4. 90, in welchem festgestellt wird: »Bei der Umstellung ist es *erforderlich,* die Freiberuflichen *gesondert* zu behandeln...« Privilegien für Skriblerinnen und Skribler, im schnarrenden Befehlston eingefordert; noch herrischer der Ukas, wenn es ums Große Ganze geht: »Die Konten der Künstlerverbände *müssen* voll 1 : 1 umgestellt werden, da die Verbände sonst zusammenbrächen.«)

4

Seit einiger Zeit ist die Ausstellung ZENSUR IN DER DDR auf Wanderschaft durch die alten und neuen Bundesländer und wird, wie mir mein Taschenrechner bedeutet, so manches auch Kuriose erleben. Beispiel: In Frankfurt/Main sind ihr schon wieder einige ergänzende Dokumente zu- oder angewachsen – »Ich auch!, ich auch!« –: Wird die Kollektion, wieder nach Berlin und ins LITERATURHAUS zurückgekehrt, doppelt so dick, so schwer sein wie vorher? Und wie mag es ihr in der »Heldenstadt« Leipzig ergehen, deren literarische Repräsentanten in den entscheidenden Wochen im September und Oktober 89 in der Regel dem erwarteten formvollendeten Attentismus gehuldigt haben? (Als unverdächtiges Zeugnis für das »Heldische« im typisch leipziger Literaten könnte man z. B. eine Notiz in Ronald M. Schernikaus DIE TAGE IN L. vorzeigen, die Zeit »vor der Wende« durchstreifend – der Mitte der Achtziger in die DDR und ans leipziger »Institut für Literatur« geschwirrte sonderbare westberliner Schernikau hat ernstlich gehofft, sein Buch könnte in einem DDR-Verlag erscheinen –; man lese auf der Seite 188 des 1989 vom hamburger Konkret Literatur Verlag herausgegebenen Werkleins nach: »ich gehe mit meinem parteisekretär in einen jugendklub, wo adolf endler liest. als wir kommen, die gesamte leipziger prominenz ist schon am sichdrängeln, sitzt in der ersten stuhlreihe noch niemand. ich plaziere mich. mein parteisekretär sagt: *los, mehr nach hinten.* – er will nicht in der ersten reihe sitzen. das ist die ddr.« Ich würde gesagt haben: Das ist Leipzig!; das ist das

»institut für literatur« und dessen »parteisekretär«, mit großer Berechtigung klein geschrieben; das sind die »Helden« in der siebenten Reihe ...) Ja, wie wird es sein? Man wird es mir vielleicht nicht abnehmen wollen; aber ich stelle es mir ungefähr so vor: Die Begrüßungsworte im Namen der beglückten Kommune und »Heldenstadt« möchten gesprochen sein von keinem Geringeren als dem »Nachwende«-Kulturdezernenten Bernd Weinkauf (»Hannemann, geh *Du* voran!«), welcher »vor der Wende« ... nee, Weinkauf, oochn Schriftsteller, als Kind in die »Christenlehre« gegangen, kommt jetzt wohl doch nicht mehr in die engere Wahl, erfahre ich grade, nachdem er jüngst aufgrund seiner problematischen Zwiegesichtigkeit, um es feingeistig auszudrücken, seines Dezernenten-Stuhls verlustig gegangen! Glücklicherweise bleibt ja immer noch das »Institut für Literatur« (oder bin ich auch diesbezüglich nicht auf dem neuesten Stand?); das wäre sicher der Clou, wenn die Ausstellung in den Räumen des »Instituts für Literatur ›Johannes R. Becher‹«, im sogenannten »grünen Ungetüm« der Öffentlichkeit präsentiert werden könnte – es sollte erhalten bleiben als Schmiede der Sonettkunst, meine auch ich; wenn auch nicht gerade als Überwinterungsquartier und Altherrenpfründe für P. und R.! –, präsentiert also in Räumlichkeiten, die eine (sehr) entfernte Ähnlichkeit mit denen im LITERATURHAUS BERLIN aufweisen; und ich male mir aus, wie der über mehr als sieben Brücken gegangene Institutschef »Professor« Helmut Richter mit Shakehands nach buchstäblich allen Richtungen nicht spart, wie er schließlich als Krönung der Eröffnungs-Fête Wiesners (vom LITERATURHAUS) einen nicht unbeträchtlichen Stapel von *ausgewählten* Materialien aus dem Keller des Instituts überreicht (Blitzlichtgewitter, Kameraschwenks), dank derer die »verdienstvolle« Ausstellung komplettiert und »noch farbiger, noch interessanter ausgestaltet« werden kann. (Zu berücksichtigen wären z.B. einige Exemplare jener sippenhaftträchtigen Fragebögen, falls sie nicht durch den Kamin gegangen sind inzwischen, mit denen potentielle Kursanten nach »sämtlichen Arbeitsstellen« von Vater und Mutter, Bruder und Schwester sowie nach sämtlichen Auslandsreisen gefragt worden sind, die sie im Leben riskiert; weitere Informationen darüber auf den Seiten 75, 76, 77 meines 1987 im Rotbuch Verlag erschienenen Prosawerks SCHICHTENFLOTZ!) – Zum *festlichen Ausklang* käme eventuell ein kleines Blockflötenständchen und eine Lesung aus *hundertprozentig unzensuriert* entstandenen Stories und Sonetten in Frage, bestritten von Damen und Herren aus Wipperfürth oder Walsum eventuell, welche in der Lage sind, die Kosten für den »nach der Wende« *postwendend* eingerichteten »Kursus für kreativ Schreibende« zu berappen...

5

Mögliches Exponat. – Das Interview, das der Liedermacher Reinhold Andert für das NEUE DEUTSCHLAND vom 27. Juni 91 einem gewissen Hans Jacobus gewährt hat, welcher nach allerlei Unartigkeiten aus dem Mund des Sängers die heute einigermaßen befremdlich anmutende »Zensur«-Frage *in den Raum stellt:* »Hat es wohl immer Sinn, ›offen‹ zu reden, wie es zu viele von uns jahrzehntelang verneinten...?« Die bange Frage (»offen« in Anführungsstrichen) wird gefragt, nachdem Reinhold Andert u. a. die in der Tat zu Herzinfarkten animierende Feststellung getroffen hat, daß an der »scheinbaren deutschen Einheit« letztendlich die »Ungarn« schuld sind – Sie wissen, die haben damals den Flüchtlingen aus der DDR die Grenzen geöffnet –, d. h. »die *Raffgier der Ungarn*« ist »schuld«. (Andert im gleichen Interview an anderer Stelle: »*Alles, was ich sage, muß wahr sein.* Aber nicht alles, was wahr ist, muß ich sagen ...«) Es dürfte bekannt sein, daß der Supernormale Eddy »Pferdefuß« Endler es gelernt hat, das Allerabsurdeste für das Mögliche, das Wahrscheinliche zu halten; er muß gestehen, daß er es weder für möglich noch für »wahr« gehalten hätte, wenn ihm am 26. Juni 1991 einer vorausgesagt, daß am 27. Juni 1991 Reinhold Andert im ND mit folgendem geschichtlichen Exkurs aufwarten würde: »Zweimal war übrigens an der scheinbaren deutschen Einheit die Raffgier der Ungarn schuld. Das erste Mal im Jahre 933, als Heinrich I. mit einem Heeresaufgebot aller ostfränkischen Stämme die *ungarischen Räuber* bei Riade *in die Flucht schlagen konnte.* Das war die ›Geburtsstunde des deutschen Volkes‹. Aber lang währte dieses Einvernehmen nicht, denn alle Ottos, Heinrichs, Konrads etc. mußten ihren Königsthron – und damit die Einheit – immer wieder hart umkämpfen. *Da flogen ihnen nicht nur Eier entgegen* ...« Geschnallt, lieber Leser? – »Schuld« an Anderts jäher Erkenntnis trägt ohne Zweifel der Umstand, daß wir derzeit eine spürbare Liedermacher-Baisse erleben (die auch ohne »Wende« gekommen wäre); des Sängers Fluch, kombiniert mit annoncenhafter Eigenreklame: »... nach der ersten intensiven Bekanntschaft mit *unseren Brüdern und Schwestern* scheinen sie uns wie ihre Brötchen teuer und aufgeblasen. Die Sehnsucht nach unseren billigen, *knüppelharten* Kaufhallenschrippen nimmt zu. Und *preiswerter* bin ich schon als *unsere Herzbuben* ...« (Tja, man läßt sich 'was einfallen, seit der Zensor tot ist; so auch »unser« AUFBAU-VERLAG, wenn er im Juli 91 in der U-Bahn zwischen Alex und Lichtenberg und vermutlich auch anderwärts per Plakat Paul Hermanns »Deutsche Mythologie« anpreisen läßt: «AKTUELL WIE NIE: DIE GEMEINSAME GRUNDLAGE *Deutscher Seelen*!!!« Ein Slogan wie aus dem VÖLKISCHEN BEOBACHTER 38; da würd' ick mir lieber uffhäng'n, Mensch, als so 'ne Sprüche zu kloppen! Doch ooch det andertsche Ding mit der »Habgier der Ungarn« hat schon sowat Jewisset.) Jedenfalls Attenzione, Cornelia, die drehen jetzt durch!, obwohl doch der Kontostand dieser Meister immer noch ... – also, verglichen mit unserm!

Lieber Adolf Endler, im Jahre 1990 waren die Supernormalos noch dünn gesät, und vom Gelächter der Ost-Autoren haben wir damals in West-Berlin wenig gehört. Eher schon vernahmen wir ein seltsam fremdes Geräusch, das wie Zähneknirschen klang. Wer es produziert, schließt seinen Mund, und so waren wir es, die sich genötigt sahen, die auf Seite 219 zitierte ›Fragebogen-Frage‹ nach dem ganz persönlichen Zensurfall zu stellen. Dies nur als Nachtrag, damit Heinz Kahlau nicht dementieren muß.

(Die Herausgeber)

Die Autoren

Adolf Endler, geboren 1930 in Düsseldorf, siedelte 1955 in die DDR über, arbeitete u. a. als Transportarbeiter und Kranführer. 1979 wurde er aus dem Schriftstellerverband der DDR ausgeschlossen. Er lebt als Lyriker und Prosaautor in Berlin. Zuletzt erschienen die Prosabücher »Ohne Nennung von Gründen« (Berlin W. 1985), »Schichtenflotz« (Berlin W. 1987), »Citatteria & Zackendulst« und »Vorbildlich schleimlösend« (beide Berlin 1990).

Manfred Jäger, geboren 1934, studierte Publizistik, Germanistik und Philosophie in Leipzig und Münster. Lebt in Münster als Kritiker und Publizist. Er veröffentlichte 1975 das Buch »Sozialliteraten. Funktion und Selbstverständnis der Schriftsteller in der DDR« und 1982 »Kultur und Politik in der DDR. Ein historischer Abriß«.

Konrad Franke, geboren 1938, lebte bis 1955 in der DDR. Rundfunkredakteur, jetzt Verlagsangestellter in München. Literaturkritische Veröffentlichungen, verfaßte u. a. in »Kindlers Literaturgeschichte der Gegenwart« die zwei Bände über »Die Literatur der Deutschen Demokratischen Republik«.

Gert Neumann, geboren 1942 in Heilsberg/Ostpreußen, arbeitete als Traktorist, Bauschlosser und zuletzt als Haushandwerker in Leipzig. 1969 wurde er aus der SED ausgeschlossen und mußte sein Studium am Literaturinstitut ›Johannes R. Becher‹ abbrechen. Veröffentlichte »Die Schuld der Worte« (Frankfurt a. M. 1979, Rostock 1989), »Elf Uhr« (Frankfurt a. M. 1981, Rostock 1990), »Die Klandestinität der Kesselreiniger« (Frankfurt a. M. 1989) und »Übungen jenseits der Möglichkeit« (Frankfurt a. M. 1991).

Bernd Neumann, geboren 1943 in Berlin, seit 1980 Professor für Germanistik an der Universität Trondheim. Er veröffentlichte »Identität und Rollenzwang. Zur Theorie der Autobiographie« (1970), »Utopie und Mimesis« (Königstein Ts. 1978), »Gottfried Keller. Eine Einführung in sein Werk« (Königstein Ts. 1982) und gab die beiden Bände heraus: »Uwe Johnson: ›Wo ist der Erzähler auffindbar‹« und »Uwe Johnson: ›Entwöhnung von einem Arbeitsplatz‹« (Frankfurt a. M. 1992).

Richard Pietraß, geboren 1946 in Lichtenstein/Sachsen, lebt in Berlin. Lyriker, Herausgeber und Übersetzer/Nachdichter. Veröffentlichte zuletzt die Gedichtbände »Spielball« (Berlin, Weimar 1987), »Was mir zum Glück fehlt« (Frankfurt a. M. 1989), »Weltkind« (Leipzig 1990) und den Kurzprosaband »Ostkreuz« (Berlin 1990).

Uwe Schoor, geboren 1960, lebt als Literaturwissenschaftler in Berlin. 1992 veröffentlichte er »Das geheime Journal der Nation. *Sinn und Form* 1949-1962. Chefredakteur: Peter Huchel«.

Drucknachweise

Adolf Endler, Zitate & Zackendullst. Aus den Kladden einse Supernormalos (4). aus: Litfass. Berliner Zeitschrift für Literatur. Nr. 52, Berlin 1991.

Manfred Jäger, Das Wechselspiel von Selbstzensur und Literaturlenkung in der DDR. aus: Aus Politik und Zeitgeschichte. B 41/42, Bonn 1991.

Gert Neumann, Das nabeloonische Chaos. aus: Übungen jenseits der Möglichkeit. Frankfurt am Main 1991.

edition suhrkamp
Eine Auswahl

Abelshauser: Wirtschaftsgeschichte der Bundesrepublik Deutschland 1945-1980. NHB. es 1241
Abendroth: Ein Leben in der Arbeiterbewegung. es 820
Achebe: Okonkwo oder Das Alte stürzt. es 1138
Adam / Moodley: Südafrika ohne Apartheid? es 1369
Adorno: Eingriffe. es 10
– Kritik. es 469
– Ohne Leitbild. es 201
– Stichworte. es 347
Das Afrika der Afrikaner. es 1039
Arbeitslosigkeit in der Arbeitsgesellschaft. es 1212
Aus der Zeit der Verzweiflung. es 840
Bachtin: Die Ästhetik des Wortes. es 967
Barthes: Kritik und Wahrheit. es 218
– Leçon/Lektion. es 1030
– Mythen des Alltags. es 92
– Semiologisches Abenteuer. es 1441
– Die Sprache der Mode. es 1318
Beck, U.: Gegengifte. es 1468
– Risikogesellschaft. es 1365
Becker, Jurek: Warnung vor dem Schriftsteller. es 1601
Beckett: Endspiel. Fin de Partie. es 96
– Flötentöne. es 1098
– Mal vu, mal dit. Schlecht gesehen, schlecht gesagt. es 1119
Benjamin: Aufklärung für Kinder. es 1317
– Briefe. es 930
– Das Kunstwerk im Zeitalter seiner technischen Reproduzierbarkeit. es 28
– Moskauer Tagebuch. es 1020
– Das Passagen-Werk. es 1200
– Versuche über Brecht. es 172
– Zur Kritik der Gewalt und andere Aufsätze. es 103
Bernhard: Der deutsche Mittagstisch. es 1480
– Prosa. es 213
Bertaux: Hölderlin und die Französische Revolution. es 344
Biesheuvel: Schrei aus dem Souterrain. es 1179
Bildlichkeit. es 1475
Bloch: Abschied von der Utopie? es 1046
– Kampf, nicht Krieg. es 1167
Boal: Theater der Unterdrückten. es 1361
Böhme, Helmut: Prolegomena zu einer Sozial- und Wirtschaftsgeschichte Deutschlands im 19. und 20. Jahrhundert. es 253
Bohrer: Die Kritik der Romantik. es 1551
– Der romantische Brief. es 1582
Bond: Gesammelte Stücke. es 1340
Botzenhart: Reform, Restauration, Krise. NHB. es 1252
Bovenschen: Die imaginierte Weiblichkeit. es 921
Brandão: Kein Land wie dieses. es 1236
Brasch: Frauen. Krieg. Lustspiel. es 1469
– Lovely Rita. Rotter. Lieber Georg. es 1562

316/1/6.90

316/2/6.90

edition suhrkamp
Eine Auswahl

Ditlevsen: Wilhelms Zimmer. es 1076
Doi: Amae – Freiheit in Geborgenheit. es 1128
Dröge / Krämer-Badoni: Die Kneipe. es 1380
Dubiel: Was ist Neokonservatismus? es 1313
Duerr: Traumzeit. es 1345
Duras: Eden Cinéma. es 1443
– La Musica Zwei. es 1408
– Sommer 1980. es 1205
– Vera Baxter oder Die Atlantikstrände. es 1389
Eco: Zeichen. es 895
Eich: Botschaften des Regens. es 48
Elias: Humana conditio. es 1384
Norbert Elias über sich selbst. es 1590
Enzensberger: Blindenschrift. es 217
– Einzelheiten I. es 63
– Einzelheiten II. es 87
– Die Furie des Verschwindens. es 1066
– Landessprache. es 304
– Palaver. es 696
– Das Verhör von Habana. es 553
Esser: Gewerkschaften in der Krise. es 1131
Faszination der Gewalt. es 1141
Feminismus. Inspektion der Herrenkultur. es 1192
Feyerabend: Erkenntnis für freie Menschen. es 1011
– Wissenschaft als Kunst. es 1231
Fortschritte der Naturzerstörung. es 1489
Foucault: Psychologie und Geisteskrankheit. es 272
Frank: Gott im Exil. es 1506
Frank, M.: Der kommende Gott. es 1142
– Motive der Moderne. es 1456
– Die Unhintergehbarkeit von Individualität. es 1377
– Was ist Neostrukturalismus? es 1203
Frevert: Frauen- Geschichte. NHB. es 1284
Frisch: Biedermann und die Brandstifter. es 41
– Die Chinesische Mauer. es 65
– Don Juan oder Die Liebe zur Geometrie. es 4
– Frühe Stücke. es 154
– Graf Öderland. es 32
Gerhard: Verhältnisse und Verhinderungen. es 933
Geyer: Deutsche Rüstungspolitik 1860-1980. NHB. es 1246
Goetz: Krieg/Hirn. es 1320
Goffman: Asyle. es 678
– Geschlecht und Werbung. es 1085
Gorz: Der Verräter. es 988
Gstrein: Einer. es 1483
Habermas: Eine Art Schadensabwicklung. es 1453
– Legitimationsprobleme im Spätkapitalismus. es 623
– Die nachholende Revolution. es 1663
– Die Neue Unübersichtlichkeit. es 1321
– Technik und Wissenschaft als Ideologie. es 287
– Theorie des kommunikativen Handelns. es 1502
Hänny: Zürich, Anfang September. es 1079

316/3/6.90

Literaturwissenschaft in der edition suhrkamp

Aufklärung und literarische Öffentlichkeit. Herausgegeben von Christa Bürger, Peter Bürger und Jochen Schulte-Sasse. Hefte für Kritische Literaturwissenschaft 2. es 1040

Bachtin, Michail M.: Die Ästhetik des Wortes. Herausgegeben und eingeleitet von Rainer Grübel. Aus dem Russischen übersetzt von Rainer Grübel und Sabine Reese. es 967

Barthes, Roland: Der entgegenkommende und der stumpfe Sinn. Kritische Essays. Band III. Aus dem Französischen von Helmut Becker. es 1367

– Kritik und Wahrheit. Aus dem Französischen übersetzt von Helmut Scheffel. es 218

– Leçon/Lektion. Französisch und deutsch. Antrittsvorlesung im Collège de France. Gehalten am 7. Januar 1977. Übersetzt von Helmut Scheffel. es 1030

– Literatur oder Geschichte. Aus dem Französischen übersetzt von Helmut Scheffel. es 303

– Mythen des Alltags. Deutsch von Helmut Scheffel. es 92

– Das Reich der Zeichen. Aus dem Französischen von Michael Bischoff. es 1077

– Das semiologische Abenteuer. Aus dem Französischen von Dieter Hornig. es 1441

– Die Sprache der Mode. Aus dem Französischen von Horst Brühmann. es 1318

Benjamin, Walter: Das Passagen-Werk. 2 Bde. Herausgegeben von Rolf Tiedemann. es 1200

– Versuche über Brecht. Herausgegeben und mit einem Nachwort versehen von Rolf Tiedemann. es 172

Bertaux, Pierre: Hölderlin und die Französische Revolution. es 344

Bildlichkeit. Herausgegeben von Volker Bohn. es 1475

Boal, Augusto: Theater der Unterdrückten. Übungen und Spiele für Schauspieler und Nicht-Schauspieler. Aus dem Brasilianischen von Henry Thorau und Marina Spinu. es 1361

Bohrer, Karl Heinz: Die Kritik der Romantik. es 1551

– Plötzlichkeit. Zum Augenblick des ästhetischen Scheins. es 1058

– Der romantische Brief. Die Entstehung ästhetischer Subjektitvität. es 1582

Bovenschen, Silvia: Die imaginierte Weiblichkeit. Exemplarische Untersuchungen zu kulturgeschichtlichen und literarischen Präsentationsformen des Weiblichen. es 921

Brackert, Helmut: Bauernkrieg und Literatur. es 782

310/1/2.92

Literaturwissenschaft in der edition suhrkamp

Brecht, Bertolt: Über Politik auf dem Theater. Herausgegeben von Werner Hecht. es 465

Brecht-Journal. Herausgegeben von Jan Knopf. es 1191

Brecht-Journal 2. Herausgegeben von Jan Knopf. es 1396

Brechts Modell der Lehrstücke. Zeugnisse, Diskussion, Erfahrungen. Herausgegeben von Reiner Steinweg. es 751

Briegleb, Klaus: »1968«. Literatur und Revolte. es 1669

Buch, Hans Christoph: Die Nähe und die Ferne. Bausteine zu einer Politik des kolonialen Blicks. es 1663

Bürger, Peter: Aktualität und Geschichtlichkeit. Studien zum gesellschaftlichen Funktionswandel der Literatur. es 879

– Theorie der Avantgarde. es 727

Dedecius, Karl: Poetik der Polen. Frankfurter Vorlesungen. es 1690

Dekonstruktiver Feminismus. Herausgegeben von Barbara Vinken. es 1678

Deleuze, Gilles / Félix Guattari: Kafka. Für eine kleine Literatur. Aus dem Französischen von Burkhart Kroeber. es 807

Deleuze, Gilles / Claire Parnet: Dialoge. Aus dem Französischen übersetzt von Bernd Schwibs. es 666

Die Expressionismusdebatte. Materialien zu einer marxistischen Realismuskonzeption. Herausgegeben von Hans-Jürgen Schmitt. es 646

Federman, Raymond: Surfiction: Der Weg zur Literatur. Hamburger Poetik-Lektionen. Aus dem Amerikanischen von Peter Torberg. es 1667

Fellinger, Raimund: Paul de Man – Eine Rekonstruktion. es 1677

Fragment und Totalität. Herausgegeben von Lucien Dällenbach und Christiaan L. Hart Nibbrig. es 1107

Frank, Manfred: Gott im Exil. Vorlesungen über die Neue Mythologie. II. Teil. es 1506

– Der kommende Gott. Vorlesungen über die Neue Mythologie. I. Teil. es 1142

– Motive der Moderne. es 1456

Gedächtniskunst. Raum – Bild – Schrift. Studien zur Mnemotechnik. Herausgegeben von Anselm Haverkamp und Renate Lachmann. es 1653

Genette, Gérard: Palimpsest. Die Literatur auf zweiter Stufe. Aus dem Französischen von Dieter Hornig. es 1683

Hahn, Barbara: Unter falschem Namen. Von der schwierigen Autorschaft der Frauen. es 1723

Hart Nibbrig, Christiaan L.: Die Auferstehung des Körpers im Text. es 1221

310/2/2.92

Literaturwissenschaft in der edition suhrkamp

Haug, Wolfgang Fritz: Bestimmte Negation. ›Das umwerfende Einverständnis des braven Soldaten Schwejk‹ und andere Aufsätze. es 607

Hecht, Werner: Sieben Studien über Brecht. es 570

Hijiya-Kirschnereit, Irmela: Was heißt: Japanische Literatur verstehen? Essays zur modernen japanischen Literatur und Literaturkritik. es 1608

Hörisch, Jochen: Gott, Geld und Glück. Zur Logik der Liebe in den Bildungsromanen Goethes, Kellers und Thomas Manns. es 1180

– Die Wut des Verstehens. es 1485

Jauß, Hans Robert: Literaturgeschichte als Provokation. es 418

Johnson, Uwe: Begleitumstände. Frankfurter Vorlesungen. es 1019

James Joyces ›Ulysses‹. Neuere deutsche Aufsätze. Herausgegeben von Therese Fischer-Seidel. es 826

Kenner, Hugh: Ulysses. Aus dem Englischen von Claus Melchior und Harald Beck. es 1104

Krippendorff, Ekkehart: Politische Interpretationen. Shakespeare, Stendhal, Balzac, Wagner, Hašek, Kafka, Kraus. es 1576

– »Wie die Großen mit den Menschen spielen.« Goethes Politik. es 1486

Kristeva, Julia: Geschichten von der Liebe. Aus dem Französischen von Dieter Hornig. es 1482

– Mächte des Grauens. Ein Versuch über den Abscheu. Aus dem Französischen von Xenia Rajewski. es 1684

– Die Revolution der poetischen Sprache. Aus dem Französischen übersetzt und mit einer Einleitung versehen von Reinold Werner. es 949

– Schwarze Sonne – Depression und Melancholie. es 1594

Kropotkin, Petr: Ideale und Wirklichkeit in der russischen Literatur. Autorisierte Übersetzung von B. Ebenstein. Neu herausgegeben von Peter Urban. es 762

Kultur und Konflikt. Herausgegeben von Jan Assmann und Dietrich Harth. es 1612

Literatur der DDR in den siebziger Jahren. Herausgegeben von P. U. Hohendahl und P. Herminghouse. es 1174

Literatur ist Utopie. Herausgegeben von Gert Ueding. Mit Beiträgen von Burghart Schmidt, Rolf Grimminger u. a. es 935

Literatur und Politik in der Volksrepublik China. Herausgegeben von Rudolf G. Wagner. es 1151

»Literaturentwicklungsprozesse«. Die Zensur der Literatur in der DDR. Herausgegeben von Ernest Wichner und Herbert Wiesner. es 1782

Lüdke, W. Martin: Anmerkungen zu einer »Logik des Zerfalls«: Adorno – Beckett. es 926

310/3/2.92

Literaturwissenschaft
in der edition suhrkamp

Lyon, James K.: Bertolt Brecht und Rudyard Kipling. es 804
Mahony, Peter: Der Schriftsteller Sigmund Freud. Aus dem Englischen von Helmut Junker. es 1484
de Man, Paul: Allegorien der Lektüre. es 1357
– Die Ideologie des Ästhetischen. Herausgegeben von Christoph Menke. es 1682
Mayer, Hans: Anmerkungen zu Brecht. es 143
– Das Geschehen und das Schweigen. Aspekte der Literatur. es 342
Über Hans Mayer. Herausgegeben von Inge Jens. es 887
Meckel, Christoph: Von den Luftgeschäften der Poesie. Frankfurter Vorlesungen. es 1578
Menninghaus, Winfried: Paul Celan. Magie der Form. es 1026
– Schwellenkunde. Walter Benjamins Passage des Mythos. es 1349
»Mit uns zieht die neue Zeit«. Der Mythos der Jugend. Herausgegeben von Thomas Koebner, Rolf-Peter Janz und Frank Trommler. es 1229
Moser, Tilmann: Romane als Krankengeschichten. Über Handke, Meckel und Martin Walser. es 1304
Mythos und Moderne. Begriff und Bild einer Rekonstruktion. Herausgegeben von Karl Heinz Bohrer. es 1144
Nach dem Protest. Literatur im Umbruch. Herausgegeben von W. Martin Lüdke. es 964
Naturalismus/Ästhetizismus. Herausgegeben von Christa Bürger, Peter Bürger, Jochen Schulte-Sasse. Hefte für Kritische Literaturwissenschaft 1. es 992
Oehler, Dolf: Pariser Bilder I (1830-1848). Antibourgeoise Ästhetik bei Baudelaire, Daumier und Heine. es 725
– Ein Höllensturz der Alten Welt. Pariser Bilder II. es 1422
Piscator, Erwin: Theater der Auseinandersetzung. Ausgewählte Schriften und Reden. es 883
Ein Pronomen ist verhaftet worden. Die frühen Jahre in Rumänien – Texte der Aktionsgruppe Banat. Herausgegeben von Ernest Wichner. es 1671
Reichert, Klaus: Vielfacher Schriftsinn. Zu »Finnegans Wake«. es 1525
Romantik. Literatur und Philosophie. Internationale Beiträge zur Poetik. Herausgegeben von Volker Bohn. es 1395
Rühmkorf, Peter: agar agar – zaurzaurim. Zur Naturgeschichte des Reims und der menschlichen Anklangsnerven. Textillustrationen vom Autor. es 1307
Schlaffer, Hannelore / Heinz Schlaffer: Studien zum ästhetischen Historismus. es 756

310/4/2.92

Literaturwissenschaft in der edition suhrkamp

Schlaffer, Heinz: Der Bürger als Held. Sozialgeschichtliche Auflösungen literarischer Widersprüche. es 624

Sozialistische Realismuskonzeptionen. Dokumente zum 1. Allunionskongreß der Sowjetschriftsteller. Herausgegeben von Hans-Jürgen Schmitt und Godehard Schramm. es 701

Szondi, Peter: Hölderlin-Studien. Mit einem Traktat über philologische Erkenntnis. es 379

– Theorie des modernen Dramas. es 27

Tendenz Freisprache. Texte zu einer Poetik der achtziger Jahre. Herausgegeben von Ulrich Janetzki und Wolfgang Rath. es 1675

Typologie. Internationale Beiträge zur Poetik. Herausgegeben von Volker Bohn. es 1451

Uspenskij, Boris Andreevič: Poetik der Komposition. Struktur des künstlerischen Textes und Typologie der Kompositionsform. Herausgegeben und nach einer revidierten Fassung des Originals bearbeitet von Karl Eimermacher. Aus dem Russischen übersetzt von Georg Mayer. es 673

Vargas Llosa, Mario: Gegen Wind und Wetter. Literatur und Politik. Aus dem peruanischen Spanisch von Elke Wehr. es 1513

Verteidigung der Schrift. Kafkas »Prozeß«. Herausgegeben von Frank Schirrmacher. es 1386

Wagner, Nike: Geist und Geschlecht. Karl Kraus und die Erotik der Wiener Moderne. es 1446

Willett, John: Erwin Piscator. Die Eröffnung des politischen Zeitalters auf dem Theater. Aus dem Englischen von Peter Keller. es 924

»Zerstörung, Rettung des Mythos durch Licht«. Herausgegeben von Christa Bürger. es 1329

Zimmermann, Hans Dieter: Der babylonische Dolmetscher. Zu Franz Kafka und Robert Walser. es 1316

– Vom Nutzen der Literatur. Vorbereitende Bemerkungen zu einer Theorie der literarischen Kommunikation. es 885

Zum Funktionswandel der Literatur. Herausgegeben von Peter Bürger. Hefte für Kritische Literaturwissenschaft 4. es 1157

Zur Dichotomisierung von hoher und niederer Literatur. Herausgegeben von Christa Bürger, Peter Bürger und Jochen Schulte-Sasse. Hefte für Kritische Literaturwissenschaft 3. es 1089

310/5/2.92

Kulturgeschichte in der edition suhrkamp

Aron, Jean-Paul / Roger Kempf: Der sittliche Verfall. Bourgeoisie und Sexualität in Frankreich. Aus dem Französischen von Agnes Bucaille-Euler, Birgit Spielmann und Gerhard Mahlberg. es 1116

Brunkhorst, Hauke: Der Intellektuelle im Land der Mandarine. es 1403

Engler, Wolfgang: Die zivilisatorische Lücke. es 1772

Holbein, Ulrich: Der belauschte Lärm. es 1643

– Ozeanische Sekunde. es 1771

– Samthase und Odradrek. Versuche. es 1575

Kleinspehn, Thomas: Warum sind wir so unersättlich? Über den Bedeutungswandel des Essens. es 1410

Kultur. Bestimmungen im 20. Jahrhundert. Herausgegeben von Helmut Brackert und Fritz Wefelmeyer. es 1587

Lang, Bernhard / Colleen McDannell: Der Himmel. Eine Kulturgeschichte des ewigen Lebens. Mit zahlreichen Abbildungen. es 1586

Die Listen der Mode. Herausgegeben von Silvia Bovenschen. es 1338

Macho, Thomas H.: Todesmetaphern. Vom Reden über den Tod. es 1419

McKeown, Thomas: Die Bedeutung der Medizin. Traum, Trugbild oder Nemesis? Aus dem Englischen von Cornelia Rülke und Bernhard Badura. es 1109

Mythos und Moderne. Begriff und Bild einer Rekonstruktion. Herausgegeben von Karl Heinz Bohrer. es 1144

Naturplan und Verfallskritik. Zu Begriff und Geschichte der Kultur. Herausgegeben von Helmut Brackert und Fritz Wefelmeyer. es 1211

Scholem, Gershom: Über einige Grundbegriffe des Judentums. es 414

Das Schwinden der Sinne. Herausgegeben von Dietmar Kamper und Christoph Wulf. es 1188

Die unvollendete Vernunft: Moderne versus Postmoderne. Herausgegeben von Dietmar Kamper und Willem van Reijen. es 1358

Vernant, Jean-Pierre: Die Entstehung des griechischen Denkens. Aus dem Französischen von Edmund Jacoby. es 1150

– Mythos und Gesellschaft im alten Griechenland. Aus dem Französischen von Gustav Roßler. es 1381

Veyne, Paul: Glaubten die Griechen an ihre Mythen? Ein Versuch über die konstitutive Einbildungskraft. es 1226

Die Wiederkehr des Körpers. Herausgegeben von Dietmar Kamper und Christoph Wulf. es 1132

308/1/2.92